国家社科基金
后期资助项目
GUOJIA SHEKE JIJIN HOUQI ZIZHU XIANGMU

中国生鲜农产品冷链物流断链困境及治理机制研究

张喜才 著

中国财经出版传媒集团
经济科学出版社
Economic Science Press
北京

国家社科基金后期资助项目
出版说明

后期资助项目是国家社科基金设立的一类重要项目，旨在鼓励广大社科研究者潜心治学，支持基础研究多出优秀成果。它是经过严格评审，从接近完成的科研成果中遴选立项的。为扩大后期资助项目的影响，更好地推动学术发展，促进成果转化，全国哲学社会科学工作办公室按照"统一设计、统一标识、统一版式、形成系列"的总体要求，组织出版国家社科基金后期资助项目成果。

全国哲学社会科学工作办公室

序　一

冷链物流是利用温控、保鲜等技术工艺和冷库、冷藏车、冷藏箱等设施设备，确保冷链产品在初加工、储存、运输、流通加工、销售、配送全过程始终处于规定温度环境下的专业物流。

推动冷链物流高质量发展，是减少农产品产后损失和食品流通浪费，扩大高品质市场供给，更好满足人民日益增长的美好生活需要的重要手段；是支撑农业规模化、产业化发展，促进农业转型和农民增收，助力乡村振兴的重要基础；是满足城乡居民个性化、品质化、差异化消费需求，推动消费升级和培育新增长点，深入实施扩大内需战略和促进形成强大国内市场的重要途径；是健全"从农田到餐桌、从枝头到舌尖"的生鲜农产品质量安全体系，支撑实施食品安全战略和建设健康中国的重要保障。

北京物资学院青年教师张喜才，是笔者在 2015 年中国物流学术年会"青年论坛"发现的优秀人才。当年，他以八分钟精彩演讲获得点评专家认可，成为"青年新锐奖"得主。作为青年物流研究学者，喜才选择农产品供应链及冷链物流聚焦研究领域，长期以来默默耕耘，取得了丰富的研究成果，《中国生鲜农产品冷链物流断链困境及治理机制研究》就是其代表性成果之一。在本书即将面世之际，喜才发来初稿。我粗略浏览之后，写下对本书的初步印象，敬请读者朋友批评指正。

一是选题的针对性。全书以生鲜农产品冷链物流为研究对象，通过农产品产业链的统一视角，根植冷链物流存在的资产专用、信息不对称、外部效应、跨界治理等经济学理论特征，刻画了冷链物流的产业链全景图。针对冷链物流的发展困境，围绕冷链断链的主要困境深入探究。二是方法的创新性。本书论证分析了农产品产业链中冷链物流发展的市场主体及其薄弱环节，从农产品产业链视角分析农产品冷链物流断链的主要原因，分析不同市场主体造成冷链物流断链的影响因素。根据不同市场主体的影响因素进行分类和比较研究，其研究方法具有较强的创新性。三是结论的可操作性。本书建议建立政府、市场、社会的协同治理机制，并据此提出了相关的政策建议。总之，本书具有鲜明的研究特色，既有物流工程理论模型，也有调研计量分析，更多地是作者对于冷链物流宏观发展及治理的理论思考。

农产品冷链物流是我国刚刚兴起的新生事物，对其研究也是一个全新的课题。希望更多青年才俊投入到这一研究领域，也希望喜才再接再厉，不断推出新的研究成果。特赋诗一首，以示鼓励：

冷链物流联万家，食品安全你我他。

喜才研究有特色，青年才俊再出发。

2023 年冬月　于北京西城寓所

---

* 中国物流与采购联合会副会长、国家"十四五"规划专家委员会成员。

序　二

　　冷链物流贯通农村一二三产业，是重要基础性、战略性、先导性产业，为畅通农产品流通、促进乡村振兴和建设农业强国提供了可靠支撑。高效、畅通、全链条的现代农产品冷链物流体系是农产品流通现代化的重要标志，农业农村现代化的重要内容。农产品冷链物流体系既是农业可持续发展的重要延伸环节，是农业供给侧结构性改革的重要纽带，更是食品安全和城乡消费升级的重要保障。

　　我国是农产品生产、消费和流通大国。尽管人口仅占世界比重的18.7%，但猪肉消费量占据世界猪肉消费量的一半，蔬菜消费量占世界的49.7%，鱼类及海鲜消费量占世界的34.4%。农产品流通目前已呈现出"小生产、大聚集、长距离、小配送"的特点。近年来，生鲜农产品生产总量基本稳定在11亿吨左右，仓储保鲜冷链物流是农产品在生产加工、贮藏运输到销售消费各个环节之中始终保持低温状态保证产品品质的供应链工程。它既是农民增收和产业兴旺的重要途径，更是城市保供稳价的重要支撑。

　　因此，冷链物流对农产品的发展具有重要意义。它在延长农产品的保鲜期、提高农产品的附加值、拓展农产品的销售市场、提高农产品的出口质量、促进农产品的产业升级等方面发挥着重要作用。虽然农产品仓储保鲜冷链物流规模发展快、总量迅速扩大，但也依然存在小农户参与率较低、经营维护成本高、安全隐患突出等问题。如何将千千万万分散的小农户整合成一个纵向一体化的物流体系，实现快速、高效、全程的冷链物流网络，是我国农产品流通现代化必须面对的实践难题。本书作者张喜才教授是我的学生，他长期从事农产品流通研究，在工作中不断积累经验。他深入到冷链物流这个焦点，以生鲜农产品冷链物流为研究对象，通过农产品产业链的统一视角，根植冷链物流存在的资产专用、信息不对称、外部效应、跨界治理等经济学理论特征，对我国大国小农背景下生鲜农产品冷链物流进行了深入探讨，形成了丰富的研究成果。希望喜才通过更加深入的实践调研，更加深邃的理论思考，在农产品流通领域产生更有影响力的作品。

孔祥智*

2023 年 11 月 26 日

＊ 中国人民大学农业与农村发展学院二级教授、博士生导师，中国人民大学首批"杰出学者"特聘教授（A 岗），中国合作社研究院院长，中华茶文化研究中心主任，《中国合作经济评论》杂志主编。

前　言

　　乡村振兴是全面建设社会主义现代化国家的重大历史任务，是新时代做好"三农"工作的总抓手。习近平总书记指出，乡村振兴的总目标是农业农村现代化，这是全面建设社会主义现代化国家的重要组成部分。高效、畅通、全链条的现代农产品冷链物流体系是农产品流通现代化的重要标志，是农业农村现代化的重要内容。农产品冷链物流体系既有公益性，也有盈利性。不仅是脱贫之后农业可持续发展的重要延伸环节，是农业供给侧结构性改革的重要纽带，而且是食品安全和城乡消费升级的重要保障。

　　城乡二元结构和"大国小农"的国情，决定了小农户在大市场中所面对的主要困境是其在农产品物流方面所面对的几乎不可克服的困难。如何将千千万万分散的小农户整合成一个纵向一体化的物流体系，能够做到快速、高效、全程的冷链物流网络，这既难以遵循西方发达国家的经验，存在理论难题，也是我国农产品流通现代化必须面对的实践难题。生鲜农产品冷链物流要经过产地、仓库、运输、配送等全链条，整个供应链各环节需要具备连贯性。只有全程冷链，才能确保农产品食品安全并有效减低损耗，任何一个环节的温度超标引起断链则会功亏一篑。当前，生鲜农产品冷链流通率低，断链现象频繁发生，导致生鲜农产品损耗浪费巨大，且食品安全、生物安全等风险隐患突出。冷链物流过程的断链，严重影响流通整体服务品质和安全保障能力，成为农产品流通短板。农产品冷链物流正由碎片化向系统化阶段转变，产业链条长，环节复杂，主体众多，断链现象经常发生。存在信息不对称、资产专用、外部效应、跨界治理等理论难题，亟待加强农产品冷链物流断链的经济管理理论研究，突破断链瓶颈，为建设根植中国小规模农业的现代农产品冷链物流体系提供理论指导和政策支持。本书主要内容如下。

　　第一章至第三章，主要是研究背景、研究意义、概念界定、研究设计以及文献综述。我国农产品冷链物流发展快、潜力大，但断链导致的食品安全和损耗严重，成为制约生鲜农产品流通的瓶颈，亟待加强管理科学理论研究。冷链物流体系建设受到高度重视，但断链的治理机制尚未形成。因此，强化冷链物流研究，有助于提升冷链物流水平，提高人民群众生活品质、促进消费升级，保障重要农产品有效供给和高质量发展，有助于探索适合我国国情的农产品冷链物流理论和交叉学科创新发展。本书对涉及的农产品冷链物流、冷链物流断链、治理机制等重要概念进行了界定。对研究目标、研究内容、研究方法和技术路线等研究设计进行了阐述。从农产品冷链物流的重要性及产业链内涵、断链是中国生鲜农产品冷链物流发展的主要问题、生鲜农产品冷链物流断链的主要环节、生鲜农产品冷链物流断链的影响因素、农产品冷链物流断链的治理机制等方面进行文献综述并加以评述。已有研究缺乏以中国农业产业链为情境的冷链物流断链研究，鲜有文献探讨农产品冷链物流断链的治理机制，已有研究较为零散，缺乏统一视角，系统性、整合性研究不多，定性研究居多，实证研究方法较少。

第四章，对我国农产品冷链物流发展现状、理论特征及主要困境进行分析。我国生鲜农产品产量大、产值高，冷链物流迎来井喷式发展；冷链物流产业链条长、环节复杂、市场主体多；冷链物流设施不断完善，与互联网新技术加快融合。通过农产品产业链的统一视角，根植中国二元结构和"大国小农"这一国情，重新梳理了冷链物流的中间性、隐蔽性、专用性、集散性、外部性、网络性六大理论特征。这些经济特性既包含了丰富的经济理论含义，也是冷链物流发展的"中国式"实践难题。我国冷链物流发展存在冷链物流需求总量到底是多少、政府与市场的作用边界如何界定、冷链物流的关键环节是什么、冷链物流企业是多元化还是一体化、如何制定全程标准确保全程执行、冷链物流的全方位安全观是什么、冷链物流发展的制约因素有哪些、如何借鉴国外经验等一系列问题。

第五章，利用"故障树—贝叶斯网络模型"分析论证了农产品产业链中冷链物流断链的薄弱环节和主要影响因素。先将生鲜农产品冷链物流断链的环节梳理为预冷、仓储、运输、配送、零售、消费者六个环节，建立故障树模型。然后利用贝叶斯网络分析找出生鲜农产品冷链物流断链的薄弱环节：首先是产地预冷环节，其次是城市配送环节、运输环节和仓储环节。在产地环节，农户没有预冷意识、知识缺乏，组织化程度低和小而分散这两种因素是导致生鲜农产品冷链断链的重要原因。仓储环节的冷库结构比例不均衡、运输环节的车主为节省耗油中断制冷，配送环节的收货对接效率低下，冷冻产品暴露在常温下过久，零售环节的超市、小型门店等使用的保鲜设备不适宜，以及消费者缺乏冷链知识等，构成断链的重要节点。

第六章，在产地"最初一公里"的预冷环节，以小农户为视角，提出产地冷链物流的"产地悖论"。根据以舒尔茨（T. W. Schultz）为代表的"理性小农假设"和以黄宗智提出的"综合小农"理论，系统分析了产地冷链成为薄弱环节的产生机理和内在原因。首先，农户的冷链认知特征主要包括农户对缺乏冷链而造成的生鲜农产品生产浪费的感知、对冷链信息技术的掌握程度以及邻里效应等；其次，生鲜农产品冷链物流初始投入大，经济回收周期长，冷库和冷藏设备经营使用过程中用电、人工和管理等方面费用较高；再次，生鲜农产品交易环节处于弱势地位；最后，冷链市场的外部客观因素包括宏观要素和微观要素两个方面。宏观要素主要包括冷链设施的可得性、冷链技术的推广和市场监管等方面；微观要素是指生鲜农产品附属价值、利益相关者对农产品冷链的认识情况等。在此基础上，构建了三种农户参与产地预冷的供应链模式，分别为买断模式、委托模式和供应链一体化模式，通过序贯博弈模型探讨不同供应链模式下农户参与产地预冷的激励水平并进行了仿真分析。研究发现，零售商采取合约提前约定等行为改变采购模式，能够转嫁运输保鲜努力程度，激励农户采取更高的产地预冷保鲜努力程度，也能够做到零售商到农户的利润转移，符合助农扶农的政策导向，却不一定能提高农户的绝对利润。另外，消费者对生鲜农产品鲜活程度要求的提高，会激励农户提高产地预冷保鲜水平，但不一定能提高农户的绝对利润。因此，只有从农户利益考虑，设计更优质的供应链模式，才能激励农户在产地端提高预冷保鲜的积极性，实现利益相关方的多赢局面和供应链的可持续发展。

第七章，消费者对冷链物流认知及支付意愿调研及实证分析。消费者作为全程冷链的最终环节，其消费需求对冷链发展具有重要影响，消费者是否接受生鲜农产品全程冷链，对冷链物流企业发展具有重要意义。本章采用问卷调查与实证分析相结合的方法，挖掘生鲜农产品冷链物流中影响消费者支付意愿的主要因素。结果显示，消费者体验过、了解冷链农产品之后，对冷链农产品是有信心的，有意愿购买。在信息强化后，消费者对冷链农产品的信任程度有所提升。受新冠疫情的影响，自冷冻食品涉疫后，大约70%的消费者购买冷冻食品的数量有所减少。消费者对购买冷冻食品有顾虑，对冷冻食品的需求量有所减少。通过调研和实证分析发现，购买环境对消费者冷冻食品购买行为有显著的影响。因此，冷冻食品行业企业要提高对冷冻食品安全的把控能力。了解消费者需求的变化，改变销售策略及方式方法，提高与消费者的沟通效率，确保能在第一时间了解到消费者需求的相关变化。

第八章，选择多案例研究，并对冷链物流断链的环节进行了企业、区域、行业三个层面农产品产业链的案例研究，验证冷链物流断链的环节及原因。调研本来生活网的生鲜农产品供应链，永辉超市的冷链供应链，选择山东寿光到北京的蔬菜、天津到北京的水产品，猪肉产业链等农产品供应链视角来证明冷链物流断链的关键环节及影响因素。本来生活网是生鲜电商企业冷链物流的典型代表，永辉是超市冷链物流体系的代表。山东寿光是北京蔬菜的重要来源地，也是区域供应链冷链物流的典型代表。猪肉供应链受到非洲猪瘟疫情的影响，是具有代表性的行业冷链物流。本章通过对典型农产品冷链物流的调研，分析验证生鲜农产品冷链物流断链的主要环节及影响因素。

第九章，重点分析"政府—市场—社会"协同治理。作为市场，应该发挥信息收集、整理、分享的核心功能，通过价格信号，有效配置冷链物流发展过程中所需要的各类资源，推进冷链物流全过程不断链。作为社会，应该发挥组织的活力，通过社会自我管理机制，有效地组织生产者和消费者的联合，让全程冷链价值反馈的效率更高。作为政府，只有真正跨越部门合作，系统地考察问题，才能解决断链顽疾。在产地环节，政府应在土地、资金、政策等方面予以扶持，市场主体配合，保证产地预冷仓储环节不断链，第三方协会等社会组织则负责标准制定、监督等职能。运输、配送、零售环节市场化程度高，企业数量多，形成了较为规范的市场体系，需要市场主导、政府配合、社会参与。市场充分发挥决定性作用，政府发挥监管、引导作用。在消费者环节，由于消费者冷链意识较为薄弱，因此，既需要社会主导，充分发挥社会组织和新闻媒体等部门的宣传作用，增强冷链物流意识，也需要市场配合，增加冷链物流追溯体系投入，需要政府积极引导支持。

第十章和第十一章，论述了政府部门的相关政策和冷链物流骨干网络的顶层设计。从2008年开始，政府通过推出一系列相关政策，加强我国冷链体系建设。由于冷链物流涉及部门多，职能交叉、冲突和缺失，冷链物流还没有形成全流程标准规范及管理体系，冷链基础要素供给结构不合理，社会对全程冷链理念和价值的认识肤浅。政府部门需要做的不仅是有形的奖惩举措，还有无形的宣传鼓励。群体成员只有了解冷链建设的重要性与益处，才会在博弈中展示强烈的合作意愿，进而使政府作出的调控努力得到有效落实，促使市场朝着提升整体冷链水平的方向健康发展。国家冷链物流骨干网络主要由冷链物流主通道、冷链物流主枢纽和冷链物流骨干基地构成。国家物流枢纽（或承载城市）、主产区、主销区是冷链物流的三个重要环节。主产区要设置核心集结点，完善农产品上行网络，主要是产地初加工设施、产地批发市场和核心农产品冷链物流园区三个层次；主销区重点考虑各类协同发展区域，如京津冀、粤港澳、长三角等地区一二线城市功能疏解后的农产品流通布局；国家物流枢纽应发挥物流、区位、交通等方面的优势，在主产区与主销区之间，特别是在"南菜北运"这种大范围远距离的流通体系下，进行中转集散，设立国家农产品物流中心，从而降低物流成本。

第十二章和第十三章，对冷链物流企业经营进行分析。首先，分析了目前农产品加工企业、批发市场、超市、电商、第三方物流等冷链物流发展模式，提出建立"城市大库"与"个人微库"，通过信息链串接的"网络化、严标准、可追溯、高效率"的全链条式现代农产品冷链物流发展模式。其次，对冷链物流企业集中度进行分析，提出随着我国冷链物流企业的提升，将会形成寡头垄断和区域性龙头企业并存的冷链物流市场。最后，对冷链物流企业纵向一体化现状以及采取纵向一体化经营的动因进行了分析，研究了排名靠前的 50 家冷链物流企业纵向一体化对企业经营绩效的影响。认为冷链物流企业纵向一体化程度与企业经营绩效呈正相关，即冷链物流企业进行纵向一体化经营，有利于经营绩效的提高。

第十四章，关注冷链物流安全管理。冷链物流供应链涉及的主体多，环节复杂，生产安全、质量安全、运输安全、公共安全等众多因素导致了冷链物流的安全风险一直较高。分析认为，农产品冷链物流需要经过产地、储存管理、加工包装、运输配送、销售运营等全过程链条，整体供应链各个环节的能力需要具备连贯性，任何环节操作不当或失误，都可能造成质量安全问题。因此，应明确冷链物流行业安全监管部门，优化升级冷链物流骨干网络，建立完善冷链物流体系。

目　录

第一章　研究背景及意义

第一节　研究背景

农产品流通现代化是中国农业现代化建设的关键（宋则，2017）。农产品流通不仅关乎农户的生存根本，而且与广大消费者的生活品质、生命安全息息相关，一直是学界和政府部门共同关注的焦点问题（夏春玉，2016）。中国是农业生产和农产品流通、消费大国，生鲜农产品品种多样，产量规模巨大。生鲜农产品产量连续多年维持在 13 亿吨。随着经济社会不断进步和人民收入水平的快速提高，人们对多样化、高品质的生鲜农产品需求日益增大。冷鲜肉成为大势所趋，冷链物流高质量发展成为必然要求。与此同时，食品等生活必需品的线上购物和线下配送优势明显，网购逐渐成为消费者的主流购物方式，消费、生产和流通环节发生的变化都给冷链物流带来机遇，提供了很大的发展空间，也标志着我国冷链物流进入快速发展的黄金期（安玉发，2020）。由于冷链物流行业起步较晚，基础薄弱，总体上仍处于粗放式发展、低水平供给、同质化竞争的发展阶段。生鲜农产品冷链物流要经过产地、仓库、运输、配送等全过程链条，整个供应链各环节能力需要具备连贯性。断链是指生鲜农产品冷链物流运作过程中在某个运作节点或环节使生鲜农产品处于常温或高温的断链状态（杨路明、马小雅，2015）。只有全程冷链才能确保农产品食品安全和有效减低损耗，而任何一个环节的温度超标引起断链则会功亏一篑（Gwanpua et al.，2015）。

当前，我国综合冷链流通率低，大部分农副产品在常温下进行流通运输，易出现"断链"现象，导致农副产品在最终消费前的损耗量大，且存在食品安全隐患。据专家测算，每年农产品产后损耗数量巨大，马铃薯约1 600 万吨，水果约 1 400 万吨，蔬菜约 1 亿吨。如果粮食、水果每吨按

2 000 元计算，马铃薯和蔬菜按每吨 1 000 元计算，折合经济损失超过 3 000 亿元。按目前单产水平推算，相当于全国每年有 1.5 亿亩耕地的投入和产出被损失掉了（孔祥智，2018）。许世卫（2016）估计，每年大约损失或浪费粮食 6 192 万吨、水果 2 195.7 万吨、蔬菜 25 362.9 万吨、肉类 1 212.1 万吨和水产品 824.4 万吨，占产量的比例分别为 12.9%、28.6%、47.5%、17.4% 和 17.5%。

发展中国家的食物浪费主要是由于基础设施和技术落后，食物在生产、加工、运输和保存过程中遭到损失或流失严重（FAO，2019）。冷链物流过程中的断链严重影响了冷链物流整体服务品质和安全保障能力，成为农产品流通短板。因此，农产品冷链物流得到了政府的高度重视。2019 年，中央政治局会议把城乡冷链物流设施建设列为补短板工程的重点工作。2020 年，中央经济工作会议提出要加强冷链物流建设，中央农村工作会议决定启动农产品仓储保鲜冷链物流设施建设工程。2020 年，中央"一号文件"明确提出要加强农产品冷链物流统筹规划、分级布局和标准制定。2021 年 12 月 13 日，国务院办公厅发布《"十四五"冷链物流发展规划》，加强顶层设计和工作指导，推动冷链物流高质量发展。综上所述，生鲜农产品冷链物流既有巨大的发展潜力，也有政府的高度重视，正处于由碎片化向系统化转变阶段。生鲜农产品产业链条长，环节复杂，主体众多，冷链物流断链现象时常发生，存在信息不对称的"柠檬问题"、资产专用性问题、外部效应、跨界治理等理论难题，亟待加强农产品冷链物流断链的管理科学理论研究，突破断链瓶颈，为建设根植中国小规模农业的现代农产品冷链物流体系提供理论指导和政策支持。

一、生鲜农产品冷链物流发展快、潜力大，但断链导致的食品安全和损耗严重

流通业的发展是推动农业现代化的重要因素（Reardon et al.，2003）。中国农业发展面临着传统自然资源压力、环境压力、农业补贴压力、新的营养不良和食品安全问题（李水清、陈志刚，2017）。随着城市化进程加快和人们生活水平的不断提高，消费者对多品类、差异化、安全化的生鲜产品需求不断增加。因此，冷链物流发展迅速且有巨大的潜力。2021 年，冷链物流需求总量达到 3.02 亿吨，同比增长 13.96%。冷链物流市场规模达到 4 586 亿元，同比增长 19.65%。但是由于发展过程中出现基础设施落后、政策不完善、管理理念落后等问题，致使冷链物流的发展受到严重影响，冷链断链仍然经常发生。冷链物流断链引起许多生鲜农产品在运输

途中变质腐烂，损坏率依然很高。全球约有14%的农产品在收获后到零售前的一系列环节遭受损失，包括预冷、加工、仓储、运输、配送等供应链各个环节，水果和蔬菜的损失和浪费均高于谷物和豆类（FAO，2019）。每年在流通过程中的果蔬产品腐烂达 8 000 万吨，农产品腐损程度达25%~30%，经济损失占整个行业产值的30%（万宝瑞，2016；黄宗智，2018）。由于冷链物流断链导致食品安全问题层出不穷，威胁国民健康，产生了恶劣的社会影响。农产品损耗造成物流过程中的能量损耗以及食物腐烂期间产生的甲烷和其他温室气体的排放，而人口不断增长与土地资源短缺则已经达到临界点（Gwanpua et al.，2015）。与之相比，在欧美发达国家，超过90%的生鲜农产品已采用冷藏运输，损耗率不足 5%（Lisa Kitinoja，2013；万宝瑞，2015；丁声俊，2017；黄宗智，2018）。为什么我国生鲜农产品会出现如此大的损耗率？其本质原因是什么？如何才能更好地降低供应链的损耗？这一系列问题都值得深入研究和探索。

二、断链成为制约生鲜农产品流通的瓶颈，亟待加强管理科学理论研究

冷链是食品流通过程中必不可少的环节，贯穿供应链的始终，是农产品供应链创新战略的重要保障。联合国也将通过冷链物流来减少食物浪费列为 2030 年的重要目标之一（FAO，2017）。冷链本应是一个封闭的链条，但在实际操作中，许多需要冷藏的食品从出厂到食用的整个链条上，常常出现"断链"现象，而冷链食品在流通过程中温度超标等问题，造成生鲜农产品破损率高，威胁到食品质量和安全。目前，冷链物流"断链"现象较为普遍，影响了冷链物流整体服务品质和安全保障能力。生鲜农产品冷链物流要经过产地、仓库、运输、配送等全过程链条，整个供应链各环节能力需要具备连贯性，这恰恰是物流和供应链管理研究的"黑箱"，对其关注远远不够（Shusheng W，2016；张喜才，2019）。冷链物流发展的关键就是"链"，要互联互通，打造冷链全链条物流能力。冷链物流断链存在经济管理理论的困惑，存在严重信息不对称的"柠檬问题"，信号理论难以发挥作用；资产专用性强，导致投资不足，市场失灵；各个市场主体之间外部性问题难以内部化；也面临政府跨部门治理和"政府—市场—社会"共同治理的难题。但从整体看，对农产品冷链物流断链的研究多限于现状和对策研究。不论是国内学者还是国外学者，还鲜有根植于中国农产品产业链，从管理科学视角和实证研究来考察冷链物流断链的形成机理及治理机制。缺少产业链视角下对冷链物流运作的全过程以及冷链物流断链环节的深入分析，对于产业链中冷链物流利益相关主体的决策机制和互动机制需要深入研究。对于冷链断链的治理机制研究还缺乏深入地探讨。而实地调研、冷链物流企业的实际数据等更是已有文献所缺乏的。缺乏对农产品和食品冷链保鲜管理的真相调查（宋则，2015）。

三、党中央高度重视冷链物流体系建设，但断链的治理机制尚未形成

在中国农业现代化过程中，农产品流通环节短板效应凸显（万宝瑞，2015）。全产业链视角下冷链物流环节多、主体复杂，存在严重信息不对称。冷链物流也具有公益性特征（安玉发，2012；宋华等，2013；依绍华，2014；马龙龙，2016；陈丽芬，2016），也有外部性特征（张中强，2012；舒辉，2013；张喜才，2019）。因此，冷链物流会导致市场失灵，政府必须干预和扶持（宋华等，2013；依绍华，2014；陈丽芬，2016）。政府高度重视农产品冷链物流建设。近年来，一号文件均指出要加强农产品物流骨干网络和冷链物流体系建设。国家发展和改革委、财政部、商务部、农业农村部、交通运输部等部门采取措施促进冷链物流发展，打造全链条冷链物流体系（张喜才，2020）。一是中央部门和地方政府相继出台多项产业政策并配套财政资金扶持冷链行业的发展；二是不断强化对冷链物流全过程的监管力度；三是推进标准化、供应链等全程冷链示范工作。但是，由于冷链物流涉及众多政府部门和各级地方政府，由于部门间协调困难和地方保护主义，导致冷链物流系统难以达到最优状态，时常出现断链，难以形成可持续冷链物流网络（Asian Development Bank，2017）。由于政府政策过于注重单一的财政补贴手段，因此容易产生"寻租"等政府失灵问题。要激励农产品供应链上的不同利益相关者，打造共赢机制，形成共同促进冷链物流的生态体系（FAO，2019）。针对冷链物流"断链"这一难题，需要通过政府、市场、社会，共同努力建立冷链断链的协同治理机制来解决，亟待加强治理理论创新研究。

综上所述，农产品冷链物流受到国内外学术界的广泛关注，取得了丰硕成果，但也存在有待进一步研究和填补的领域。

首先，中国城乡二元结构下，由小规模农户和众多小散的商贩形成的农产品流通体系与欧美发达国家截然不同，从而难以在冷链物流发展中提供切合中国实际的经验。国外研究成果并不能照搬于我国。加之生鲜电商井喷式发展，当前加强冷链物流的政府支持研究显得尤为迫切。在此背景下，本书在以往研究的基础上，通过理论解释和实证研究相结合，力图建立一个生鲜农产品冷链物流断链的系统研究框架。一是基于中国国情农产

品冷链物流的经济特征和发展困境的梳理，提出冷链物流断链是主要发展困境之一；二是通过文献研究和生鲜农产品产业链案例调研，明确冷链物流断链的主要环节、市场主体，并提出市场主体在冷链物流断链中的影响因素；三是对冷链物流断链的主要环节——产地环节及农户参与的影响因素、城市配送环节及消费者对冷链物流的支付意愿；四是提出"政府—企业—社会"的协同治理机制，然后分析政府的作用及对国家冷链物流骨干网络进行评估规划。

其次，提出生鲜农产品冷链物流现代冷链物流发展模式，分析了冷链物流企业的发展方向，包括市场集中度和纵向一体化发展的分析。

最后，基于社会视角对冷链物流安全管理问题进行研究。

第二节　研究意义

中国农业产业链纵向一体化只可能高度依赖小农户自己以及千千万万的小商小贩。千千万万分散的小农户如何整合成一个纵向一体化的物流体系，如何做到快速、高效、全程无断链的冷链（黄宗智，2018），这既难以遵循西方发达国家的经验，面临着理论困境，也是农产品流通现代化必须面对的实践难题。构建起从产区到销区、从田头到餐桌的农产品全程冷链物流体系，对于提升我国农产品流通发展水平、促进农业高质量发展和乡村振兴、满足市场多元化消费需求、提高城乡居民生活品质具有重要的现实意义。生鲜农产品产业链条长、环节复杂、市场主体多，具有鲜明的中国特色，既面临严重的信息不对称问题，也具有外部性、资产专用性等导致的市场失灵问题，蕴含着丰富的理论含义。通过经济学理论系统研究冷链物流断链，可以拓展经济学的应用范围，从而构建新的理论框架，探索新的理论知识。

一、提升冷链物流水平，提高人民群众生活品质，促进消费升级

农产品物流与供应链建设一直滞后，不能满足社会需求，是流通领域供应链体系建设的短板。在消费升级导向下，人们对生鲜农产品的时效性、高品质等要求逐渐提高。目前，我国冷链物流的产品大部分是初级农产品、生鲜食品，"断链"现象十分严重，腐损率居高不下，给人民饮食安全带来巨大的隐患。建设新型现代化农产品交易和冷链物流体系是大势所趋。发展冷链物流是促进消费安全的有效支撑，冷链运输能够在提供高

效的运输服务满足人们日常消费的同时，为人们的生活带来更多优质安全的保障。不仅如此，冷链物流是隐藏在食品安全背后的"冰山"，消费者对冷链物流的重要性还缺乏足够的认识。从产业链视角建立科学的消费者认知，从而形成正向的循环效应，减少"断链"隐患，保障生鲜农产品品质和消费安全，从而促进冷链物流发展，鼓励冷链物流模式创新，满足人们高品质生活多样化的需求，促进消费者对高质量高附加值农产品的消费。

二、加快冷链物流体系建设，保障重要农产品有效供给和高质量发展

农业是一个集技术、经济、政治和国家安全于一体的战略产业，必须把握农产品流通和价格对促进农业发展的关键性作用（朱信凯，2017）。农业供给侧结构性改革背景下，农产品需要提高附加值。顺应农业发展本身，优质和安全的农产品的有效供给对冷链流通各个环节提出了更高的要求。巨大的生鲜市场导致各种流通渠道纵横交错、并存发展，电商更是异军突起，快速发展。另外，生鲜农产品市场存在流通链条衔接不畅、损耗率高、质量安全水平低、品牌化程度低等突出问题。从产业链之间如何互动互益和服务地方经济发展考虑，需要冷链物流来承载农产品的产业结构优化和培育价值增值。冷链物流不仅可以降低食品安全风险，还是农产品向产业链高端发展或产业链有益延长的基础，从而促进乡村产业高质量发展。由于新冠疫情影响，大量成熟生鲜农产品滞销，凸显了农业农村在农产品仓储等多个领域基础设施短板。在以小规模农户为中心的流通格局下，只有通过全程冷链物流体系，实现价值链的价值增值和分配过程的优化升级，才能构建具有中国特色的现代农产品流通体系。

三、探索适合我国国情的农产品冷链物流理论和交叉学科创新发展

中国二元结构下，大国小农的农产品供应链，不同于西方发达国家。冷链物流在供需资源充足的情况下未能得到充分发展。从硬件上看，冷链物流的基础设施包括高铁、公路、航空等，有的已经成型，有的已处于世界领先水平。从软件上看，有政府的高度重视，有严格的食品安全法，有配置规格比较高的国家标准化委员会。更为关键的是，中国的生鲜农产品产量世界第一，冷链物流需求量巨大，却没有相应的大企业经营，没有形成较为完善的冷链物流网络体系。冷链物流需要与时俱进的理论体系来指导冷链物流发展的实践。冷链物流是隐藏在生鲜农产品背后的"黑箱"，改变农产品落后的局面绝非易事，而如何保证冷链物流体系各环节相互衔

接，实现全程冷链，则是绕不过去的要害问题（宋则，2015）。从产业链视角来看断链，其存在严重的信息不对称，并且冷链物流本身也具有资产专用性、外部性等特征，亟待建立经济管理科学研究框架。国内外研究冷链物流的文献较之一般物流研究要少得多，而农业经济研究也鲜有将目标集中在冷链物流的。研究的内容无论从深度到广度都亟待加强。研究理论的滞后使得快速发展的冷链物流缺乏经验总结和理论支撑。鉴于此，有必要在国内外相关研究的基础上，全面系统地分析生鲜农产品冷链断链现象，深刻剖析冷链产生的原因，系统研究生鲜农产品冷链断链的形成机理，为建立长效治理机制提供理论支撑和依据。这不仅有利于对农产品冷链物流系统结构和各模块进行重新审视，寻找减弱和克服生鲜农产品冷链物流的断链风险、形成全程冷链、构建高效快速的农产品冷链物流体系，还丰富了物流管理及食品安全管理的理论内容，有利于形成适合中国国情的农产品冷链物流发展理论，形成交叉学科创新，开拓与丰富这一领域的管理知识。

总之，基于城乡二元结构，由小规模农户和众多小散的商贩形成的农产品流通体系，与欧美发达国家截然不同，因而难以在冷链物流发展中提供切合中国实际的经验。以农业生产为主要生活收入来源的小农户和与其相互依存的小商小贩，共同缔造了整个果蔬冷链物流体系和批发市场错综复杂的小交易局面，物流中的标准化、供应链一体化及系统调控无从谈起。发达国家根据其相应国家现状研究出的优秀成果并不能完全照搬于我国。加上生鲜农产品电商井喷式发展，亟待探索中国特色的冷链物流发展之路。

第二章　概念界定与研究设计

第一节　概念界定

一、农产品冷链物流

我国已经全面建成小康社会，迈向全面建设社会主义现代化强国的新征程。人们对美好生活的新期盼带来了对生鲜农产品的多样性、便利化、新鲜度的更高要求。现代冷链物流是由西方发达国家率先发展起来的。我国最早的冷库在20世纪50年代参照当时苏联的技术建造，但还远远谈不上冷链和冷链物流。进入21世纪，特别是2008年以来，冷链物流的不断普及和快速发展，人们对冷链物流的关注日益增加。农产品冷链物流是指果蔬、肉类、水产品等生鲜农产品采收（或屠宰、捕捞）后，在产品加工、贮藏、运输、分销、零售等环节始终处于适宜的低温控制环境下，最大限度地保证产品品质和质量安全、减少损耗、防止污染的特殊供应链系统。冷链物流的适用范围主要为农产品、加工食品和药品等特殊商品三大类（见表2-1）。我国生鲜农产品品种多样，规模巨大，大范围、长距离运输成为必然。为了保障食品安全，减少食物损耗，冷链物流成为必然选择。农产品冷链物流由产地预冷、仓储加工、运输、配送、销售和消费者六个环节构成。（1）产地预冷。生鲜农产品在收获之后迅速降温到适宜温度，以便农产品储藏运输。（2）仓储加工。生鲜农产品在冷库内储存保鲜，可以延长销售时间。也可能在储藏过程中进行分拣、分割等初加工。（3）运输。生鲜农产品在产地、销地之间的装卸和搬运。这对运输工具有特殊要求，需要专门的冷藏运输车。（4）配送。生鲜农产品到达主销地的城市以后，需要从集散地送达最终的超市、便利店等送达过程。由批发商和零售商共同完成。（5）销售。超市、便利店、专卖店等农产品在销售过程中由冷藏柜、保鲜柜等储存，兼有冷藏、销售和展示的功能，是农产品冷链的主要组成部分。（6）消费者环节。生鲜农产品购买之后，会由消费者带回家储存，也是冷藏保鲜的组成部分。农产品的特性决定了其供应链系统对冷链物流的特殊需求，发展冷链物流是农产品在供应链中质量保证的基础。

表2-1 冷链物流的适用范围

农产品	加工食品	特殊商品
水果、蔬菜	速冻食品	药品
肉、禽、蛋	禽、肉、水产等包装熟食	生物供体
水产品	冰激凌和奶制品	血液
花卉产品	快餐原料	特殊化工品等

资料来源：《GB/T 28577 冷链物流分类与基本要求》。

二、冷链物流断链

生鲜农产品冷链物流要经过产地、仓库、运输、配送等全过程链条，整个供应链各环节能力需要具备连贯性。断链是指生鲜农产品冷链物流运作过程中在某个运作节点或环节使生鲜农产品处于常温或高温的断链状态（杨路明、马小雅，2015）。只有全程冷链才能确保农产品食品安全和有效减低损耗，而任何一个环节的温度超标引起断链则会造成功亏一篑（Gwanpua et al.，2015）。我国生鲜农产品主体众多，环节复杂，冷链设施不足，大部分农产品在常温下进行流通运输，"断链"现象时有发生，导致生鲜农产品在最终消费前的损耗量大，食品安全隐患较为突出。

三、治理机制

联合国全球治理委员会（1995）认为，治理是公共或个人机构管理其共同事务的诸多方式的总和。它是使相互冲突或不同的利益得以调和并且采取联合行动的持续过程。包括有权迫使人们服从的正式机构和规章制度，以及种种非正式安排。治理机制是指不同利益相关主体在制度框架下形成相互协调、利益共享、持续发展的合作体系，一般包括组织机制、制度机制和价值机制三部分。农业治理是乡村治理研究延伸到农业研究领域形成的新视角，注重研究多元主体共同参与农业生产的公共治理机制及逻辑（夏柱智，2018）。在农业现代化过程中，农民、政府、市场与村社组织的共同协作发挥着更为重要的作用，需要引入治理视角研究小农户与现代农业发展的有机衔接问题（王海娟、胡守庚，2019）。全产业链视角下冷链物流环节多、主体复杂，存在严重信息不对称。冷链物流也具有公益性特征（安玉发，2012；宋华等，2013；依绍华，2014；马龙龙，2016；陈丽芬，2016），也有外部性特征（张中强，2012；舒辉，2013；张喜才，2019）。因此，冷链物流会导致市场失灵，政府必须干预和扶持（宋华等，2013；依绍华，2014；陈丽芬，2016）。因此，针对冷链物流"断链"这一难题，需要通过政府、市场、社会共同努力建立冷链断链的协同治理机制来解决，亟待加强治理理论创新研究。

第二节　研究目标

本书以生鲜农产品冷链物流为研究对象，根植冷链物流存在的资产专用、信息不对称、外部效应、跨界治理等经济管理理论特征。首先，从整体上分析冷链物流的经济学特征并提出冷链物流发展面临的困境。其次，明确冷链物流断链的关键环节和市场主体，分析市场主体的决策逻辑和动机，明晰冷链物流断链困境的形成机理。再次，重点分析农户与产地预冷环节和消费者环节的冷链物流。然后，选择山东寿光到北京的蔬菜，猪肉产业链、天津到北京的水产品等农产品产业链视角来剖析冷链物流断链的影响因素。最后，探讨根植于中国国情的冷链物流断链治理机制。分析政府监管、企业发展方向和社会组织的作用。结合新冠疫情对冷链物流发展的影响，重点分析了冷链物流安全监管并提出了对策建议。

一是重新认识中国国情下冷链物流的经济学特征和发展困境。根据我国农产品冷链物流发展的现状分析，梳理冷链物流具有中间性、隐蔽性、专用性、集散性、外部性和网络性等经济学特性，这些经济学特性既包含了丰富的经济理论含义，也是造冷链物流发展的"中国式"实践难题。总结了冷链物流总量需求的困境、冷链物流公益性与市场性的困境、冷链断链环节的困境、冷链物流企业发展方向的困境、冷链物流标准化的困境、冷链物流安全的困境、冷链物流发展的制约因素困境以及中国冷链物流发展如何借鉴国外经验八大困境。

二是分析生鲜农产品冷链物流断链的最薄弱环节和主要影响因素。分析形成冷链物流断链困境的原因，市场主体决策的逻辑和动机，明晰冷链物流断链的形成机理。将生鲜农产品冷链物流供应链分为预冷、仓储、运输、配送、零售、消费者六个环节。通过故障树模型和贝叶斯网络分析，找出生鲜农产品冷链物流断链的最薄弱环节首先是产地预冷环节，其次是城市配送环节，最后是运输环节、仓储环节和消费者环节。认为产地农户没有预冷意识、知识缺乏、经营农户组织化程度低和小而分散，是导致生鲜农产品冷链断链的最主要影响因素，次要影响因素是冷库结构比例不均衡、车主为节省耗油中断制冷、收货对接效率低下、超市、小型门店等使用的保鲜设备不适宜、消费者缺乏冷链意识等。

三是冷链物流断链的"最初一公里"和"最后一公里"两个关键环节研究。"最初一公里"主要是产地预冷环节。产地预冷是冷链物流的第一个环节，也是最薄弱环节。分析了产地预冷现状如何，对移动冷库、产地集配中心、第三方冷库三种模式及其他模式进行比较分析。农产品冷链物流能稳定农产品价格，既能延长农产品销售周期，还可以拓展农产品销售区域，助力农业增效、农民增收。"最后一公里"是城市配送环节及消费者对冷链物流的支付意愿。从消费者角度出发，研究消费者对冷链运输的农产品的支付意愿。研究通过前期的资料整理，了解当前我国冷链城市配送物流的基本现状，然后通过问卷调查，对消费者基本情况、对农产品的相关感知、习惯与偏好以及强化信息前后的调查，了解消费者支付意愿。调查显示，消费者缺乏对冷链物流的认知，其支付意愿有待提升。本章运用 Logit 回归分析法，通过 SPSS 在线系统分析后，得出年龄、消费者的购买经历以及对冷链物流标准的看法是影响消费者支付意愿的重要因素。选择山东寿光到北京的蔬菜、猪肉产业链、天津到北京的水产品等农产品产业链视角来剖析冷链物流断链的环节及影响因素。

四是"政府—企业—社会"的协同治理机制，分析政府、企业和社会功能定位。在体制机制上，政府、市场和社会有效合作，是国际上冷链物流发展的重要经验。首先要对"三只手"（政府——看得见的手，市场——看不见的手，社会——作为机体的第三只手）的有效合作进行经验分析，以刻画其运行机制，然后分析政府的作用及冷链物流骨干网络的顶层设计。我国冷链物流企业类型多样，中小企业众多，需要提出生鲜农产品冷链物流现代发展模式和冷链物流企业的发展方向，包括集中度和纵向一体化发展。基于社会视角提出安全管理问题。特别是分析冷链物流的关键节点，提出对策建议。

第三节 研究内容

为实现研究目标，本书主要按照"是什么—为什么—怎么办"的逻辑思路来安排研究内容。以中国生鲜农产品冷链物流为研究对象，选择蔬菜、猪肉、水产等农业产业链视角来明确冷链物流断链的薄弱环节和主要原因，剖析成因并判定原因的主客观属性，最后探讨生鲜农产品冷链物流断链的"政府—市场—社会"的协同治理机制（见图2-1）。

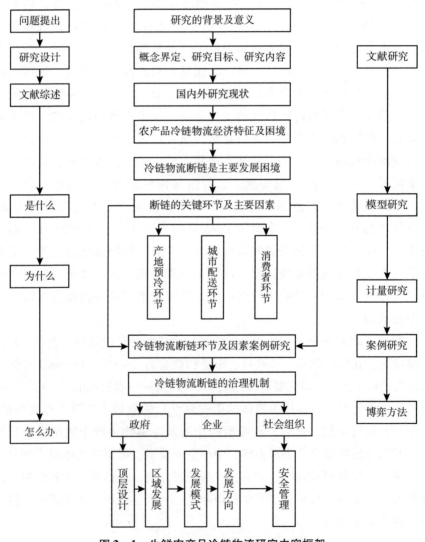

图2-1 生鲜农产品冷链物流研究内容框架

一、中国生鲜农产品冷链物流的经济学特征和发展困境

伴随着经济社会发展及人民生活水平的不断提高，人们对生鲜农产品的时效性、高品质等要求逐渐提高。我国冷链物流经历了从无到有，从少到多，从量到质的发展阶段。目前，冷链物流总量规模大、发展速度快，但冷链物流在供需资源充足的情况下未能得到有效发展，没有相应的大企业出现，没有形成较为完善的冷链物流网络体系。总之，一方面冷链物流需求强劲，发展迅速，另一方面冷链不冷、断链等问题频繁发生。需要跳出冷链看冷链，重新认识冷链物流。本书系统概括了冷链物流中间性、隐蔽性、专用性、集散性、外部性以及网络性六个经济特征。从更宏观的经济管理视角来勾勒中国冷链发展理论特征，深刻分析冷链物流发展的困境，探索大国小农国情下发展生鲜农产品冷链物流的理论体系。

二、甄别生鲜农产品冷链物流断链的关键环节及主要因素

冷链物流起始于产地预冷、包装，经过仓储、运输、配送、零售等诸多环节，形成一个产业链结构。本书抓住农产品冷链物流产业链条，按照物流从始发地到达目的地的流动过程（简称 L－OD），梳理农产品冷链物流断链中的关键节点，对冷链的物流规模、市场主体、设施设备、服务方式等进行深入分析。将农产品冷链物流产业链分为初级农产品预冷环节、包装环节、仓储环节、运输环节、配送环节、零售环节和消费者环节 7 个链节点，系统地分析每个链节点的冷链物流具体操作步骤和重要性（见图 2－2）。通过运用安全系统工程的系统失效分析方法，以农产品产业链供应链为理论依据，对生鲜农产品冷链物流断链的现象、原因和环境加以分析，通过文献调查和产业链调研获得断链的基本事件概率，应用逻辑推理方法，判断断链事件的模式、概率。找出断链机理及敏感度，目的是找出断链原因、预防断链事件的发生，建立冷链物流断链的故障树模型。通过贝叶斯网络图来形象描述各原因体系的层层递进关系、各环节的相互关系。构造基于产业链的冷链物流断链的薄弱环节体系图。找出冷链物流薄弱环节的直接原因、间接原因和根本原因，分析外部原因和内部原因，主观原因和客观原因，市场原因和管理原因等。明确各个原因之间的关系。

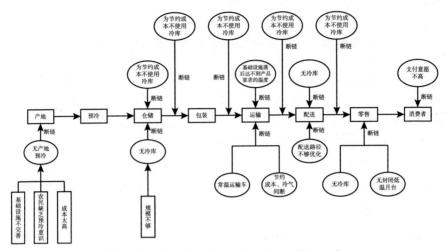

图 2 - 2　生鲜农产品冷链物流可能的薄弱环节

三、调研分析冷链物流断链的"最初一公里"和"最后一公里"两个关键环节

"最初一公里"主要是产地预冷环节。农产品产地预冷能稳定农产品价格，同时既能延长农产品销售周期，还可以拓展农产品销售区域，助力农业增效、农民增收。产地预冷是冷链物流的第一个环节，也是最薄弱环节。这一环节分析了产地预冷的现状，对移动冷库、产地集配中心、第三方冷库三种模式及各种模式进行比较分析，对农户参与产地预冷的机理及不同供应链模式进行了探究。

"最后一公里"是城市配送环节及消费者对冷链物流的支付意愿。城市配送是冷链物流中一个极其重要但也容易被"掉链"的环节。消费者是终端付费环节，消费者对冷链物流的认可程度决定了冷链物流的发展程度。因此，通过调研消费者对生鲜农产品冷链物流的支付意愿，运用 Logit 回归分析法，可以剖析消费者特征、购买行为、信息强化等对冷链物流支付意愿的影响，通过多案例研究进行验证和进一步阐释。

四、冷链物流断链的"政府—市场—社会"协同治理机制及三者的功能作用

对已有的农产品冷链物流政策、法规、标准等进行梳理，研究现有政策的绩效，进行深入分析和综合评估，总结经验和不足。探讨生鲜农产品冷链物流断链的"政府—市场—社会"的协同治理机制。论述政府在冷链物流网络建设的作用机制。针对薄弱环节及原因，精准施策，提出具有针

对性和可操作性的政策建议。从企业经营角度，研究农产品冷链物流的创新发展模式，对于冷链物流的市场集中度以及纵向一体化发展战略进行分析。从社会角度，对冷链物流安全管理进行探讨。

第四节　研　究　方　法

一、案例研究方法

多案例研究法特别适合把事件前后联系纳入研究范围，验证因果关系，其科学性在于独立重复实验的复制逻辑而非抽样原则（Yin，2010）。多案例研究法应用多个数据收集方法从多个实体（人、集体或组织）取得信息并在某种现象的自然环境内调查这种现象（Shusheng W，2016；Anita Kumar，2014）。多案例研究法也可以充分结合在物流研究中从始发地到终端的 LOD 方法。因此，多案例研究法非常适合农业产业链中冷链物流断链形成机理及治理机制的研究。通过多案例研究对冷链物流断链进行描述、解释以及探索性的研究，不仅可以为冷链物流新理论的形成提供基础，同时也有助于深入认识和求证一般性理论在特定情境下的应用范围。

二、计量分析方法

通过线上和线下调研相结合获取样数据，构建离散选择模型对调研数据进行分析，以确定不同市场主体在全程冷链中是否发生断链的影响因素。根据研究目标和研究内容，重点研究消费者对冷链物流的认知程度和支付意愿，尤其是新冠疫情对消费者购买冷链食品的影响因素，解释变量不仅包括随选择方案而变化的冷链属性变量，还包括随市场主体而变的自身统计变量，因此选择 Logit 模型进行实证检验。在冷链物流企业发展方向的研究中采取多元回归分析的方法，分析企业纵向一体化程度对绩效的影响。

三、演化博弈方法

演化博弈法以生物进化论和经典博弈理论为基础，由于演化博弈的参与群体是有限理性的，因而参与群体无法直接找到最优策略，而需要在随后的博弈过程中，通过不断地学习和模仿较优策略对自己的策略进行调整，最终得出一种稳定的策略。此时，博弈达到均衡状态，即得到演化稳定策略。根据冷链物流断链的环节、市场主体及博弈模型建立冷链物流断链的形成机理理论框架。本书首先构建了"政府—市场—社会"的演化博弈模型，然后重点关注政府管制对构产品供应商（农户、农民专业合作社）、中间商（批发商、运输商）、零售商、消费者等多利益主体影响的演化博弈模型。可以清晰地观察均衡的实现过程以及相关利益主体的行为选择、决策逻辑以及各种政策的作用。

第五节 技 术 路 线

根据上述研究内容及研究方法，本书将通过案例研究、问卷调研来收集相关的数据，结合案例研究和实证研究，进行中国农产品冷链物流断链及治理机制分析。具体操作按照图 2 - 3 中的技术路线分步展开。

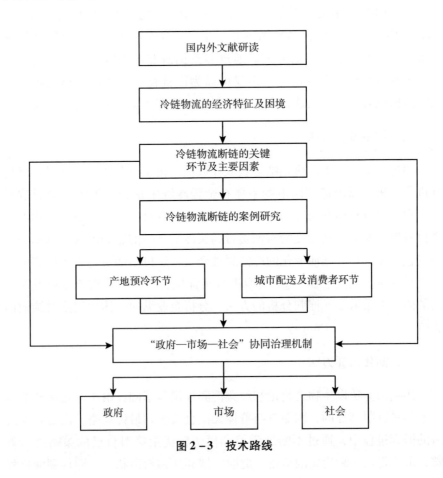

图 2 - 3 技术路线

（1）本书以中国生鲜农产品冷链物流为研究对象，系统地梳理国内外的文献资料和我国政府部门的有关政策文件，提出生鲜农产品冷链物流的经济学特征和发展的根本困境。这是从发展现状和理论梳理阐述冷链物流断链困境，是本书的逻辑出发点。根据我国冷链物流发展的现状分析可知，冷链物流具有中间性、隐蔽性、专用性、集散性、外部性和网络性等经济学特性。这些特性既包含了丰富的经济理论，也是造冷链物流发展的"中国式"实践难题。

（2）根据冷链物流的经济特征和发展困境，首先从产业链视角，分析形成冷链物流断链困境的原因、市场主体决策的逻辑和动机，明晰冷链物流断链的形成机理。通过故障树模型和贝叶斯网络分析，找出生鲜农产品冷链物流断链的最薄弱环节是产地预冷环节，其次是城市配送环节，最后是运输环节、仓储环节和消费者环节。认为产地农户没有预冷意识、知识缺乏以及经营农户组织化程度低、小而分散，是导致生鲜农产品冷链断链的最主要影响因素，其次是冷库结构比例不均衡、车主为节省耗油中断制冷、收货对接效率低下，超市、小型门店等使用的保鲜设备不适宜、消费者缺乏冷链意识等。

（3）深入研究冷链物流断链的"最初一公里"和"最后一公里"两个关键环节。一是冷链物流断链的"最初一公里"产地预冷环节及农户参与预冷的影响因素；二是冷链物流断链的"最后一公里"城市配送环节及消费者支付意愿。

（4）提出"市场—政府—社会"结合的协同治理机制。分析政府、市场、社会利益主体的功能作用。2020年6月以来，各地多次发生由于冷链物流引发的聚集性新冠疫情，在治理机制中也重点分析了新冠疫情背景下冷链物流各环节的安全风险，进而提出全方位安全观并提出了对策建议。

第三章 生鲜农产品冷链物流
断链的文献综述

第一节 农产品冷链物流的重要性及产业链内涵

不断提升农产品生产、分配和消费的可持续性，是世界各国关注的焦点（Anita Kumar，2014）。一些发展中国家大量存在小规模农户为主体的生产和流通方式，对农产品贸易自由化和流通全球化而言，都是巨大的"瓶颈"（黄祖辉，2007；黄宗智，2014）。中国是东亚农耕文明和小农经营最典型的代表，农业面临的国际竞争压力与日俱增。党的十九大报告中明确要求促进小农户模式和现代农业发展的有机衔接（胡凌啸、周应恒，2018）。中国小农户在大市场中所面对的主要困境是在农产品物流方面（黄宗智，2018）。农业生产是依赖生物孕育、生长、成熟的自然生态过程（温铁军等，2018）。农业属于使用生态系统的运作来生产食物的营生，这是农业经济学的核心（Chavas D R et al.，2009）。从农场到厨房的全程冷链物流可以使生鲜农产品在运输过程中免于退化并使其保持新鲜、营养和安全（Tashtoush B，2000）。新鲜食品在其整个保质期内，从收获或屠宰到包装、分销、营销和销售，都在不断代谢和消耗营养，导致食物质量或数量下降，这些过程都与温度变化息息相关，通过冷链物流可以有效减少损耗和确保质量，这比单纯追求生产更有效率（Lisa Kitinoja，2013；Gwanpua et al.，2015）。城市化进程的加快使得人们对农产品质量、安全程度和标准化的需求呈现出快速增长的势头。另外，农业本身也会提出提高附加值的要求（洪银兴、郑江淮，2009）。因此，以小农为主导的农业和食物体系就必须更加注重效率和市场化（李水清、陈志刚，2017）。随着全面建设小康社会的推进，社会上对农产品和食品的需求，不再停留在传统的初级产品，多元化、优质化和安全化的农产品和食品更受青睐（万宝瑞，2016；张雯丽等，2016；夏英，2017；丁声俊，2017；温铁军等，2018）。消费理念的转变对我国生鲜农产品冷链物流的运作提出了更高要求，而冷链物流无疑是保证鲜活农产品的新鲜度与品种的重要环节（丁秋雷等，2017；王淑云等，2018）。冷链物流已经是现代全球食品体系的重要组成部分，也是农产品供应链的重要组成元素，更是现代物流管理的重要内容（Chavas D R et al.，2009）。在肉类食品方面，非洲猪瘟疫情使活猪禁运、活禽禁运成为必然，冷链物流成为冷鲜肉的必要条件（张喜才，2019）。不仅如此，发展农产品冷链物流可以减少浪费、提高规格、均衡上市、稳定物价（王永康，2011）。从而保障农产品食品安全，提高居民消费水平；促进农产品流通体系建设、减少食物损耗和增加农民收入；提高出口农产品的竞争力，保护国家农业安全（王家旭，2013；Lisa Kitinoja，2013；谢如鹤，2014；袁学国等，2015；邱莹等，2018；何研，2018）。总的来说，冷链物流水平是一个国家农业现代化、国家经济发展和生活质量的重要标志（谢如鹤，2014；袁学国等，2015）。

　　典型的农产品冷链物流是一个包含了产地预冷、冷藏车运输、冷库储存配送、零售等一体化的供应链网络。农产品冷链物流是一个多层次、多类型系统工程，由许多功能要素所组成，各功能要素之间相互支持与制约，形成相应的供应链结构，从而形成冷链物流产业链（丁俊发，2010；王之泰，2010；杨芳，2012；Samuel Mercier et al.，2018）。刘丽欣、励建荣（2008）进一步认为，农产品冷链物流体系包括服务主体、服务客体、服务渠道、服务内容以及服务的支撑与保障体系五个组成部分，这五个部分相互作用、相互联系，形成一个有机整体，最终有效实现农产品物流过程。冷链仓储物流是一个全过程的产业链条（丁俊发，2010；张喜才，2016）。冷链物流体系建设的核心恰恰在于"链"，鲜活农产品只有在产地、贮藏加工、运输、分销配送、零售等环节始终处于适宜的低温控制环境，才能最大限度地保证产品品质和质量安全，减少损耗（汪旭晖、张其林，2015）。农产品冷链物流具有供应链系统的特点，任何一个环节出现断链，就会影响生鲜农产品的特性和品质，其他环节的努力也会大打折扣（孙春华，2013）。冷链仓储物流的源头是产地批发市场和田头市场，这是整个冷链的薄弱环节（张喜才、杨谦，2012）。对于冷链物流的运输配送及其路径优化的研究较多（彭碧涛等，2010；Mercier S et al.，2018）。张喜才（2014）、杨浩军（2016）、李玉鹏等（2017）等提出冷链物流"最后一公里"的品质配送，也就是零售环节的冷链物流。总之，伴随着人民生活水平提高和大范围远距离农产品运输需求的增加，我国农产品冷链物流产业发展迅速（袁学国等，2015）。尤其是电商的迅速发展，更加凸显了冷链物流的重要性（陈镜羽等，2015；洪涛，2018）。然而，生鲜农产品冷链物流基础建设水平落后，是我国农产品流通和食品安全监管中最薄弱的环节，也是农民增产不增收的重要原因之一，由流通环节落后所导致的损失和浪费，最终都将摊入农产品总成本，从而推动农产品价格上涨，大力发展以冷链物流为重点的农产品流通现代化迫在眉睫（宋则，2015）。

第二节　断链是中国生鲜农产品冷链
物流发展的主要问题

中国是农产品生产大国、贸易大国、消费大国，农产品种类繁多，规模巨大，因此，冷链物流市场需求巨大，前景广阔（丁俊发，2010；孙春华，2013；谢如鹤，2014）。我国政府高度重视冷链物流的发展，在法律法规、政策文件、产业规划中都做出了明确的扶持措施（孙春华，2013），但也面临着很多问题。一是农产品冷链流通率不高。农产品冷链物流技术和设施落后，是中国农产品冷链物流流通体系的一个弱项、一个短板（黄海，2015；洪涛，2017）。目前，我国生鲜农产品大都经过常温环境下上市然后进入供应链系统，产品腐损率较高，浪费严重，价值损失较大（丁俊发，2010；孙春华，2013；王红梅，2016）。二是冷链物流基础设施不完善。整体规模不足，陈旧老化、分布不均、布局不合理、结构失衡，整体投资不足，冷链物流技术水平不高（丁俊发，2010；王家旭，2013；孙春华，2013；王红梅，2016；胡建森，2017；杨建成，2018）。三是生鲜农产品冷链物流缺乏整体科学规划，冷链物流系统上下游之间缺乏整体规划与协调，缺乏统一的行业标准，无法形成从农产品生产到销售全过程的冷链物流体系，没有实现全链条流通，断链现象经常发生，没有形成完整的冷链系统，容易出现冷链断点，导致冷链产业链断裂，严重影响冷链物流效率与效益（丁俊发，2010；王家旭，2013；胡建森，2017；杨建成，2018）。四是冷链物流市场化、组织化程度低。生鲜农产品生产主体、物流运作的组织化程度非常低，要经过生产者、产地市场、批发商、销售地市场、零售、消费者等多个环节，各个市场主体各自为战，恶性竞争，断链现象时有发生。第三方冷链物流发展滞后，冷链物流企业规模小，经营模式较为落后，缺乏品牌，物流服务网络有限，服务质量不高，导致断链（丁俊发，2010；孙春华，2013；谢如鹤，2014；王红梅，2016；胡建森，

2017）。五是食品物流安全监管难度大，冷链物流法律法规和标准缺乏。刘炳城（2018）提出了我国冷链物流未实现全过程标准化，冷链物流法律法规和标准缺乏。政府监管难度较大。六是冷链物流人才缺口较大。由于冷链物流市场规模不断增加，与之相对应的冷链物流人才需求也大幅度增加。然而，由于冷链物流工作环境不佳，专业化技能要求高、培养院校少等原因，导致冷链物流人才缺乏（孙春华，2013；王红梅，2016）。在"一带一路"、跨境电商等领域，我国冷链物流发展的短板更加凸显。杨清（2018）分析了在水果跨境冷链物流运输中，存在包装不规范、堆码不合理、缺乏统一甩挂中转点、标准不统一等问题，导致水果冷链运输效率不高。程小阳（2018）以"一带一路"影响下的农产品冷链物流业作为论述主体，提出了我国农产品冷链物流中还存在冷链技术管理手段落后、冷链基础设施不到位、农产品冷链运输成本较高等问题。也有很多学者通过国内外冷链物流的发展，对中国冷链物流发展的问题进行了分析。李明贤等（2018）介绍了美国、日本两个发达国家的冷链物流发展状况及其特点，指出我国与美日农产品冷链物流相比存在以下差距：基础设施落后、冷链信息化程度低、缺乏冷链物流上下游的整体规划与整合、农产品冷链物流标准缺失等。周海霞（2016）认为，美国的一体化模式、日本的直交所模式、荷兰的电商模式等交易效率高，而中国冷链物流环节多、成本高。

　　总之，我国冷链物流取得了较大的成绩，但也面临很多问题，其中一个根本原因就是冷链物流"断链"现象的普遍存在。中国是典型的东亚小农类型（周应恒等，2017；杜鹰，2018）。农业产业链纵向一体化只可能高度依赖小农户自己以及千千万万的小商小贩，如何将千千万万分散的小农户整合成一个纵向一体化的物流体系，能够做到快速、高效、全程无断链的冷链网络是巨大的难题（黄宗智，2018）。只有全程冷链才能确保农产品食品安全并有效减低损耗，而任何一个环节的断链都会造成功亏一篑（Gwanpua et al.，2015）。当前，国内许多学者认为造成生鲜农产品损耗率较高的主要原因之一是生鲜农产品在流通过程中出现冷链物流断链。在冷链物流供给严重不足的情况下，如何确保冷链物流各环节的有效衔接，实现全程冷链，已经成为制约鲜活农产品冷链物流发展的最大瓶颈（丁俊发，2010；王永康，2011；杨路明、马小雅，2015）。发展中国家虽然建设了很多冷库、食品加工等项目，但缺乏对冷链物流网络的规划和管理，常常导致断链现象发生（Lisa Kitinoja，2013）。冷链物流体系的建设绝非易事，农产品冷链物流几乎介入了从生产到销售的全生命周期，其间涉及生产和流通过程的部门非常多，很难实现农产品从田间到餐桌的全程冷链。只有生鲜农产品在产地、仓储、运输、分销配送、零售等整个供应链全链条始终处于适宜的低温控制环境，才能最大限度地保证产品品质和质量安全，减少损耗（张喜才，2020）。

第三节　生鲜农产品冷链物流断链的主要环节

冷链物流起始于产地预冷、包装，经过仓储、运输、配送、零售等诸多环节，形成一个产业链结构（丁俊发，2010；Lisa Kitinoja，2013；薛建强，2014）。很多学者将生鲜农产品供应链细分为采购（王静，2022）、库存（陈晓旭等，2014；王淑云等，2016）、运输、零售（李琳等，2014）等环节。杨扬等（2016）分析了生鲜农产品国际冷链物流环节的风险，把入库检查、冷藏储存、冷链运输、通关等作为生鲜农产品国际冷链物流的关键控制点。杨扬等（2017）基于系统动力学模型对生鲜农产品国际冷链物流运作过程中存在主要风险因素进行分析，构建了生鲜农产品国际冷链物流运作风险模型。冷链是现代物流中的一个特殊而重要的环节，对物流技术、操作流程规范和管理制度等方面都有着严格的要求，冷链的发展水平是一个国家和地区现代物流业发展水平的重要体现（秦玉明，2017）。由于我国冷链物流发展正处于起步阶段，这样的现实导致生鲜农产品冷链物流"断链"是一种常态（杨路明、马小雅，2015）。关于冷链物流"断链"的研究最早是由刘光琦（2009）提出的。随后，丁俊发（2010）详细讲解了在冷链物流中，冷链的断点和冷链产业链断裂。段雅丽（2011）分析了冷链物流过程中"断链"普遍存在的问题。杨路明和马小雅（2015）在生鲜农产品冷链物流内涵的基础上，认为冷链物流断链是在冷链物流过程中由于企业工作人员没有按照冷链物流要求进行操作，导致生鲜农产品在某个运作环节或节点处于常温或者高温状态。农产品冷链物流断链的主要环节如下。

一是产地环节。田间地头的产地预冷是农产品冷链物流第一个重要环节（J Roosen A et al.，2015）。在田间地头迅速冷却到果蔬适宜运输或储存的最低限温度，尽可能地保持农产品硬度和鲜度等品质指标，延长运输和储藏的有效时间，同时可以降低冷链物流中后端的冷藏冷冻环节的机械能耗，可称为产地预冷，最早由鲍威尔（Powell）提出。农产品产地预冷已是发达国家普遍采用的农产品全程冷链最重要的一环，完善了农产品产业链（刘京，2017）。产地农产品冷藏保鲜技术已经应用在特色农产品生产基地，并进行大力推广，可以有效解决我国产地环节冷链断链问题（蔡亚军、梁中华，2005）。保鲜库大多存在设备落后、技术配套不规范、设施简陋、库房建造不合格、制冷效果差、使用成本高等问题，不适合大规模的开发和利用（季益清等，2010）。尽管我国农产品产地预冷产业发展势头良好，但依然存在不少问题，预冷技术薄弱，冷库结构不合理，采后损耗大以及存在断链的现象，都是造成产地环节断链的主要原因（凌建刚，2014）。分析可知，国内外关于预冷的研究大多基于从农产品收获后生理学机能变化的角度来探讨预冷对农产品的作用和意义，缺乏从整体的产业链对产地预冷的研究。

二是仓储环节。对生鲜食品影响最重要的是仓储环节的温度，仓储环节也是生鲜农产品冷链物流的重要组成部分（J Roosen A et al.，2015）。库存优化一直是生鲜农产品供应链研究的焦点问题（王淑云等，2018）。目前，关于仓储环节的库存研究主要是基于利润最大化的库存策略、库存一体化、供应链协调等问题（Wang et al.，2011；王淑云等，2016）。陈晓旭等（2014）针对第三方物流参与的三级冷链系统库存问题进行研究，对比了分散决策与集中决策下的系统利润，发现仅仅依赖集中决策的方式，将无法真正实现供应链系统的协调，会导致冷链物流存在断链，但其并未进一步提出有效的协调方式。王淑云等（2018）分析"双重损耗"对冷链库存的影响，建立了二级冷链一体化库存模型，并对系统最佳的保鲜投入、库存及定价进行了规划求解。

三是运输环节。蔡等（2010）提出易逝品在运输过程中存在着巨大的损耗，并对此种情况下的供应链协调进行了研究。生鲜农产品物流的各个环节均存在运输活动，运输贯穿生鲜农产品的生产、加工、配送和消费过程，在这些物流节点之间，存在需求各异的运输承运方和托运方，伴有载运工具的转换衔接（何雅婧，2017）。中国在冷藏车总量以及人均占有量上与美国、日本等发达国家相比有很大差距（胡贵彦，2013）。我国产地运输车辆基本上都是农用卡车或者三轮车，市面上正规冷藏运输车占比不到20%，且很多冷藏运输车是用淘汰的集装箱改装而成，改装车的成本一般为6万元，而标准冷藏运输车最低配置的成本是15万元（李红、赵珊珊，2018）。我国冷链物流运输环节"断链"现象较为普遍，运输装备技术水平低、行业监管不足、标准规范执行不到位，影响了冷链物流整体服务品质和安全保障能力（张筱梅，2017）。

四是配送环节。配送是冷链物流中一个极其重要但也容易被"掉链"

的环节。作为冷链物流的关键部分，冷链配送过程具有高度的不确定性、动态性和连锁性等特点，容易受到众多干扰事件的影响。如车辆故障造成冷藏箱体难以密封、车辆制冷机组突然失灵、交通事故造成车辆受损等，使事先制订好的计划受到影响，甚至导致冷链中断（丁秋雷等，2017）。我国生鲜食品企业规模都不够庞大，比较零散，形成不了市场竞争力，且在选址、配送等方面存在问题（李海龙，2018）。冷链物流配送产品过程中，冷链"断链"现象时有发生，生鲜农产品企业在面对复杂多变的经营环境时，遇到的各种不确定性因素也会有所增加，而这些不确定性事件常常发生在生鲜农产品的冷链物流配送过程中，如交通堵塞、设备故障、顾客的需求量发生变化以及顾客的时间窗变动等（李康等，2014）。姚源果、贺盛瑜（2019）认为，基于实时路况信息和接驳方式的农产品冷链物流配送，可以有效地降低冷链配送成本和提高客户满意度。

五是零售环节。在零售渠道中，如销售场所的温度、湿度，保管不善等造成的自然物理性变质以及顾客对产品进行翻拣、折断、去皮等带来的价值损耗，直接影响销售量及零售商的收益。因此，以控制损耗为核心的生鲜农产品管理一直是零售商（如超市卖场）关注的焦点（陈军，2009）。由于市场的不稳定性，很容易造成农产品滞销等情况，这无疑会使销售时间增加，导致农产品腐烂变质。在实际运营过程中，零售终端很少按照严格的操作规范管理冷鲜肉（张喜才，2019）。里尔顿（T. Reardon，2002）和赫赞（G. Ghezan，2002）等认为，生鲜超市的发展壮大会缩小批发市场和小农户的生存空间，得出超市会成为生鲜农产品流通主渠道的结论。大型零售商平均占到农产品销售的50%，一些地区和产品甚至达到80%，伴随着城镇化的加快，这种比例有可能还会增加（Christirling，2013）。因此，很多研究集中在如何通过零售商主导的供应链优化设计来避免冷链物流断链。其中，以通过设计支付契约来实现供应链协调的文献居多，这些契约包括批发价契约、回购契约、收益共享契约、数量折扣契约、销售回扣契约和线性转移支付契约等常见类型（Cachon G.，2013；张鹏等，2015；冯颖等，2018）。杨春等（2010）基于第三方物流提高保鲜努力水平会影响零售商利润，设计了成本分担与收入共享契约，实现了第三方物流和客户企业的共赢。方文婷等（2019）针对生鲜品在流通中的损耗特性，引入期权合同研究单周期两阶段的零售商最优订货策略。冯颖等（2018）建立了零售商为主导者、TPL和供应商为跟随者的序贯非合作博弈模型，引入收入共享、数量折扣和线性转移支付三种契约：零售商主导和TPL介入致使上述契约对供应链运作的影响与一般情形相悖且三种契约具有互补性，即收入共享会导致合作倒退，数量折扣维持现状，而线性转移支付则可改善系统运作效率。

有一些学者从包装、加工等环节研究冷链物流（Ortega D L et al.，2012）。有学者从整个供应链优化和发展模式上进行了探讨。张琳（2017）提出了生鲜农产品冷链流通模式有企业自营、第三方运营、批发市场和伙伴联盟四种模式。目前，各模式间信号不畅通、不共享、不合作、技术发展落后、运输成本高、库存管理和质量管理水平低下，导致断链，阻碍了生鲜农产品物流的发展。总体而言，目前冷链物流断链的研究主要集中在单个环节，缺乏从产业链视角的系统研究，缺乏深入调研的案例研究。

第四节 生鲜农产品冷链物流断链的影响因素

典型的农产品冷链物流是一个包含了产地预冷、冷藏车运输、冷库储存、配送、零售等一体化的供应链网络。只有全程冷链才能确保农产品食品安全和有效降低损耗，而任何一个环节的断链都会功亏一篑（Gwanpua et al.，2015；Panetto H et al.，2020）。刘炳城（2018）指出，冷链物流全过程是由多个部分组成的，包括生产、储存、运输、配送和销售等多个环节。由于缺乏全过程标准，任何一个环节的任何一个细节的疏忽都可能造成损失、影响质量。因此，冷链物流断链的因素很多（彭本红等，2017）：有基础设施的原因，冷库、冷藏车等供给不足（薛建强，2014；黄海，2015；杨路明、马小雅，2015；彭本红等，2017）；有市场不规范的原因（赖小珍，2013；彭本红等，2017）；有政府监管的原因，政府监管缺失，标准执行不严格（赖小珍，2013；杨路明、马小雅，2015；彭本红等，2017）；有市场主体意识不到位的原因，生产者更加关注产量和销量，冷藏车司机的机会主义，消费者更关注价格而非冷链过程（赖小珍，2013；杨路明、马小雅，2015；彭本红等，2017）；有交易方式的原因，缺少组织化机制（王淑云等，2016）；有交易规模的原因，中国小规模农户为主（黄宗智，2018），冷链物流企业小散乱（黄海，2015）等。根据对已有文献的梳理，冷链物流断链的影响因素主要有以下几个方面。

一、小规模农户参与度不高导致断链

中国是典型的东亚小农类型（周应恒等，2017；杜鹰，2018）。对于广大小农户而言，由于自身各方面的综合实力不强、信息不对称、交易费

用高以及生产标准化程度低等原因，小农户通过市场体系与现代农业进行有机衔接仍然存在诸多方面的障碍（李霖、郭红东，2014）。中国目前的农产品纵向一体化体系，不仅是个旧式的、低效的体系，也是个损耗高和成本高的体系，这是中国小农户在大市场中所面对的主要困境（黄宗智，2018）。超市、加工企业等环节通过投资冷鲜设施、信息技术等强化其对流通链条关键节点的控制，农户及其合作组织则因为资金、管理等方面因素被排除在外（Reardon T et al.，2003）。薛（2014）和斯温内（Swinnen，2007）指出，小农户面临的融资难、冷藏加工设施投入过高以及难以获得更多的市场渠道信息，是小农户纷纷退出市场的主要原因。另外，人力资本、机会成本的制约，也导致了小农户难以分享到价值链升级所带来的好处。牛等（Niu Baozhuang et al.，2016）从农户和中间商两个层面研究农户参与农产品流通的情况，指出由于中间商对农产品流通系统的垄断，农户关注的是与其交易的一级中间商，并不在意最终购买者，因此，农户缺乏主动改进农产品质量、包装等满足终端消费者需求的动力。

二、农产品的价值不高导致的断链

冷链物流设施的使用，取决于正在冷却和储存的食品的市场价值和设施的使用效率（Lisa Kitinoja，2013）。受能源、资源价格上涨的影响，农业生产经营成本上升将呈持续态势，并且不可逆转，"地板"不断抬升（刘奇，2015）。农产品价格跑不赢生产成本，会抵消农业的比较效益，进而影响农民收入（宋洪远，2013）。目前，我国农产品价格并未真实地反映出耕地和淡水等资源的稀缺程度，与其他产品和服务之间的比价关系依旧处于较低水平，并因此导致农民的低收入（孔祥智，2010；张道航，2011）。与此同时，虽然农产品价格上涨也是大势所趋，但部分农产品已冲开"天花板"，高于国际市场价格（刘奇，2015）。现在绝大多数农产品的价格比国际市场高，可能会被更多的国际农产品占据，而农民的生存空间也会越来越小（陈锡文，2017）。尼古拉斯等（Nicholas et al.，2006）用协整的方法发现农业产出品价格对食物零售价格的变化仅仅做出部分调整，表明产业链中的利益分配不均。小农户没有定价权，甚至被逐渐地"挤出"市场（Narula S A，2011）。为了应对市场竞争，农户参加合作社等经济组织，在生产设备（检测设备）、技术水平、规模程度、人力资本等方面追加大量投资，以保证产品的标准化、质量和安全，进而提高定价权（Anju Bharti，2016）。然而，超市、加工企业等环节正通过投资冷鲜设施、信息技术等强化其对产业链关键节点的控制，农户及其合作组织则因为资金、管理等方面的因素被排除在定价权之外（Opara L U，2003）。"地板"抬升，"天花板"下压，使得农业生产空间越来越小，再加上农户没有定价权，这可能也会导致农产品冷链物流断链。

三、农产品交易方式的选择导致断链

合同农业是西方发达国家现代农业的重要特征，包括中国在内的发展中国家合同农业发展也比较迅速。合同交易制度直接决定着小农承担的市场风险大小和所能得到的收益规模，最终影响参与行为和履约决策（Niu Baozhuang et al.，2016）。农产品质量属性具有多样性，其进行确认是一项复杂且艰巨的任务（蔡荣、易小兰，2015）。信息不对称易引发农产品质量安全风险，在生产环节，下游收购主体（企业）若没有产品质量信号传递，就无法确定上游生产者（农户）所提供的农产品质量水平，因而很难区分优质农产品和劣质农产品生产者，不得不向所有生产者支付同一价格，最终导致劣质农产品充斥整个市场（耿宁、李秉龙，2014）。农产品供应链上的企业需要应对几乎所有类型的组织（或治理）问题，其中一些可以采用标准的垂直一体化组织来解决，还有一些则可以通过合同生产模式解决。研究表明，市场交易模式只适合于标准化的农产品，很难满足企业实施差异化竞争策略对农产品整体质量的较高要求或对某些质量属性的特殊偏好，采用合同生产模式是解决此类问题的重要方法（Niu Baozhuang et al.，2016）。在企业确定与农户采用合同生产模式之后，相应的交易制度安排就成为首要考虑的问题，它是一项非常复杂的工作，需要同时考虑多个方面的问题，包括协作性能、激励强度和交易成本等（Panetto H et al.，2020）。

四、相关利益主体对农产品冷链认识不足导致断链

目前，大部分消费者比较看重价格因素，导致无论生产企业、下游客户，还是广大普通消费者，对冷链物流的概念都比较陌生，冷链意识淡薄，认识不到冷链物流对于食品安全的重要性，由此导致冷链市场需求迟迟无法打开（赖小珍，2013）。生鲜农产品冷链物流的运作是由人来完成的。在这个运作过程中涉及生产者、运营者和消费者。当前，我国对冷链物流的认知，无论是生产者、运营者还是消费者，都处于认知不足的状态（杨路明、马小雅，2015）。最初的生产者更加关注产量和销量，中间环节的冷藏车司机具有机会主义倾向，终端的消费者更关注价格而非冷链过程（赖小珍，2013；杨路明、马小雅，2015；彭本红等，2017），服务质量与

服务价格并不存在相互影响的关系（姚源果、贺盛瑜，2019）。消费者对全程冷链操作的实际意义认识不够，不愿意为冷链产品的额外成本付费，优质优价的市场机制尚未整体形成，这在一定程度上延缓了冷链物流的普及、规范和发展（孙春华，2013）。发展中国家的冷链物流建设往往侧重于建立独立的冷藏库或食品加工设施或项目，而不是侧重于整个冷链物流体系的建设和供应链管理（Lisa Kitinoja，2013）。

五、冷链物流的基础设施不够完善导致的断链

在基础设施方面，我国与发达国家存在较为明显差距，基础设施薄弱（夏雨晴、刘学林，2018）。冷链基础设施难以满足市场规模和市场需求，存在一定的技术缺陷，常常面临安全威胁，导致冷库的功能较低，无法满足具体的生鲜农产品冷藏需求，最终导致生鲜农产品损耗较大（杨梦祎，2019）。航空冷链物流的发展最重要的是冷链运输的设施及冷链物流技术是否先进，是否能满足日益发展的冷链物流需求。由于国家政策扶持的缺少，使航空冷链物流无论是在人才培养上，还是在设备技术的研究上，都远远落后于西方国家，导致航空冷链物流容易出现人才短缺、机器设备落后、物流技术不先进等问题（唐友明，2017）。同时，国内的学者对于冷链物流硬件设施存在两种不同的观点。以鲍长生（2007）为代表的学者认为：冷链物流的发展是管理落后，而不是硬件设施不足导致了断链。而以毋庆刚（2011）、汪晖（2013）为代表的学者则认为：生鲜农产品冷链物流的基础设施条件差，导致了断链。

六、冷链物流的高成本可能造成冷链物流断链

生鲜农产品冷链物流前期投入大，经营周期长（丁俊发，2010）。在经营过程中，用电、人工、管理等方面费用较高。当生产淡季和原料资源不足时，冷库往往处于闲置耗能状态。对于引进的机械设备利用率不高，绝大多数企业规模小，水平低，加工产品质量不稳定，加工废弃物未得到综合利用，企业成本高、效益差（肖军，2013）。潘丹丹（2013）认为很多个体户本身缺乏专业知识，为了降低成本，大部分商户在库存和运输的过程中仍采用棉被或者纸箱包货，致使货物在运输过程中腐损率很高，这种现象主要是冷链物流的运输成本高造成的。张建奎（2017）认为，冷链断链现象表面上由于冷链企业成本限制不得不放弃高昂的冷链技术，深层次的原因是我国先进冷链技术使用成本较高导致断链。总体来讲，不管是物流设施、技术方面的成本还是在运输配送途中造成使用成本高，都是制

约我国冷链物流发展的重要因素。

七、农产品冷链物流监管制度不够完善导致的断链

从目前来看，我国还没有制定专门的法律法规，生鲜农产品冷链物流的出现与发展，主要依靠的是生鲜农产品冷链物流市场主体的自发行为，带有比较明显的随意性（胡建淼，2017）。生鲜食品进入市场后的食品安全控制，主要集中在事后检验检测环节，但由于物流过程的分散性，使得从食品流通角度控制食品安全风险的体系难以建立起来（谢如鹤，2014）。冷链物流各方面政策、标准已日趋完善，但是政策的实施程度、覆盖范围、执行情况和监管力度都还远远不够（张喜才，2019）。

由此可见，生鲜农产品冷链物流断链的影响因素，既有硬件的，也有软件的；既有政府监管的问题，也有市场发育的问题；既有生产环节的问题，也有消费环节的问题。相应地，冷链物流断链的治理机制就需要"政府—市场—社会"协同治理。

第五节　农产品冷链物流断链的治理机制

农业治理是乡村治理研究延伸到农业研究领域形成的新视角，注重研究多元主体共同参与农业生产的公共治理机制及逻辑（夏柱智，2018）。大部分研究者从经济学视角分析农业生产过程，强调农民个体投入的积极性和投入能力在农业发展中的作用（姚洋，2000）。在小农农业现代化过程中，农民、政府、市场与村社组织的共同协作发挥着更为重要的作用，需要引入治理视角研究小农户与现代农业发展的有机衔接问题。中国农业的现代治理体系不仅是小农户的市场治理，还有层级制治理、网络化治理等多种形式，党的十九届四中全会强调建立治理能力与治理体系现代化。那么如何建立中国农业的现代化？只有在传统与现代之间建立起必要的关联，才能形成具有中国特色的发展道路（黄宗智、彭玉生，2007；徐勇，2013）。城乡二元结构也是冷链物流发展的社会基础，许多领域城乡二元结构问题还较为突出，城乡发展差距仍然较大（韩俊，2018）。断链会使整个冷链物流功亏一篑，影响食品安全，造成食物损耗，进而影响农民收入和整个农业产业链。如何确保向消费者提供安全和高质量的生鲜农产品，是世界各国食品监管机构面临的一个共同的经常性挑战，既要发挥市场的力量保持充分竞争，还要经常根据市场和技术的变化不断重新审视政

府部门已有的法规政策。另外，社会组织也需要加强对冷链物流的关注（Mercier S et al.，2018）。里尔丹和威廉姆森（Riordan M H & Williamson O E，1985）把治理模式分为市场治理、混合治理和企业治理三种方式。对于农产品产业链又衍生出契约治理、政府监管、第三方治理等治理方式（张喜才等，2014）。对于农产品冷链物流断链的治理主要研究如下。

一、从市场角度出发

加强冷链物流营运企业的协调和整合，促进第三方冷链企业发展（丁俊发，2010；杨路明、马小雅，2015）。建立生鲜农产品冷链物流联盟，不仅可以使行业内各家企业的冷链物流设施通过共享得到最大限度地利用，还可以形成覆盖面积更广、物流能力更强的冷链物流网络，并大大缩减了生鲜农产品的物流环节数量（胡建森，2017）。通过设立准入门槛和相应的退出机制，限制不能满足要求的企业进入冷链物流行业，定期考核，实行优胜劣汰，提升冷链物流企业的技术水平与服务质量。加强冷链市场管理，限制低价恶性竞争（谢如鹤，2014），培育出了一批全国知名的专业第三方冷链物流公司、冷链物流示范中心（园区）、冷链装备生产重点企业、冷链终端销售品牌市场（谢如鹤，2014）。在市场机制作用下，批发市场等市场主体更关心的是自身的"资本"投入的"回报"，而不是推进和发展农产品市场。在建设用地的高市价压力下，为了满足投资者的回报要求，这些批发市场大多会收取较高的摊位费，基本谈不上新型储藏和信息化等服务（黄宗智，2018）。冷链物流设施投资大，周期长，市场作用下导致其投资不足（洪岚，2010）。由于我国流通领域较早实行了市场化改革，公益性流通设施供给过多地交由市场运作，在数量规模、区域分布、制度建设等方面面临诸多挑战，如总体供给不足、区域供给失衡、投资有待改善、制度尚需健全等（陈丽芬、王水平，2016）。同时，随着流通体系市场化进程的加速，仅靠市场调节会带来诸如流通成本过高、产品安全、应急保障等市场失灵问题，政府的作用重新得到审视（高铁生，2014；马龙龙，2016）。

二、从政府监管角度出发

阿克洛夫（Akerlof G，1970）分析了在冷链食品监管中存在的一些问题。李昌兵等（2017）分析了食品和药品安全问题并提出了冷链物流资源投入的正外部效应。如果"搭便车"行为给对方资源投入带来的收益很大，就会大大降低供应商或加工商进行冷链物流资源投入的积极性；当政府的惩罚或补贴力度大于相应临界值，供应商和加工商的演化稳定策略是投入冷链物流。熊峰等（2015）通过研究发现，选择恰当的冷链设施补贴模式，可提升农产品生鲜度及农户盈利水平。刘丽欣、励建荣（2008）指出，在冷链发展的不同阶段，应当重视政府行为、战略规划行为、管理仲裁行为、宏观调控行为、引导行为和支持行为。胡天石（2010）强调当前冷链物流发展要完善标准、加强监管，加强传统冷库升级和技术改造。朱立龙、郭鹏菲（2016）进一步指出，政府积极监管概率与冷链食品企业提供高质量冷链食品的成本、提供低质量冷链食品的成本、冷链食品所处温度和政府监管部门对冷链食品企业的惩罚力度有关。姚中杰等（2012）发现，大量农产品冷藏设施已成为中间商投机牟利的工具，农村冷库"富农惠民"的作用被严重扭曲，认为应当发挥政府"看得见的手"的积极作用，改变目前农产品冷藏设施发展无序，管理失控的放任状态。张喜才（2017）发现，由于农产品的周期性原因，农民专业合作社的冷链仓储设施存在一定程度的闲置，需要创新政府支持方式和重点。政府供给强调的是政府作为主体在提供流通公益性产品过程中的作用，公益产品的投资运营、管理风险均为政府承担，资金来源于公共财政。但也应看到，政府的作用并不完美。由于缺乏有效竞争，天然垄断、责权不一等因素，导致政府的公益性产品供给常出现绩效不佳、结构不合理、发展不均衡等问题（马龙龙，2016）。政府对于农产品冷链物流建设发挥着重要作用，已有的研究缺乏对农产品冷链物流政策的系统梳理，也没有对政策进行综合评价，没有能够指出政府在哪些环节，如何才能发挥更大的作用。更缺乏针对冷链物流断链中政府如何协调企业、社会等实现协同治理的研究。

三、社会组织的作用

提升利益相关者对冷链物流的认知，能从根本上解决断链，达到降低损耗、降低隐性浪费的目的（杨路明、马小雅，2015）。拉伊斯和舍奥兰（Rais M & Sheoran A，2015）基于印度的现状，分析了在冷链管理的过程中消费者应具有一定的冷藏常识，以保证整个冷链食品管理中的安全。企业、政府和社区都有责任、有义务指导并向消费者宣讲合理的食品冷藏知识。政府、行业协会、农业企业要加强对冷链物流的宣传和科普，让消费者了解冷链物流的基本知识对于提高农产品品质的作用以及"断链"带来的危害等，使消费者能够体会到冷链物流所带来的生活品质的提高。同时，要把冷链物流知识与食物营养科普结合起来，特别是在饮食习惯的改进、保鲜技术的运用等方面进行科普（袁学国等，2015）。

政府与市场的关系及边界是经济学永恒的主题之一。阿佩吉斯（Apergis N P et al.，1996）认为，在市场失灵的情况下，政府监管是弥补市场失灵的有效手段。然而，政府监管效率低下，无法突破"管不胜管，防不胜防"的困局，从而使第三方治理成为农产品质量安全治理的重要补充（王东辉等，2008）。政府与市场发挥的作用并不互相矛盾，而是相辅相成的，关键在于对二者如何进行正确定位。在市场经济大环境中，哪些活动由政府负责，哪些主导作用应由市场与企业或中介组织来发挥，需要做出明确而有效的组织协调（张喜才，2019）。在政府、市场和社会三者关系里寻找到均衡点，形成三维均衡的稳定格局。这里，政府、市场与社会关系更像是一个"预防—免疫—治疗"的协同体系（刘亚平、苏娇妮，2019）。生鲜农产品冷链物流具有公共产品的属性，产业链条长、涉及部门多，跨部门的协同治理机制有待进一步探索。

第六节　文献评论

综观已有的研究可以发现，农产品冷链物流受到国内外学术界的广泛关注，也取得了丰硕成果。已有的研究成果起到了里程碑式的作用，但也存在有待进一步研究和填补的领域。

一、缺乏以中国农业产业链为情境的冷链物流断链研究

城乡二元结构下，由小规模农户和众多小散的商贩形成的农产品流通体系与欧美发达国家截然不同，从而难以在冷链物流发展中提供切合中国实际的经验。小农户作为中国农业经济的重要力量，如何与大市场对接，如何解决农业转型中对小农户的排斥问题，仍然需要深入研究。在农业生产中，从目前中国农村情况来看，小农经济还将长期存在，具体地讲，9亿农民和2亿多小农户中的绝大多数人还将在未来相当长一个时期内依托于农业和农村，以代际分工为基础的半工半耕家庭再生产模式也将长期存在（贺雪峰，2013）。小农户是中国农业经营主体的基本面（陈锡文，2017；韩俊，2018）。事实上，即使政策上一直在推动土地流转，意图实现适度规模经营，但仍有2/3的耕地由小农户耕作。小农户仍将长期是农村发展的基本生产单位（朱启臻，2011；叶敬忠，2013；张孝德，2016）。因此，在当下及未来的中国农村发展中，依旧需要高度重视和深入挖掘这一基础性制度和本源性传统。只有在传统与现代之间建立起必要的关联，

才能形成具有中国特色的发展道路（黄宗智、彭玉生，2007；徐勇，2013）。城乡二元结构也是冷链物流发展社会基础，许多领域城乡二元结构问题还较为突出，城乡发展差距仍然较大（韩俊，2018）。作为农业生产主体的小农户与不可或缺的小商小贩，导致整个物流体系和批发市场乱哄哄的小交易局面，根本就谈不上满足新型物流中的规范化、无缝隙的供应链和无断链的冷链等基本要求（黄宗智，2018）。目前，不论是国内学者还是国外学者，很少有人根植于中国农业产业链系统考察冷链物流断链的形成机制及治理机制。中国冷链物流快速发展的背景，如城乡二元社会结构、制度条件及其发展所依赖的农村市场环境、地理条件等，都有其独特性，因此，国外研究成果并不能照搬于我国。加之当前生鲜电商井喷式发展，加强冷链物流研究显得尤为迫切。

二、鲜有文献探讨农产品冷链物流断链的治理机制

中国一直面临着在"大工业、小农业"二元经济结构内如何激活农产品流通发展的难题，主要表现为农业、农民、农村对市场的不适应和制度、政策建设的落后（夏春玉，2005）。二元结构下存在小农户生产、小商贩物流、小摊贩零售的农产品供应体系。而政府的管理侧重于城市，侧重于大超市、大批发市场、大企业。流通产业作为基础性、先导性、战略性产业，不仅具有竞争性和营利性本质，而且具有社会共享性和公益性（宋华等，2013；依绍华，2014；马龙龙，2016；陈丽芬，2016）。安玉发（2010，2012）进一步强调生鲜农产品流通体系的公益性特征。毫无例外，冷链物流设施属于公益性产品内容（宋华等，2013；依绍华，2014；马龙龙，2016；陈丽芬，2016）。正是由于其公益性特征，导致市场失灵，政府必须干预和扶持（宋华等，2013；依绍华，2014；陈丽芬，2016）。现有文献主要集中对冷链物流及其断链的对策研究，侧重于政府监管。但是，公益性流通设施供给的主体在政府，政府以何种方式有效率地介入才是重点（依绍华，2014）。价值链治理（Value Chain Governance）一词由格里芬（Gereffi）于1994提出。中国的城乡二元结构下物流网络本身就很复杂，小农为主的农业生产，加上微型化流通主体，冷链物流也变得更加复杂，内部环节不断增加。这时要想通过提高产业链中的单个环节的效率从而提升整个产业链的收益变得很有限，因此需要系统性地协调冷链物流中各个环节的活动，从而使整个产业链具有竞争力，这种系统性协调就是产业链的治理。马龙龙（2016）基于利益相关者理论的企业治理是研究流通公益性的一个新的微观视角。政府与市场作用的发挥并不是矛盾的，

而是互补的，关键在于如何对二者进行定位。在社会经济活动中，哪些活动由政府负责、哪些活动交由市场与企业或中介组织，需要做出明确而有效的安排（马翠萍等，2011）。目前，不论是国内学者还是国外学者，都很少根植于中国农业产业链系统考察冷链物流断链的形成机制及治理机制。近年来，一些研究者尝试探讨农业生产和发展过程中的农业治理体制及其实践过程，主要集中以下两个方面。一是分析地方农业治理实践的做法和效益，认为有效的农业治理促进了农业服务规模化，克服了土地细碎化问题（王山、奉公，2016；孙新华，2017）。二是揭示农业转型的治理逻辑，认为地方政府在治理小农农业面临困境时推动农业规模经营，客观上形成了排斥小农户的后果（孙新华、钟涨宝，2017）。已有研究将治理视角引入农业生产和发展研究中，拓展了研究内容和研究视域。在已有研究基础上，本书跳出单个环节、单个主体和政府监管的视角，将冷链物流断链从政府监管转向协同治理，形成市场机制、政府监管和社会组织协同治理新机制，并进一步明确冷链物流断链治理机制的行动结构、行动机制、治理创新和行动方案等，为以小农为基础的发展中国家建设现代农产品冷链物流体系贡献中国方案和中国智慧。

三、现有研究较为零散，缺乏统一视角，系统性、整合性研究不多

已有的冷链物流断链的研究缺乏统一的视角，形成了很多相互矛盾的结论。比如，断链的环节是产地预冷环节还是中间的环节，抑或是零售环节，很多文献观点相左。比如，冷链物流断链的原因究竟是设施的原因还是理念的原因，意见并不一致。仅仅是某一个节点上研究断链问题，如研究合作社、研究农产品经纪人，研究批发市场，研究超市等都有局限性。冷链物流是一个全过程的供应链体系，不管是信息不对称现象，还是外部性和资产专用性，都不能割裂内在机制去研究一个节点，抛开将各个节点联系到一起的复杂运行机制，去抽象地研究一个点，容易得出断章取义的结论，难以形成理论创新和理论突破。应将农产品冷链物流的主体、客体以及流通过程中的信息、价值、制度、利益等全部纳入一个体系当中。这个体系应以利益为连接纽带，将流通链条中各个"节点"连成"线"，在流通环节中，在外界体制、环境、制度的作用下，内部与外部形成交织"网"，同时冷链物流直接或间接波及各个行业和利益主体，继而形成全社会这张"面"。因此，本书以农产品产业链的统一视角，整合信息不对称、资产专用性、外部性、信号理论等经济学理论，研究生鲜农产品冷链物流断链的形成机理和治理机制，建立管理科学研究新框架，避免各说各话和

断章取义，力求理论整合创新。

四、已有的文献定性研究居多，实证研究方法较少

首先，从目前国内外对农产品冷链断链的研究现状来看，多数文献属于宏观层面的、以定性研究为主，多集中在现状、问题和对策探讨，要么是微观研究，集中在冷链物流中的某一环节的分析，如物流选址、配送路径的算法研究。已有研究多为静态视角，对冷链物流市场主体行为关注得较少，究竟哪些因素导致了冷链物流的断链，缺乏实证研究。现有文献所采用的研究范式多数为实践经验中的理论总结，不仅导致农产品冷链物流的种种理论误区，而且难以形成长期的理论积累。本研究将在以往研究的基础上，通过理论解释和实证研究相结合，建立一个生鲜农产品冷链物流断链研究的经济学研究框架。冷链物流是暗藏在农产品供应链下方的"冰山"。针对中国生鲜农产品冷链物流断链的情形，冷链物流贯穿整个农产品产业链，并且因为冷链物流环节繁杂，主体要素众多，致使冷链物流出问题的环节很难被详细了解，由于"问题仍属探索性阶段，尚未有许多前人研究可循"。因此，本书将建立以非理性为主要假设的演化博弈模型并深入分析，可以清晰地观察均衡的实现过程以及各种因素是如何作用均衡状态的实现。研究目的是在进行不同市场主体断链的影响因素，可以设计为市场主体参与冷链与否的影响因素，通过案例研究和计量分析能够更加准确地了解不同市场主体的偏好和支付意愿，从而更好地为制定政策服务。当然，两种方法的结合则更加具有相互印证和强化的理论效果。

本书以生鲜农产品冷链物流为研究对象，通过农产品产业链的统一视角，根植中国大国小农的国情，重新梳理了冷链物流的六大理论特征，提出冷链物流的八大发展困境，冷链物流断链是主要困境之一。随后论证分析农产品产业链中冷链物流断链的关键环节和主要影响因素，并进行了案例研究。重点就农产品冷链物流断链的"最初一公里"和"最后一公里"做出深入探讨。提出政府、市场、社会的协同治理机制，就政府、市场、社会的功能作用进行了深入研究。确保生鲜农产品全程冷链，形成根植于中国国情的现代农产品流通体系。

第四章 中国农产品冷链物流发展
现状、特征与困境

一方面，人们对生鲜农产品的时效性、高品质等要求逐渐提高，我国冷链物流需求强劲，发展迅速，规模不断扩大；另一方面，冷链不冷、断链等问题频繁发生，冷链物流体系亟待提升。城乡二元结构和大国小农的特殊国情决定了小农户在大市场中所面对的主要困境是其在农产品物流方面所面对的几乎不可克服的困难。如何让千千万万分散的小农户整合成一个纵向一体化的物流体系，做到快速、高效、全程的冷链物流网络，既难以照搬西方发达国家的经验，也是我国农产品流通现代化必须面对的实践难题。需要跳出冷链看冷链，根植我国大国小农的国情重新认识冷链物流。只有跳出冷链看冷链、跳出冷链重新认识冷链物流发展的宏观背景，才能更好地构建具有中国特色的冷链物流发展体系。本章系统概括了冷链物流中间性、隐蔽性、专用性、集散性、外部性以及网络性六个经济特征。深度分析冷链物流供需总量的困境、冷链物流"公益性"与"营利性"的困境、冷链断链环节的困境、冷链物流企业发展方向的困境、冷链物流标准化的困境、冷链物流安全的困境、冷链物流发展的制约因素困境以及中国冷链物流发展应如何借鉴国外经验八大困境。总体而言，冷链物流断链已经成为制约冷链物流高质量发展的主要瓶颈。

第一节　我国冷链物流行业发展现状

一、生鲜农产品供求总量大，冷链物流井喷式发展但质量亟待提升

在生产端，我国生鲜农产品生产总量连续处于世界首位。近年来，生鲜农产品总量稳定在 13 亿吨左右，约 4 亿吨需要保鲜运输。生鲜农产品总产值达 7.3 万亿元，是农民增收和产业兴旺的重要途径。在需求端，随

着我国经济社会发展和人民群众消费升级，消费者对农产品、水产品、畜产品以及加工产品等食品的要求越来越高，不仅要吃得饱，更要吃得好，吃得放心，吃得安心。随着农业供给侧结构性改革深入推进和居民消费水平不断提升，有机、绿色、名优特新产品、精品果蔬等中高端产品比重和销量持续上升，大路菜和普通水果销量则有所下降。据调研，近年来，北京新发地批发市场销售额仅个位数增长，2021年仅增长4%。其中大白菜、萝卜等大路菜不增反降，而优质、新鲜的中高端果蔬产品增速达到32%。另外，生鲜电商发展速度较快，平均每年保持40%以上的增长率，成为生鲜农产品销售的重要渠道之一。在生产和需求两端的带动下，生鲜农产品冷链物流发展迅速，从2015~2020年，我国食品冷链物流量已从1.05亿吨增至2.65亿吨，市场规模由1 800亿元增至3 832亿元，冷库总量由3 740万吨增长至7 080万吨，年均增长率分别为20.7%、20.3%和16.3%（见图4-1~图4-3）。2020年，全国冷藏车保有量为28.7万辆，较2019年增长7.2万辆，同比增长30%。目前，我国不同产品的冷链流通率在20%~45%，冷藏运输率在35%~75%，与欧美日发达国家的冷链流通率均超过95%、冷藏运输率均超过90%，差距仍然巨大，但在国内冷库、冷藏车年保有量持续增加的状况下，较过去有明显进步。以农业大省四川为例，2014年全省果蔬、肉类、水产品冷链流通率分别为3%、15%和16%，到2019年分别上升至18%、33%和30%。

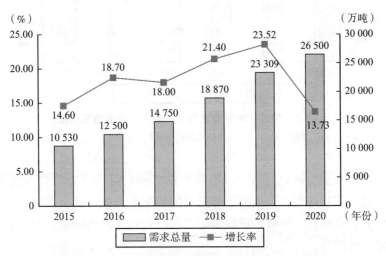

图4-1　2015~2020年生鲜农产品冷链物流需求总量

资料来源：中物联冷链委员会《中国冷链物流发展报告（2020）》。

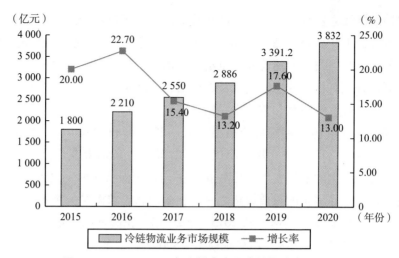

图 4 - 2 2015 ~ 2020 年生鲜农产品冷链物流市场规模

资料来源：中物联冷链委员会《中国冷链物流发展报告（2020）》。

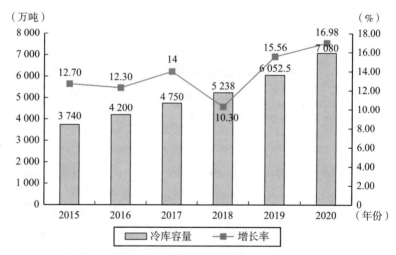

图 4 - 3 2015 ~ 2020 年全国生鲜农产品冷库容量情况

资料来源：中物联冷链委员会《中国冷链物流发展报告（2020）》。

总之，我国生鲜农产品冷链物流在供求两端带动下，总量迅速增长，但起步晚、基础薄弱，在供需资源充足的情况下未能得到有效发展，没有相应的大企业出现，没有形成较为完善的冷链物流网络体系，冷链物流发展质量亟待提升。

二、冷链物流产业链各环节发展不衔接不均衡亟待规范化发展

我国生鲜农产品冷链物流产业链条长、环节复杂、市场主体多，面临由于信息不对称、外部性、资产专用性等导致的市场失灵问题。冷链物流发挥产业链中介作用，具有集散性，上联亿万小农户，下联千千万万消费者；处于农产品全产业链的中游，具有中间性，容易受生产端和消费端的双重挤压，处于生产者不认可，消费者不买账的困境。由于农产品产销信息对接不畅，农产品"产供销"链条环节多，冷链物流各市场主体往往从自身短期利益出发，难以形成紧密合作关系，产销信息无法实现及时共享，造成产销各环节衔接不畅、供需无法有效匹配。

冷链物流设施设备属于专用性资产投资，温控要求严格，温度带众多，市场不确定性大。具有投资多、回报期长、收入模式单一、短期收益低的特点。由于投资效益驱使，多年来我国各环节基础设施结构不合理。表现在肉类冷库多、果蔬冷库少，城市经营性冷库多、产地加工型冷库少、大中型冷库多、批发零售终端冷库少，自建自用冷库多、专业第三方社会化冷库少，尤其是农产品产地预冷设施建设不足，大量果蔬未经预冷就进入流通环节，鲜活农产品腐损率高。从区域分布来看，据中冷联盟统计的有关资料显示，我国华东地区冷库保有量最大，合计达900万吨，占比超过45%。我国冷库分布整体失衡，冷库在以北京、上海等一线城市分布多，西北地区、内陆城市的分布相对较少。

目前，我国冷链物流的行业集中度低，中小企业占比较高，企业的资金缺乏、实力较弱、技术水平较低。冷链物流市场当中还存在一些违规"黑冷库"以及不达标"黑运输车"，严重扰乱市场秩序。中物联冷链委统计冷链百强企业合计大约占市场份额不足5%。缺乏具有强大整合能力的龙头企业，排名前10位的冷链物流运营商占整个市场的10.5%、前30名运营商占17.3%。可见，冷链物流企业规模小，经营分散，难以规模化发展、实现统一调度优化，导致冷链物流行业整体盈利水平难以实现跨越式发展。

总之，由于我国生鲜农产品冷链物流的自身特性，导致存在产业链各环节利益不衔接、基础设施不均衡和小散乱等现象，需要加强整合，规范化发展。

三、新技术新业态新模式加快赋能冷链物流，亟待深度融合发展

冷链物流新技术加快应用与推广。从中央到地方，通过加快推进物联网、全自动控温系统、全程追溯系统等先进技术在冷链物流中的应用，冷链物流服务和管理能力不断提升。目前，商务部已建立了农产品冷链流通监控平台、交通运输部设立了国家交通运输物流公共信息平台，这两个平

台已将各地规模以上的一些冷车、冷库纳入规范监管中。2020 年以来，各省（区、市）建立进口冷链食品追溯平台，但不少平台追溯内容仅限部分品类的"入关许可证明"及交易商的追溯，缺失物流、环境等过程数据，未形成全链条信息覆盖。越来越多的企业开启了冷链的全程可视化、全程数字化管理。如河南省花花牛乳业通过建立健全冷链管理、产品追溯制度，构建冷链物流控制体系，打造冷链物流全程可视化监控平台等措施，实现低温乳制品全省市场占比达 30%。苏州江澜农业构建了食材配送物联网大数据平台，能够实现车辆、冷库温湿度实时监控、监测中心数据实时互联，农产品基地实时监测、生产流通全环节有效追溯。

我国冷链物流市场新业态、新模式层出不穷。近年来，智慧微市场、盒马鲜生、每日优鲜、永辉超市的超级物种、智能农贸市场、冷链宅配如"顶英生活""首农 HELO 宅鲜配"以及生鲜社区 O2O 等新型业态不断涌现。越来越多的企业根据消费者需求以及流通模式的变化，不断发展更好的冷链物流模式。浙江省引导企业依托渔业生产基地、农副产品批发市场、生鲜电商平台、食品公司、药品公司、零售企业等多种类型市场主体开展专业化冷链物流服务，如舟山远洋渔业物流基地为远洋捕捞海产品提供冷链仓储、运输等服务，宁波万纬冷链物流为进口水产、肉类、乳制品等冷链食品提供仓储、运输服务；丽水一山物流为农产品提供预处理、冷链运输等服务，形成了多条冷链物流产业生态链。江苏省引导企业探索冷链物流新模式，苏汽物流创新冷链仓配一体化服务，借助冻库和配送优势，建立区域冷链配送网络，打造集国际肉类产品、水果生鲜一体化供应链服务。广东高州打造"田头小站"模式，解决农产品"最初一公里"问题。乐物信息科技公司依托"两端一链"业务模式，前端在农产品原产地建设乡镇共配中心，终端在社区建设配送网点和体验店，实现生鲜农产品基地直供、仓储代管、分拣包装、物流配送的电商供应链全程冷链模式。

总之，由于我国生鲜农产品冷链物流巨大的市场规模，吸引了越来越多的新技术、新业态、新模式进入冷链物流领域。但由于冷链物流企业规模小、融资难以及市场不规范等问题，导致冷链新技术、新业态、新模式仍处于较为落后的阶段，亟待与冷链物流发展深度融合。

第二节　农产品冷链物流的六大经济特征

长期以来，人们对冷链物流的普遍认识主要集中在行业自身特征，如运营费用高、回报周期长、资金投入门槛高等行业属性。但这些特征不能脱离农业产业链全过程，更不能脱离我国大国小农的基本国情。从这个角度看，对于冷链物流的中间性、隐蔽性、专用性、集散性和外部性等经济特性关注还不够。这些经济特性既包含了丰富的经济理论含义，也是造冷链物流发展的"中国式"实践难题。

一、冷链物流处于农产品全产业链的中游，具有中间性

冷链物流涵盖从产品生产到销售全过程，构成了由产地、包装加工、仓储、运输、配送和零售、电子商务等环节构成的冷链物流产业链。先在产地进行采摘，预冷储存，然后对农产品加工包装、运输，最后进入市场进行销售。冷链物流处于交易的中间环节。前端连接农户，经过包装、分拣、运输、零售等环节，最后连接终端消费者。

冷链物流处于中间环节，是减少损耗和保障食品安全的重要支撑。但在农产品产业链"最初一公里"，农户出售产品之后，产权随之发生转移，所以农户预冷的积极性缺乏，导致冷链物流从源头就先天不足。在产业链的"最后一公里"，消费者缺乏对冷链物流价值的认识，支付意愿不高，终端拉动作用不突出。冷链物流处于中间环节，受上下游环节的挤压，同时也受到生鲜农产品保鲜自然特性的制约。

二、冷链物流产业链存在信息不对称，具有隐蔽性

冷链物流是暗藏在农产品供应链下方的"冰山"。冷链物流贯穿整个农产品产业链，并且因为冷链物流环节繁杂，主体要素众多，致使冷链物流出问题的环节很难被详细了解，在冷链物流活动中存在严重的信息不对称，各方主体了解信息的差异度较大。生产者、冷链物流运营商、销售者信息充足，而消费者信息缺乏，在各利益主体中的地位不利。不仅如此，影响农产品质量的因素有很多，可能在种植环节，也可能在流通或者是零售环节。冷链物流只是众多因素中的一个，是间接的质量因素。人们可能对农产品本身的质量因素更在意，但对于是否冷链物流或者全程冷链则关注不多。人们在超市购买鲜活农产品时，单纯凭借生鲜农产品标签上的信息，对所购买的农产品的了解其实并不多，更难以判定是否是全程冷链。很多消费者并不了解冷链物流对产品质量的影响。因此，不对称信息可能导致逆向选择，各种机会主义行为频繁出现，导致冷链不冷、断链等问题，甚至是"劣币驱除良币"。

三、冷链物流属于专用性资产投资，具有专用性

冷链物流系统几乎只可以发挥冷藏冷冻的作用，温控要求严格，温控区域众多，市场不确定性大，资产专用性极高。冷链物流投资大、设备设施革新升级耗资多、回报期长、短期收益低。昂贵的制冷机是保证冷藏冷冻车运转的必备品，燃油、用电费用也偏高。根据调研，冷藏车的运营成本是普通车辆的 3 倍，导致冷链物流的资产专用性更高。从冷链物流的经营角度看，其主要盈利模式是租金。但是经营的区域范围、经营的时间长度等都受资产专用性的严重制约，受到"敲竹杠"等机会主义行为的影响更严重。冷链物流经营自身沉没成本也很高。

四、冷链物流发挥产业链中介作用，具有集散性

我国地域广阔，农户众多，据估计大约有 2.3 亿农户，生鲜产品种类众多，标准不一。冷链物流作为中间环节，产地集散作用非常明显，但交易费用巨大。在物流中心或配送中心环节，农产品要经过储存、运输、包装、加工、装卸搬运等环节，使产品能够更高效、更经济地流动。这需要与经销商、零售商的有机衔接，以加快物流的速度、提高流通实效。由于缺乏全过程标准化，冷链物流发挥产业链的中介作用，实现集散功能，也就意味着要面临较大的交易成本。一方面是千家万户的农户和小商小贩，另一方面是万家灯火的消费者和城市复杂的物流网络（见图 4-4）。

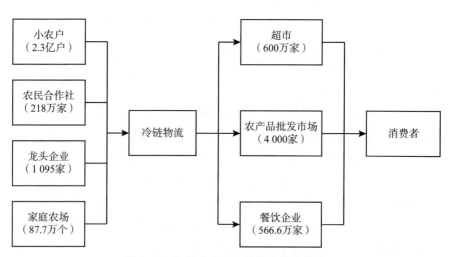

图 4-4　生鲜农产品冷链物流的集散性

五、冷链物流溢出效应明显，具有外部性

由于农产品从产地到顾客的分销体系冗杂，导致冷链物流网络庞大，单个环节上的物流企业难以对整个链条产生主导作用，同时单一环节的高端冷链物流服务无法保证全链质量，由此就造成"公地悲剧"，没有资本愿意投入回报率低且形同虚设的单一环节上，进而每一个环节都得不到资金的支持进行应有的改善，如此恶性循环，持续弱化了资金在断点环节的流入。个别市场主体在冷链物流运作过程中为了节约资金而减少或者中断冷链，最终功亏一篑，成为冷链整个系统的"公地悲剧"。

六、冷链物流是紧密连接的链条，具有网络性

冷链物流具有网络性，只有全程冷链才能确保食品安全和有效降低损耗，而任何一个环节的断链则会功亏一篑。由于农产品从产地到顾客分销体系复杂，导致冷链物流网络庞大，断链现象时有发生。没有资本愿意投入回报率低且形同虚设的单一环节，进而每一个环节都得不到资金的支持，如此恶性循环，持续弱化冷链物流网络投入。据调研，2014年供港蔬菜的种植基地宁夏中宁县众多的蔬菜种植商，为延长蔬菜保质期，提升蔬菜品质，降低损耗率，投入巨资，采购田间预冷设备设施，想通过预冷技术，来提升销售价格。但由于无法控制从宁夏中宁县到广州江南市场（供港蔬菜的重要集散地）的全程冷链，导致整个过程中，只要有一个节点出现问题，田间预冷所投入的成本荡然无存，直接导致农民收益无法提高，商品转换率下降。因此，谁也不愿意再次投入田间预冷成本和设备设施。据不完全统计，目前荒废的田间预冷设备设施总额达1.3亿元。

第三节　农产品冷链物流发展的八大困境

一、冷链物流总量需求的困境：冷链物流需求总量到底是多少？

精确预测冷链物流发展趋势，对于整体国民经济的可持续发展具有重大的战略现实意义。冷链物流设施设备、冷链布局规划、冷链相关政策扶持等，务必依照需求来投入，而我国农产品市场对与冷链相关的服务需求量却难以确定。伴随民众消费升级以及电子商务的迅猛发展，我国冷链物流需求不断增长，但对于冷链需求一直是研究的模糊地带。关于冷链物流

需求预测，一类是国内外对比说。与国外发达国家相比较，我国在冷链体系、冷链设备设施、冷链信息化方面明显处于落后地位，比如我国鲜活农产品冷链运输规模仅占整体运量的15%左右，然而欧美等发达国家却能达到80%～90%。与欧美、日本等发达国家3%的损耗率相比，我国冷链运输损耗却高达30%。二类是生鲜农产品产量等量齐观说，认为鲜活农产品总量等价于冷链物流的总量。比如，2019年我国农产品需求量将会达到2.1亿吨就是根据农产品总量来确定的。三类是模型推算说，冷链物流总量依据人均国民收入等指标推算得出。总之，不管是哪一种需求预测的方法都存在较大的模糊空间，而且都是静态的，甚至是互相矛盾的，是冷链物流需求预测的标准不一样，还是结构性的问题也很模糊。

二、冷链物流公益性与盈利性的困境：政府与市场的作用边界如何界定？

全产业链视角下冷链物流环节多、主体复杂，存在严重信息不对称。冷链物流既具有公益性特征，也包含外部性特征。流通产业作为先导性、基础性、战略性产业，不仅具有竞争性和营利性本质，而且具有社会共享性和公益性（马龙龙，2016）。毫无例外，冷链物流设施是属于公益性产品内容。正是由于其公益性特征，导致市场失灵，政府必须干预和扶持。政府的管理侧重于城市，侧重于大超市，大批发市场、大企业。由于冷链物流涉及国家发展和改革委、商务部、农业农村部、交通运输部、供销社、邮政局等众多政府部门和各级地方政府，由于部门间协调困难和地方保护主义，导致冷链物流系统难以达到最优状态，时常出现断链，难以形成可持续冷链物流网络。政府政策过于注重单一的财政补贴手段，容易产生"寻租"等政府失灵问题。政府与市场发挥的作用并不是互相矛盾的，而是相辅相成的，主要在于对二者如何进行正确定位。在社会市场经济大环境中，哪些活动是由政府主要负责、哪些主导作用应由市场与企业或中介组织来发挥，需要作出明确而有效的组织协调。

三、冷链物流环节的困境：冷链物流的关键环节是什么？

冷链物流起始于产地预冷、包装，经过仓储、运输、配送、零售等诸多环节，形成一个产业链结构。我国冷链物流业正处于成长阶段，生鲜农产品冷链物流发展存在诸多困境，其中"断链"是一种常态化问题（杨路明、马小雅，2014）。在冷链物流配送过程中，由于一些企业和工作人员没有严格按照冷链物流行业准则进行操作，导致生鲜农产品在个别运作阶段或环节处于常温甚至高温状态，造成生鲜农产品冷链物流"断链"情况成为常态，物流的效率和效益大大降低。冷链物流的产地采购、包装、加工、配送、装卸、销售等各个环节，少了任何一个环节，冷链物流都不能形成流畅的系统，并且冷链发生断链的环节难以确定。

我国冷库数量不足、结构比例失衡以及落后的冷库管理，使得冷链在仓储环节容易断链；许多中小物流企业通过常温车加棉被的方式或使用改装过的不合规的运输车运输，以节省成本，却在运送的过程中使得冷链断链；各个物流环节中的装卸及搬运也会使食品的温度发生变化，难以维持恒温，造成断链；国内的配送企业在配送途中做不到温度控制，冷链物流企业与商超对接效率低下等，都使得配送环节发生断链；中国在零售超市、食品零售店、小卖铺等售卖的冷藏食品使用的低温冰柜绝大部分未经细致温差划分、冷藏温度不具备科学合理性，造成食品的质量大大降低，使得销售环节断链。但是最终销售给消费者时，冷链断链的环节并不能确切知道是哪个环节出现的问题。目前，我国还没有设计开发出完整的系统的冷链物流架构，由于冷链物流设备、设施结构不完善且不科学，一旦强行拼凑出一个所谓的完整的冷链物流体系，"断链"就会成为一种必然事件，单一环节的缺失或者失败，会使整个高投资的冷链物流的链条名存实亡，最终导致的结果就是无法盈利甚至亏损。现实中的瓶颈是，断链的环节在哪里？影响因素是什么？这在理论上还没有得到清晰的答案。

四、冷链物流企业的发展方向：冷链物流企业到底是多元化还是一体化？

我国冷链物流企业类型多样，主要有运输服务、冷库运营、区域配送、综合服务等类型的企业。其中运输服务型物流企业主要从事货运业务；冷库运营型企业主要从事仓储业务，也可提供配送、加工等服务；综合服务型冷链物流企业能够为客户提供供应链一体化物流服务。通过研究美国等发达国家的冷链发展情况，我们了解到发达国家的冷链物流企业主要以专业化为主，各环节分工明确，各司其职。专业化发展方向会使冷链物流的各环节的专业性都很强，可以充分加强冷链物流的实际可操作性。我国冷链物流在近年来才逐渐得到重视，冷链物流的发展正处于成长期，散小乱等发展不充分的现象普遍存在，经营的业务环节较少。关于企业未来的发展方向，部分学者认为在我国整个物流市场中，冷链物流的行业发展在供给侧结构性改革的方针政策背景下得以推陈出新，智能化、规模化、标准化的转型发展之路是大势所趋。同时，专业化的冷链物流企业将会更加注重增值服务、"一对一"的高端物流服务及细致的解决方案,持续根据客户在供应链各个环节的分布来改进专业化的物流服务,合理地对各方资源进行优化配置。还有学者认为冷链物流行业的发展方向应该朝着集包装加工、不断链配送、恒温装卸、分区冷藏等精细化物流服务于一体的综合性企业转型。

五、冷链物流标准化的困境:如何制定全程标准确保全程执行?

冷链物流标准化的建设是鲜活农产品冷链物流体系构建中的关键一环,从农户采摘到销售的每一个阶段一定都要依照标准化规定准则进行,一旦"断链"情况发生,农产品的保鲜质量和食用价值将大打折扣。我国冷链物流公司数量增长率和规模发展程度持续走高,全国冷链物流总体供应能力不断加强。然而,我国冷链物流业分布不均,整体表现为无序化经营、缺乏系统调度、集约化水平不高,缺乏具有整合力的全国性网络巨头。当前的中小冷链物流市场,为了降低物流运行的成本,无视行业标准,很难做到全程冷链,由此使产品的品质低下。我国个体农户规模小而散,也使得行业标准难以推行。目前,各个冷链物流企业的技术标准与操作规范的行为带有随意性,这种情形不利于冷链物流行业规范统一发展。对于终端消费者来说,中小型企业的农产品更为低廉实惠,这使得大型规范化物流企业在冷链行业竞争中处于弱势地位,显然这种状况是不公平的,所以将相关行业标准进行落实十分关键。目前,虽然政府在上述背景下迅速出台了一系列冷链物流行业准则,但是这些准则仍然存在很多问题,各标准间交叉重复,部分标准存在矛盾,部分领域的标准规范还处于空缺阶段。当前,我国构建的冷链物流标准体系中的标准大部分为推荐性标准,缺少渗透整个冷链物流领域的核心标准,可执行性低,形同虚设,对冷链物流企业的规范与监管十分有限,缺乏有效的执行机制。相关标准并没有真正落实到冷链物流的运营中,未发挥实际作用。

六、冷链物流安全的困境:冷链物流的全方位安全观是什么?

长期以来,人们对冷链物流安全关注更多的是食品安全,但冷链物流涉及主体多,环节复杂,安全因素也很复杂,如冷库的生产安全、冷藏车司机的职业安全等。农产品冷链复杂的结构,任意一个环节发生问题,都会直接影响农产品的质量状况,最终危害消费者的身体健康。调研中发现,冷库中的农产品如何存放、能存放多长时间和农产品是否安全等方面的界定都很模糊。对冷链物流中的农产品质量的监控难度较大,难以快速处理农产品质量方面突发的不安全事件，而突发事件会给消费者造成消费恐慌，并动摇消费信心。冷链中的消防安全也存在极大隐患，如何使这些安全问题得到很好的解决，需要努力探索相应的管理机制。冷链物流发展迅速，冷库规模不断扩张，运行设备和建设技术提高，冷库结构更加复杂。但是由于很多中小企业存在管理不规范、老旧冷库存设施陈旧以及冷库随着技术的发展不断产生新的安全问题，导致冷库安全事故并没有得到有效的遏制，每年都有重大安全事故发生，人员和财产损失严重。据统计，2016～2020 年共发生重大冷库安全事故近 60 起，造成严重的人员伤亡事故。近十年来，冷库安全突发事故已造成 200 多人失去生命，3 000 多人感染中毒，经济损失高达 4 亿元之多。

七、冷链物流发展的制约因素困境：到底是硬件还是软件？

冷链物流的发展既取决于基础设施等硬件条件，也取决于管理机制、市场规范等软件条件。一方面，由于技术缺陷，冷链基础设施设备难以满足市场规模扩大和市场需求增长的要求，并且存在安全隐患，致使冷库的功能不够完善，无法满足符合标准的生鲜农产品冷藏需要，最终造成鲜活农产品严重浪费。另一方面，截至目前，我国没有出台具有实践意义的政策法令，冷链物流的诞生与成长主要依赖的是鲜活农产品流通市场主体的附加行为，具有一定的随意性。如今的食品安全主要控制在末端的检验环节，却难以使食品安全在整个供应链中得到全程监控，冷链物流无法在流通的各个环节中建立起一体化的安全保障体系。消费者的"不断链"意识不强，又由于整体收入不均，为保证冷链产品安全需要支出的必要费用的意愿不强。我国还不具备高品质的冷链物流市场结构形成的条件，这在一定程度上限制了冷链物流的推广速度、标准化进程和发展格局。在软件和硬件因素中，哪种是解决矛盾的主要因素，在理论上还没有明确的答案。

八、冷链物流发展的经验借鉴困境：如何借鉴国外经验？

中国的城乡二元结构下由小规模农户和众多小散的商贩形成的农产品流通体系与欧美发达国家截然不同，难以在冷链物流发展中提供切合中国实际的经验。我国以农业生产为主要生活收入来源的小农户和与其相互依存的小商小贩，共同缔造了整个果蔬冷链物流体系和批发市场错综复杂的小交易局面，物流中的标准化、供应链一体化及系统调控无从谈起。目前，不论是国内学者还是国外学者，很少有人根植于中国农业产业链系统考察冷链物流断链的形成机制及治理机制。中国现存的城乡二元社会结构、所面临的制度背景、农产品物流发展所依靠的城乡市场环境、交通运输条件等因素都有其独特性。因此，国外的研究成果并不能完全照搬于我国。加上生鲜电商井喷式发展，如今加强冷链物流研究显得尤为迫切。

综上所述，基于中国城乡二元结构的小规模农户和众多小散的商贩形成的农产品流通体系与欧美发达国家截然不同，难以在冷链物流发展中提供切合中国实际的经验。小农户和一些小商小贩，使整个物流体系和批发市场交易局面混乱，严重影响新型物流标准。从当前国内外对农产品冷链的研究看，宏观层面的研究较多、以定性研究为主，多集中在问题分析和对策讨论，且多涉及物流选址、配送路径的算法研究。从整体上看，对冷链物流特性的研究不够深刻，尤其是对于中国大国小农的特殊国情下的经济特征研究不足，未能系统分析当前冷链物流真正的困境所在。由此造成了冷链物流研究中"各说各话，说法不一"的现状。本章梳理了冷链物流的六大经济特征和八大困境作为研究的基础。纵观冷链物流发展的困境，断链是当前冷链物流发展的主要矛盾，是冷链物流发展困境的集中反映，是制约冷链物流高质量发展的"牛鼻子"。因此，需要重点分析冷链物流断链的关键环节和影响因素，并提出协同治理机制。

第五章　生鲜农产品冷链物流断链的薄弱环节及主要因素研究

中国是人口大国、农业大国，农产品生产量、流通量、消费量均处于世界首位。2021 年蔬菜 8.07 亿吨，水果 2.61 亿吨，肉类 8 989.99 万吨。蔬菜占到全球蔬菜近一半的产量，水果、肉类占到全球的 1/3。另外，伴随着城镇化的不断推进，2021 年城镇化率达到 64.72%，城市规模越来越大，需求更加集中，结构更加多元化，消费者众多而且分散。庞大的农产品生产量需要经过小农户，经纪人、批发市场、超市、电商等市场主体，通过小推车、汽车、火车、航空等各种运输方式最终到达消费者手中。鲜活农产品流通链条系统庞大，行为主体众多，各个主体从属于不同的经济利益体，没有形成完善的物流网络，造成严重的损耗和食品安全隐患。中国农业的产业链纵向一体化只可能高度依赖小农户自己以及千千万万的小商小贩，如何将千千万万分散的小农户整合成一个纵向一体化的物流体系，能够做到快速、高效、全程的冷链物流网络（黄宗智，2018），这既难以遵循西方发达国家的经验，面临着理论困境，也是农产品流通现代化必须面对的实践难题。我国政府高度重视农产品冷链物流，支持力度不断加大。那么，冷链物流网络断链的薄弱环节在哪里？原因是什么？政府支持如何精准施策？理论上，生鲜农产品产业链条长、环节复杂、市场主体多，既面临严重的信息不对称问题，也具有外部性、资产专用性等导致的市场失灵问题。通过经济学理论，系统研究冷链物流网络，可以拓展经济学的应用范围，从而探索建立新的理论框架、增加新的理论知识。实践上，打造符合新时代背景下新型流通需求的农产品冷链物流网络，不仅是应对当前国际局势不确定性、非洲猪瘟及新冠疫情等的重要手段，也是提升我国农产品流通效率，促进农民增收和乡村振兴的必要途径，更是满足全社会消费升级及扩大内需的必经之路。本章采用产业链的统一视角，基于 L－OD 的物流产业链思路，剖析农产品产业链中冷链物流网络的薄弱环节，通过贝叶斯网络分析原因，找出冷链物流断链的薄弱环节及主要原因，为补齐城乡冷链物流短板提供理论指导。

第一节　生鲜农产品冷链物流断链的环节

农产品冷链物流涵盖从生产到销售全过程，构成由产地、包装加工、仓储、运输、配送和零售、电子商务等环节形成的冷链物流产业链。生鲜农产品冷链物流断链是指生鲜农产品在冷链物流运作过程中，由于冷链物流节点、冷链物流设备缺乏以及相关企业和工作人员没有严格按照冷链物流要求工作，导致在某个运作节点或环节使生鲜农产品处于常温或高温的断链状态（马小雅，2017）。目前，中国生鲜农产品冷链物流发展还处于起步阶段，尚未形成完整独立的冷链物流体系。冷链物流所涉及的上游、中间环节和下游没有很好地衔接起来，现实运作过程中冷链物流存在"断链"和"断点"是一种普遍现象。但是，最终销售给消费者时，冷链断链的环节并不能确切知道是哪个环节出现的问题。

一、产地环节

由于冷链的不可逆特征，一旦田间地头产地预冷这第一个环节没有做好，即使后面的运输、销售等环节全部规范到位，食品质量也会打折扣。因此，生鲜农产品是否能在田间地头迅速冷却到符合运输或储存的最适宜温度，是保持生鲜农产品硬度和鲜度的重要保障，能够在很大程度上延长运输和储藏的有效时间。由于预冷环节在国内往往遭到忽视，与欧美国家相比，我国农产品产地市场体系尚未形成、农产品产地预冷尚未普及。目前，我国农产品的产地预冷保鲜率仅为30%，与欧美国家80%保鲜率相比，差距较大。加之我国农产品产地预冷技术也相对落后，最常用的预冷方法依旧为自然通风、井水降温、加冰预冷等低成本预冷方法，这些方法耗时较长，效果较差。由于产地冷链基础设施不完善，冷库预冷方式、真空预冷等在我国使用率较低，导致果蔬采摘后难以在第一时间进行预冷、分级、包装、标准化过程，这也是我国生鲜农产品每年损耗超过3 000亿元人民币，远远高于发达国家损耗的重要原因之一。调查显示，超过60%的产地企业认为现有冷库不能满足需要，其直接后果是"最初一公里"预冷比例不高，全链条温控难以实现，导致农产品保质期缩短、流通过程损耗加大。

二、仓储环节

对生鲜农产品影响最大的是仓储环节的温度，仓储环节也是生鲜农产品冷链物流的重要组成部分。仓储环节是一个相对静态的冷链环节，仓储作业的地点主要是各式各样的冷库和保鲜设备。第一，现阶段我国冷库结构比例失衡，冷库建设多以肉类冷库为主，符合水果和蔬菜要求的冷库较少；我国的大中型冷库较多，批发零售和家庭小微型冷库较少。第二，从冷库管理角度看，部分冷库管理人员责任感缺失，由于不同时段电费收取价格不同，用电高峰期收费高、用电低峰期收费低，这也导致许多冷库等制冷设备的管理人员仅在用电低峰期使用冷库，用电高峰期少开冷库以达到节约用电成本的目的，直接导致生鲜产品温度波动较大。第三，从仓库管理角度看，冷链企业的管理水平和要求参差不齐。例如，部分冷链企业会对食品放置的位置与墙壁、天花板、地板等距离做出具体要求，以满足空气畅通循环流动。而另一部分冷链企业难以做出相关要求，让食品直接接触墙壁或天花板等成为常态。政府管理体制未适应市场经济发展需要，冷藏业市场秩序仍然较为混乱。

三、运输环节

我国冷链物流运输环节出现"断链"的现象较为普遍，冷藏运输是生鲜农产品全程冷链的核心之一，是链接生鲜农产品产、供、销环节的重要部分，也是现代化冷链物流运输系统的核心。运输贯穿生鲜农产品冷链物流的各个环节，物流节点由需求各异的运输承运方和托运方组成，伴有载运工具的转换衔接。中国在冷藏车总量以及人均占有量上与美国、日本等发达国家相比有很大差距。我国生鲜农产品产地的运输工具绝大多数是三轮车、农用货车，仅有不到20%的产地农户或基地采用正规冷藏运输车，且这部分冷藏运输车主要由废旧或淘汰的集装箱改装而成，达不到正规化、标准化要求。一般而言，最低配置的标准冷藏运输车的成本超过15万元，但改装运输车的成本还不到最低配置冷藏车的一半，普遍为6万元。运输过程对冷链硬件设备要求很高，一方面要求冷藏车内部低温、温度稳定，另一方面又不能受外界气候条件的影响，这样才能起到冷链运输效果。实际上，由于很多冷链企业目光短浅，为了节约运输成本，采用不符合规范的改装车、棉被覆盖常温车运输的方式，更有甚者仅在运输开始和结束时开启制冷系统，中间过程常温，造成冷链物流的断链。

四、配送环节

农产品在冷链物流配送过程中，"断链"现象时有发生。作为冷链物流的关键部分，冷链配送过程具有高度的不确定性、动态性和连锁性等特点，容易受到众多干扰事件的影响，使得事先制订好的计划受到影响，甚至导致冷链物流中断。

冷链过程强调冷链的低温配送。第一，在时间上，冷链要求运作周期短并保持全程低温，但是现阶段我国冷链配送企业各自为营，配送过程尽可能降低各项成本，甚至通过恶性竞争来获利。第二，处于冷链弱势地位的物流运输企业与强势的商超对接效率低下，在物流运输企业货运到达超市准入口时采取先后次序排队交货，一旦碰到收货高峰期，物流企业可能要等待几个小时甚至更长时间才能完成交货。冷冻食品缺乏收货专用通道，通常在常温下排队，造成拥堵和漫长的等待时间，进一步加剧了生鲜和冷冻食品的质量安全隐患。并且由于缺乏集约化配送，货物通常由多家配送商配送到商超门店，送货批量小、批次高的特点，一方面增加了交通压力，另一方面由于超市收货效率低、订单满足率不高，商品质量也无法保证。第三，配送人员由于缺乏对冷链必要性和相关常识的认知，加之生鲜农产品的新鲜度和品质变化是随时间衰减的过程，难以仅仅从农产品体表特征识别其变化。物流是企业的第三利润源，而物流成本贯穿企业经营整个活动，所以大多企业都将物流外包作为降低生产企业成本的首选，这样的责任转移导致配送人员只是为了完成工作而完成配送任务，对断链可能造成的果蔬和冷冻食品品质变化及后果关注极少。这些都加剧了配送过程中"断链"现象的发生。

五、零售环节

在零售渠道中，销售场所的温度、湿度、保管不善等造成的自然物理性变质以及顾客对产品进行翻拣、折断、去皮等带来的价值损耗，直接影响了销售量及零售商的收益。据统计，目前我国易腐食品的零售在超市、便利店、大卖场销售的冷链生鲜农产品一般使用的都是大小不一的低温陈列柜，并且许多小型零售商为了控制成本，大多运用步入式冷柜或展示柜进行销售，而销售环节中实际现场测试温度往往会远高于生鲜农产品所需冷藏温度点。因为不同的顾客挑选不同的产品就会存在频繁存取货品现象，冷柜不能及时关闭，打破了恒温环境，致使生鲜农产品的贮藏温度一直处于波动之中。比如冻肉的最佳冷冻温度是

-17.8℃，而实际冷冻柜中的温度要远远高于此，再加上顾客频繁开关冷柜拿取货品，使冻肉会不断受到外界高温气团的冲击，从而降低了食品的质量。

六、消费终端环节

消费者是冷链物流价值的最终支付者，也是冷链物流产业链供应链中的最关键节点。由于冷链物流与消费者距离较为遥远，从消费者习惯而言，冷链物流仅仅是农产品新鲜安全的保障，但却不是产品本身，很多消费者不愿意为冷链物流的高成本买单，不愿意对冷链支付高价格。就市场而言，由于冷链物流的隐蔽性以及农产品市场本身的信息不对称，冷链物流服务质量仅仅是从属质量，消费者很难分辨冷链物流质量的优劣，进而也很难实现优质优价，导致在消费终端环节对冷链物流服务的支付意愿不强，从而会形成恶性循环，消费者越不愿意买单，企业也就越不愿意投入。但冷链的发展最终需要得到市场的认可，消费者对冷链食品的接纳程度成为关键性因素。

第二节　生鲜农产品冷链物流断链的影响因素

典型的农产品冷链物流是一个包含了产地预冷、冷藏车运输、冷库储存、配送、零售等一体化的供应链网络。只有全程冷链才能确保农产品食品安全和有效减低损耗，而任何一个环节的断链都会功亏一篑。因此，冷链物流断链的影响因素有很多。在产地、仓储、运输、配送、零售等环节，不同市场主体在冷链物流过程中是否断链这些因素是市场主体的自身特征、产品特征、交易特征、外部环境特征等，形成的一个理论框架。首先，明确农户、运输商、批发商、零售商、消费者五类市场主体，探讨冷链物流不同市场主体在冷链物流中断链的影响因素。冷链物流断链的因素很多（彭本红等，2017），有基础设施的原因，冷库、冷藏车等供给不足（薛建强，2014；黄海，2015；杨路明、马小雅，2015；彭本红等，2017）；有市场不规范的原因（赖小珍，2013；彭本红等，2017）；有政府监管的原因，政府监管缺失，标准执行不严格（赖小珍，2013；杨路明、马小雅，2015；彭本红等，2017）；有市场主体意识不到位的原因，生产者更加关注产量和销量，冷藏车司机的机会主义，消费者更关注价格而非冷链过程（赖小珍，2013；杨路明、马小雅，2015；彭本红等，2017）；

有交易方式的原因，缺少组织化机制（王淑云等，2016）；有交易规模的原因，中国生鲜农产品交易以小规模农户为主（黄宗智，2018），冷链物流企业小散乱（黄海，2015）等。综上所述，冷链物流断链的主要因素分析如下。

一、冷链物流政策体系不完善

现阶段，我国由于缺乏冷链监管制度，导致冷链物流各环节不规范运营现象层出不穷，加之土地审批困难、企业税负较高及市场准入手续复杂等原因，都成为制约冷链物流企业发展的外部因素。从顶层体制设计看，冷链物流车辆通行停靠政策、标准规范、监管缺失，都是影响冷链物流发展的客观因素，对冷链物流发展影响较大。冷链物流配送车辆进城难、停靠难，影响了冷链物流配送效率。与国外相比，我国多数城市存在严重的"重客轻货"现象，对城市配送车辆制定了严苛的通行和停靠政策，成为冷链物流企业最大的痛点。相关法规标准缺失、政府监管缺位，成为影响冷链物流发展环境的另一个重要因素。现阶段，我国已经在冷链物流行业颁布了一些标准规范，但是整个冷链物流行业缺乏系统规范，冷库等基础设施与技术操作等方面尚未建立统一标准规范。由于行业缺乏标准规范，冷链物流各环节不规范运营现象层出不穷。在生鲜农产品冷链物流运营实践中，公路运输的监管方面仍不够完善，例如载货是否超载，生鲜农产品需要采用冷链配送范围、不同品种生鲜农产品的温度控制标准等问题仍缺乏有效监管。土地审批困难、企业税负较高及市场准入手续复杂等因素，都成为制约冷链物流企业发展的外部因素。尚不健全的监管制度、难以实行有效监督的物流技术和行业规范，给了冷链物流企业和相关人员的违规操作以可乘之机，阻碍了我国冷链物流的健康可持续发展。

二、龙头骨干企业组织化、规模化程度不高

我国冷链物流百强企业所占的市场份额约为10%，而美国仅排名前五的冷链运输企业就占据了市场份额的50%以上。可以看出，我国冷链物流市场呈现高度分散化状态。冷链物流企业缺乏规模化、组织化，难以对整体行业进步和转型升级起到规范和带动作用。目前，我国的冷链运输服务存在通过层层分包，委托小企业实现作业的情况，并且在分包过程中对仓储作业、物流跟踪、温度监控、装卸交付等环节缺乏一致且清晰的操作规程。一方面导致冷链物流的交易成本升高而效果大打折扣，另一方面，部

分小企业为降低运营成本采用不合规车辆进行运输，导致冷链物流市场出现"劣币驱逐良币"现象。

在整个物流市场中，第三方物流的占比不足25%。我国当前的第三方冷链企业规模较小的占大多数，企业的资金缺乏、实力较弱、技术水平较低，产业集中度低，占有份额在国内冷链市场较低，发展比较缓慢。还充斥着一些违规"黑冷库"以及不达标"黑运输车"。专业化的第三方冷链物流处于发展初期，我国冷链物流百强企业所占的市场份额约为10%。快递物流企业纷纷开辟冷链战场。快递公司发力冷链物流，对快递"向下"服务农村市场、带动农民增收有重要意义。表5-1为各家快递公司布局冷链物流情况。

表5-1　　　　　　　　　各家快递公司布局冷链物流情况

快递公司	冷链物流业务布局情况
顺丰控股	目前，布局冷运最为完备，提供生鲜速配、大闸蟹专递、冷运到家、冷运到店、顺丰冷运零担、冷运专车、冷运仓储等冷运服务
京东物流	2014年，京东物流宣布进行独立运营。京东物流依靠背后强大的京东集团的支持，积极布局设计中国冷链物流网络，并于2015年宣布进入中国生鲜冷链物流配送领域
圆通速递	2017年，圆通速递推出"圆通冷运"，其主要产品包括冷链仓储服务、B2B同城低温运输和B2C同城低温宅配，目前业务仅面向上海
韵达股份	2021年，依托韵达既有网络，通过投建冷链干线运输能力，建立全国核心仓，围绕多个城市集群、主要物流节点和主要区域市场，在多个区域布局完善的冷链服务网络，致力于提供冷链全流程完整的解决方案
中通快递	2016年7月推出的"优鲜送"服务，区别于其他普通件的寄递服务，主要是对于生鲜蔬菜、水果等具有较高时效和安全性要求较高的产品服务
申通快递	2017年，申通快速拓展冷链业务，并于同年4月成立子公司上海申雪。上海申雪主要提供冷藏、冷冻仓储业务，也包括冷链当日配、次日配、隔日配等供应链服务。冷链成为申通快递近期及未来重要的战略发展布局之一

资料来源：作者课题团队根据各公司网站资料整理。

三、人们对于全程冷链理念和价值的认识薄弱

生鲜农产品冷链物流的运作主体包括生产者、运营者和消费者。然而，目前我国生产制造商、运营者和消费者对冷链物流均处于认知不足的状态。第一，从生鲜农产品生产者角度来看，他们更多关注的是生鲜农产

品的产量、销量和售价。多数生产者仅关注与一级销售商的对接，他们认为对生鲜农产品进行预冷过程与自己关系不大，是多余且不必要的投资。第二，从生鲜农产品运营环节看，我国缺乏现代化的专业冷链物流人才，很多冷链物流的操作人员没有接受过专门的知识培训，对冷链物流认知不足。据中物联合冷链委员会数据显示，当前冷链物流行业既有理论基础又具备实操能力的高级管理人才不足2000人。第三，从终端消费环节来看，目前，我国居民消费生鲜农产品时更多关注价格因素，加之一些生鲜农产品的品质变化难以识别，导致消费者对生鲜农产品冷链物流重视程度不够，也不做要求。

与普通物流相比，冷链物流对专业化人才的综合素质要求更高，然而由于我国冷链物流仍处于初期阶段，高校冷链物流专业开设不足，社会相关培训相对匮乏，冷链物流的专业人才十分稀缺。大部分冷链从业人员来自普通物流，缺乏对冷链的重视程度和专业化认识，对冷链技术掌握不足。这种情况很大程度上造成冷链物流企业缺乏专业管理团队，进一步加深了冷链中断程度。因此，可将我国生鲜农产品冷链物流断链根本原因归结于"人"对于食品安全的食品意识的缺失。这里的"人"主要涉及三类：第一类是冷链物流行业的从业人员。冷链物流在我国开展时间短，专业人才教育和培训相对滞后。从冷链物流企业管理者到一线操作员工，冷链物流知识不足，造成了屡见不鲜的人为违规操作现象。加强冷链物流专业人才培养和培训，加强专业从业人员的食品安全意识，应成为国家和地方"十四五"期间的重要任务。第二类是农产品终端用户。作为冷冻冷藏农产品的消费者，由于其缺少专业的冷链知识，再加上食品安全意识淡薄，有意或无意默许了物流终端的断链操作，放纵冷链行业违规行为。所以，国家对终端用户应该加大食品安全宣传和教育，发动千家万户去监督冷链过程，规范冷链操作。第三类是政府的监管部门。作为冷链物流的监管者，由于执法依据、手段、人手和惩处力度等问题，或导致大量冷链活动游于监管之外，或部分冷链企业无惧于低违法成本，变相放纵从业人员违规违法操作。所以，建立健全相关食品标准，主动并严格执法，加大违法惩处力度，是食品安全的最后屏障（纪正广，2017）。

四、农产品冷链物流运营成本偏高

冷链物流前期投入大，运行成本高，投资收益回收期长。这也是冷链物流"冷链不冷"和断链问题的主要原因。冷链物流成本包括前期投入、运营成本、运输成本、配送成本和仓储成本等。其中前期投入主要为地价成本和建造成本；运营成本包括运输成本、配送成本、库存成本和管理成本。从运输成本看，油费占比最高，其次为车辆折旧和人工费用，再次为通行费用占比较高；从配送成本看，油费和车辆折旧占比最高，其次是人工费用，再次为保险费用和装卸包装费；从仓储成本看，设施折旧费用占比最高，其次为设备租赁费、人工费，再次为水电费和管理费（见图 5-1、图 5-2、图 5-3）。从成本分析看，为降低总体运营成本，需要降低燃油费、人工费用及车辆或设施折旧费用，需要企业提高管理水平，在配送领域使用新能源车辆代替燃油车，政府应给予优惠水电价格政策，以降低运营成本。降低企业前期投入，一方面，需要得到政府土地政策支持；另一方面，需要企业精益化管理，降低建造成本（张改平，2019）。

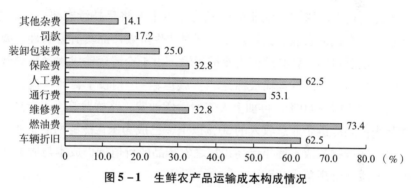

图 5-1 生鲜农产品运输成本构成情况

资料来源：中物联冷链委员会《中国冷链物流发展报告（2020）》。

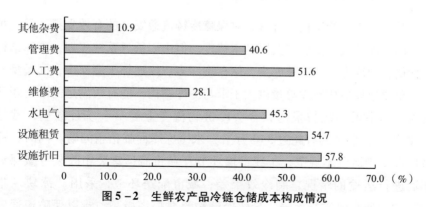

图 5-2 生鲜农产品冷链仓储成本构成情况

资料来源：中物联冷链委员会《中国冷链物流发展报告（2020）》。

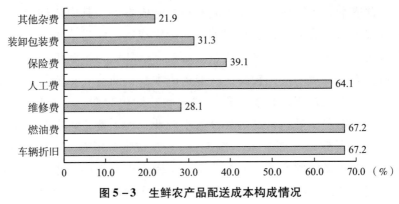

图5-3 生鲜农产品配送成本构成情况

资料来源：中物联冷链委员会《中国冷链物流发展报告（2020）》。

任何冷链物流设施的使用，都取决于正在冷却和储存的食品的市场价值和设施的使用效率。众所周知，农产品的自有价值普遍不高，但受能源、资源价格上涨影响，农业生产经营成本上升将呈持续态势，"地板"不断抬升，会抵消农业的比较效益。同时，生鲜农产品具有易腐性，要想保证其品质及口感，就必须依附冷链运输。由于冷链运输成本过高导致冷链运输价格高昂，冷链运输被称为"贵族运输"。相较于普通物流，冷链成本要高出40%~60%，再加上人工费、燃油费、路桥费等逐年走高，三者加起来占到冷链企业总收入的80%以上，已成为压在冷链物流企业身上的大山。冷链物流成本逐年走高，加之农产品的价值低，成本与服务无法兼顾，导致断链现象由此而生。

五、冷链物流的基础设施结构不合理

基础要素供给结构不合理，对保障冷链流通安全的有效支撑不足。虽然我国冷库建设总量已与美国基本持平，但由于缺乏系统规划，冷库结构不均衡，冷冻库多、冷藏库少，储存型库多、流通加工型库少，同类型冷库的重复建设造成冷库总量供大于求与冷库结构不能有效满足需求的矛盾突出。据中国物流与采购联合会冷链物流专业委员会统计数据，截至2018年底，全国共有超过340万平方米冷冻库面临招租问题。同时，冷藏保温车辆运营不规范，干线运输环节存在将海运集装箱改装冷藏保温车辆进行运输的情况，制冷效果差；城市配送环节，采用"冰块＋棉被"的普通车辆进行运输，导致冷链物流腐损率极高，难以保障流通安全（谭智心、张照新，2021）。在基础设备方面，我国与发达国家存在较为明显差距。

首先，我国冷库分布失衡，从图 5－4 可以看出，华东、华中和华北地区冷库数量大，这也造成了冷库供需失衡，租金悬殊。首先，在冷库相对集中的地区，供过于求租金偏低，冷库分布较少的地区由于供给不足难以满足当地实际冷库需求。

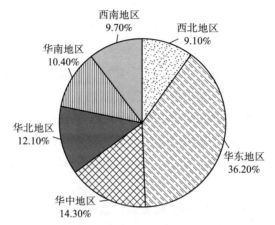

图 5－4　2020 年全国生鲜农产品冷库容量地区占比分布

资料来源：中物联冷链委员会《中国冷链物流发展报告（2020）》。

其次，我国冷库分布失衡还导致冷库与客户难以匹配。冷库租金的较大差异也导致客户的不满情绪，租金较高地区的客户可能转而选择离自身销售地较远的租金较为低廉的冷库，也成为导致冷链断链的因素之一。

再次，我国生鲜农产品产地的运输工具绝大多数是农用三轮车、农用货车，仅有不到 20% 的产地农户或基地采用正规冷藏运输车。这部分冷藏运输车大部分是由废旧或淘汰的集装箱改装而成，不符合相关标准。一般而言，最低配置的标准冷藏运输车的成本超过 15 万元，但这部分改装运输车的成本还不到最低配置冷藏车的一半，普遍为 6 万元。运输过程对冷链硬件设备要求很高，一方面要求冷藏车内部低温、温度稳定，另一方面不能受外界气候条件的影响，这样才能取得冷链运输效果。

最后，现代化冷链信息技术在第三方冷链物流中的应用水平较低，信息系统建设落后，RFID、GIS 等技术应用还不成熟。大多数中小冷链物流服务商企业硬件设施落后，无法保证服务质量，导致冷链物流断链。

第三节 生鲜农产品冷链物流断链的
关键环节及主要因素

目前，我国生鲜农产品冷链物流发展处于起步阶段，还没有完整独立的冷链物流体系。冷链物流所涉及的上游、中间环节和下游没有很好地衔接起来，运作过程中冷链物流出现"断链"和"断点"是较为普遍的现象。根据文献综述和调研，将生鲜农产品冷链物流可能出现断链分为产地环节、仓储环节、运输环节、配送环节、零售环节和消费者六个环节。根据以上生鲜农产品冷链物流断链的环节，将生鲜农产品冷链断链作为顶事件，将生鲜农产品冷链物流中预冷、仓储、运输、配送、零售、消费者六个环节断链作为中间事件；将各个环节内部的断链的影响因素作为底事件，包含硬件和软件故障，客观环境变化以及人为引起失误等。判断顶事件、中间事件、底事件之间的逻辑关系，组成生鲜农产品冷链断链的故障树结构，绘制故障树图（见表5-2）。

表5-2 生鲜农产品冷链物流断链的环节及事件

顶事件	中间事件	底事件
生鲜农产品冷链断链 T	产地预冷环节断链 A1	X1 产地没有配套预冷设施
		X2 冷库建造不合格效果差
		X3 预冷设施使用成本高
		X4 农户没有预冷意识、知识缺乏
		X5 经营农户组织化程度低，小而分散
		X6 预冷技术相对落后
		X7 预冷操作细节标准缺失
	仓储环节断链 A2	X8 冷库管理水平和人员责任感低
		X9 企业为节省电费，私自中断冷库制冷
		X10 冷库结构比例不均衡
		X11 受季节影响出现周期性缺少冷库
	运输环节断链 A3	X12 标准冷藏运输车成本高
		X13 冷链运输企业管理标准执行不到位，改装车监管松散
		X14 车主为节省耗油中断制冷
		X15 农产品本身价值不高，货主冷链意愿不强

顶事件	中间事件	底事件
生鲜农产品冷链断链 T	配送环节断链 A4	X16 配送行业恶意竞争压低配送成本
		X17 收货对接效率低下，产品暴露在常温下过久
		X18 配送批量小批次高，配送路径不够优化
		X19 配送人员缺乏责任感及冷链知识
		X20 外包配送环节货主无法直接管理
	零售环节断链 A5	X21 卖场频繁存取货品，冷柜门不能及时关闭
		X22 超市、小型门店等使用的保鲜设备不适宜
	消费者环节断链 A6	X23 消费者对全程冷链不信任
		X24 消费者缺乏冷链知识
		X25 消费者不愿意支付冷链高价格

根据故障树物理结构和农产品冷链断链间接和直接影响因素的分析，生鲜农产品冷链断链故障树（见图 5－5）。

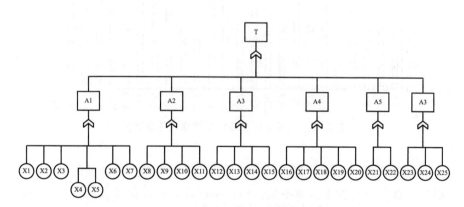

图 5－5　生鲜农产品冷链断链故障树

利用故障树分析方法，已经揭示了生鲜农产品冷链断链的发生过程中，由各个底事件逐步影响中间事件，再由中间事件影响顶事件，这就形成了一系列的前因后果关系。在故障树分析中常常固定故障原因的概率值，且只能实现正向概率的推算。而贝叶斯网络具有随时增减信息的优势，可以实现更高效、更灵活的风险性推算，并且可以进行逆向推理，探究当生鲜农产品冷链断链状况发生时各个影响因素的作用。鉴于生鲜农产品冷链本身是一条由产地预冷、仓储、运输、配送、零售到达消费者的环环相扣、紧密有序的链条，每个环节设计的底事件数量不一，为了更准确地抓住主要矛盾，降低生鲜农产品冷链断链发生率，将生鲜农产品冷链物流中预冷、仓储、运输、配送、零售、消费者六个环节，对计算得到的后验概率在各环节内部进行比较，找出生鲜农产品冷链物流断链的薄弱环节首先是产地预冷环节，其次是城市配送环节、运输环节和仓储环节。在对全程冷链中可能出现的问题进行集中剖析时，产地预冷环节 A1 发生故障的概率最高。生鲜农产品冷链具有不可逆的特性，源头工作没有落实到位，后续复杂的冷链周转过程的效益都会大打折扣。目前，国内预冷意识和标准缺乏，预冷技术有待提升，对进行预冷活动的农户缺乏组织等具体问题的叠加，使预冷环节成为改善生鲜农产品冷链断链多发情况的关键一环（见图 5 -6）。

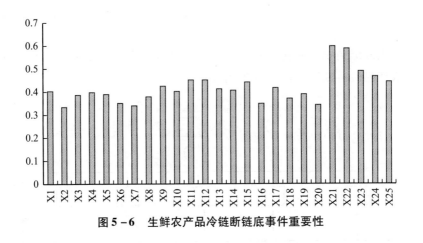

图 5 - 6　生鲜农产品冷链断链底事件重要性

在城市配送环节发生断链的可能仅次于产地环节。农产品配送过程中"断链"现象时有发生，效率低，腐损率极高，难以保障流通安全。一是配送过程中各市场主体衔接不畅，效率低下。由于缺乏门对门的装卸货设施，在露天环境下容易断链。生鲜农产品、冷冻食品没有专门的收货口，也必须在常温下排队，等待时间比较长。二是配送环节几乎都是由第三方配送企业完成，这样的外包关系导致配送人员只是为了完成工作而完成配送任务，对冷链配送的意识不强，对农产品品质变化的后果关注极少，由此导致断链。另外，从事配送的企业各自为营，甚至为了压低配送成本而进行恶意竞争，在配送过程中并没有做到温度控制（见表 5 -3）。

表 5 – 3 生鲜农产品冷链断链的后验概率

环节	序号	基本事件	后验概率
产地预冷环节 (2.6)	X1	产地没有配套预冷设施	0.403000
	X2	冷库建造不合格效果差	0.333993
	X3	预冷设施使用成本高	0.386438
	X4	农户没有预冷意识、知识缺乏	0.397479
	X5	经营农户组织化程度低，小而分散	0.389199
	X6	预冷技术相对落后	0.350555
	X7	预冷操作细节标准缺失	0.339513
仓储环节 (1.65)	X8	冷库管理水平和人员责任感低	0.378286
	X9	企业为节省电费，私自中断冷库制冷	0.424338
	X10	冷库结构比例不均衡	0.401312
	X11	受季节影响出现周期性缺少冷库	0.450652
运输环节 (1.7)	X12	标准冷藏运输车成本高	0.450387
	X13	冷链运输企业管理标准执行不到位，改装车监管松散	0.412056
	X14	车主为节省耗油中断制冷	0.405668
	X15	农产品本身价值不高，货主冷链意愿不强	0.440804
配送环节 (1.87)	X16	配送行业恶意竞争压低配送成本	0.348476
	X17	收货对接效率低下，冷冻产品暴露在常温下过久	0.416322
	X18	配送批量小批次高，配送路径不够优化	0.370063
	X19	配送人员缺乏责任感及冷链知识	0.388567
	X20	外包配送环节货主无法直接管理	0.342309
零售环节 1.18	X21	卖场频繁存取货品，冷柜不能及时关闭	0.596908
	X22	超市、小型门店等使用的保鲜设备不适宜	0.586877
消费者环节 1.39	X23	消费者对全程冷链不信任	0.488939
	X24	消费者缺乏冷链知识	0.465839
	X25	消费者不愿意支付冷链高价格	0.442740

生鲜农产品冷链断链的诸多直接诱因中，有些底事件虽然发生的可能性较高，但是在导致冷链破裂的力度上不一定高，因此，有必要对冷链系统中故障原因给系统带来的风险影响程度进行计算。选取后验概率值高且概率重要度高的底事件集合，作为生鲜农产品冷链断链问题的首要攻克节点。预冷环节的 X4、X5、X7，仓储环节的 X10，运输环节的 X12、X14、

X15，配送环节的 X17，零售环节的 X22，以及消费者环节的 X24，在不良结果已经发生的状态下，出现故障的可能性较高。产地农户没有预冷意识、知识缺乏，经营农户组织化程度低、小而分散这两者是导致生鲜农产品冷链断链的最大致因源头，而仓储环节的冷库结构比例不均衡、运输环节的车主为减少耗油，中断制冷、配送环节的收货对接效率低下，冷冻产品暴露在常温下过久，零售环节的超市、小型门店等使用的保鲜设备不适宜和消费者缺乏冷链知识等构成致因链上的重要节点。因此，解决生鲜农产品冷链物流断链问题，应对这些因素进行着重考虑。

生鲜农产品冷链物流要经过产地、仓库、运输、配送等全过程，整个供应链各环节能力需要具备连贯性，只有全程冷链才能保证生鲜农产品品质和有效减低损耗，而任何一个环节的温度超标引起断链则会功亏一篑。生鲜农产品冷链物流断链的最薄弱环节是产地预冷环节，其次是城市配送环节，然后是运输环节、仓储环节和消费者环节。认为产地农户没有预冷意识、知识缺乏以及经营农户组织化程度低、小而分散是导致生鲜农产品冷链断链的最主要因素，其次是冷库结构比例不均衡、车主为节省耗油中断制冷、收货对接效率低下，超市、小型门店等使用的保鲜设备不适宜、消费者缺乏冷链知识等。冷链管理既要关注短板环节，也要注意漏洞填补。

一是鼓励产地预冷多元化发展，加大产地预冷设施建设的扶持力度。鼓励新型农业经营主体村集体、合作社、家庭农场、超市、批发市场、生鲜电商等建设产地冷库等预冷设施，鼓励有条件的企业建立产地预冷的信息平台。对产地农户、合作社进行不同品种农产品适用预冷技术的培训，强化对冷链利益共同体的认知。产地冷库应该多元化发展。中央和地方财政资金可以建设一批公益性产地集配中心。例如：村集体、合作社、家庭农场可以扶持租赁型冷库；超市、电商企业等主体可以扶持产地集配中心和移动冷库。

二是制订产地预冷指导方案，促进预冷技术的合理应用。着眼推进预冷技术和装备的现代化，包括无线射频识别、传感器、电子数据交换等关键技术。为提升预冷效果，应根据农产品的品类、数量、成熟程度，结合气候、成本、时间等因素的综合考量，引进和应用预冷技术时，不仅要考虑技术的先进性，还要考虑技术的适用性，选择合适的预冷技术，制订产地预冷技术指导方案。制定预冷细节标准，包括预冷库技术、冷运车辆、生鲜周转筐和托盘、预冷库温湿度测量、生鲜农产品（畜禽肉、果蔬、水产品）等预冷操作步骤。例如，标准化的生鲜周转筐和托盘有助于缩减预冷工作耗时，保证预冷工作效果，实现环节的降本增效。

三是对生鲜农产品冷链的多方参与主体进行有针对性的宣传教育。提升利益相关者对冷链物流的认知，能从根本上解决"断链"，达到降低损耗、降低隐性浪费的目的。要提升生鲜农产品冷链物流利益相关者认知，培养更多的冷链物流管理人才。首先，从中央媒体到地方媒体，对生鲜农产品冷链物流发展进行广泛宣传报道。其次，主办与冷链物流行业相关的会议，搭建各生鲜农产品冷链物流利益相关者的认知平台。再次，以生鲜农产品冷链物流龙头企业为引领，大力宣传和推广生鲜农产品品牌，让消费者认识到冷链物流对生鲜农产品品质的保证和促进作用，推动生鲜农产品冷链物流的健康发展。最后，加快引进、培养高素质冷链物流运营管理人才。

四是生鲜运输与配送政策需要更多关注和落实。生鲜农产品运输"绿色通道"免收高速费需要开箱检验，可以考虑以信息化替代手工化，避免破坏鲜活农产品恒温低温的运输环境。配送环节关于完善和优化城市配送冷藏运输车辆的通行和停靠需要更具体的落地办法。补贴政策应涵盖全面且细致。根据具体情况进行区别性补贴，涵盖冷库建设、农产品产地低温集配中心建设、冷链运输车辆购置、冷链物流全程监控与追溯系统建设、冷链物流标准化体系及信息化建设等，可适当加强对新能源的补贴，以引导低碳环保。

五是按照需求规划冷库结构比例。冷库需求与城市的经济水平、消费能力、流通属性以及地理位置挂钩。可以对早期建造的冷库适当进行改造升级，更新换代老旧硬件设施，提高高标库在冷库中的结构比例。高标库除了证照合规的基本条件，还需关注封闭月台、立体货架、理货穿堂、环氧地坪、叉车充电间、温度监管等设备的建设情况。除了高标库和普通库的比例需要按城市需求情况进行调整外，新零售背景下的生鲜农产品流通渠道越来越复杂，面向客户比例的提高可以将冷库进行分散化布局。冷库进行中心仓、区域分拨仓、城市配送仓、社区微仓等分类建设。

第六章 生鲜农产品产地 预冷环节研究

我国是农业生产大国，农产品种植面积广，产量高，种类多。一方面，农业供给侧结构性改革深入推进，农产品质量、安全程度和标准化程度越来越高，农业自身发展也要求提高农产品附加值。顺应农业发展本身，供给优质和安全的农产品，对冷链物流各个环节提出了更高的要求。另一方面，从乡村到城市，从产地到销地，大范围、远距离的农产品流通体系已经成型。人们观念也逐步由吃得饱向吃得有营养、新鲜、健康、安全转变。对果蔬品质和需求的提高，特别是对优质安全果蔬的需求量上升，对冷链物流发展提出了更高的要求。

为保证产品质量、延长保质期，需要预冷、包装及仓储、配送、零售等一系列冷链物流活动的相互配合。产地是冷链链条的第一环节，果蔬被采摘后及时进行预冷，冷却到适宜运输或贮藏的温度，不仅可以最大限度地保持果蔬的硬度和鲜度等诸多品质指标，还能有效延长农产品贮存和运输的时间。我国农产品产地分散、规模小，在农村生产端，很多蔬菜水果原产地冷链的配套基础设施不健全，果蔬没有良好的预冷和储藏环境，果蔬腐坏速度加快，品质下降。由于农产品贮藏设备、冷库保鲜设备的缺失，农民的保鲜意识不强，导致每年农产品产后损失巨大，也造成了食品安全隐患，给农产品的有效供给和质量安全带来了巨大的压力。产后损失较大的农产品主产区，主要为我国中西部地区，这些地区经济基础相对薄弱、农民增收较为困难。大规模的产后损失，严重侵蚀了农民增收、农业增效的基础，也无法满足人们消费升级的需求。目前，我国产地预冷的发展现状如何？都有哪些模式？农户为什么不愿意让农产品产地预冷？影响农产品产地预冷的因素主要有哪些？本章分析了产地预冷环节的发展现状，梳理了生鲜农产品产地预冷物流的发展模式，探讨了农户参与产地预冷的影响因素并提出建议。

第一节　我国生鲜农产品产地预冷的现状

产地预冷，最早由鲍威尔（Powell）于1904年提出。预冷作为冷链中的重要环节，对果蔬贮、运、销的质量产生重要影响。果蔬经过预冷后，可显著减少流通过程中的损耗，延长运输半径和货架期。在采摘初期进行预冷，可使其降低果蔬的呼吸强度，保持果蔬品质，延缓成熟衰老的速度（周云霞，2007）。田间地头的产地预冷是农产品冷链物流第一个重要环节（Mercier S et al.，2018；张喜才等，2020）。我国农产品产地分散，以小规模生产为主，这与我国生鲜农产品产后预冷、冷链物流产业发展滞后直接相关（丁艳、朱晓玲，2019）。随着人们预冷意识的不断提高，随着科技的不断进步，预冷技术与装备逐渐进入果蔬采摘后贮藏保鲜领域。经过预冷的果蔬进入冷库贮藏或冷藏车运输后，极大地减少了制冷设备的热负荷，不仅有利于保鲜环境的调控，而且能降低成本（吕盛坪等，2013）。目前，我国90%以上的果蔬没有经过任何低温处理就直接进入流通领域（覃昊、李相林，2015）。造成这种状况的原因主要是小农户自身实力不足，对产地预冷缺乏认知，止步于预冷所产生的高费用。超市、加工企业等环节通过投资冷鲜设施、信息技术等强化其对流通链条关键节点的控制，农户及其合作组织则因为资金、管理等方面因素被排除在外（Reardon T et al.，2003）。薛（Xue M，2014）和斯温内（Swinnen，2007）分别指出，融资难、冷藏加工设施投入过高，以及难以获得更多的市场渠道信息，是小农户纷纷退出市场的主要原因。另外，人力资本、机会成本的制约，也导致了小农户难以分享到价值链升级所带来的好处。另外，我国预冷设施的投入大多为企业或个人，预冷设备较为落后，预冷设施远离产地，采摘后带有大量田间温度的果蔬无法快速降温，经过长时间常温堆放，果蔬温度加速上升，为其携带的有害微生物进行大量繁殖提供了生存条件，加快了果蔬衰老、变质和腐烂，进而造成巨大浪费（贾连文等，2018）。保鲜库大都存在设备落后、技术配套不规范、设施简陋、库房建造不合格、制冷效果差、使用成本高等问题，不适合大规模的开发和利用（季益清等，2010）。并且冷库结构不合理，重视经营式冷库及肉禽类冷库，轻视产地加工冷库及果蔬类冷库。目前，低温贮藏量仅占果蔬总量的1%～2%，低温贮藏能力严重不足（何东旭，2009）。

我国蔬菜产量约占全球总产量的60%，水果和肉类产量占30%，禽蛋和水产品产量占40%。我国生鲜农产品的产地预冷保鲜率仅达到30%。据国家农产品保鲜工程技术研究中心研究发现,我国每年生产的果蔬损失率高达25%～30%,美国鲜活农产品存损耗率为2%～3%,其他发达国家也在5%以下(见表6-1)。其中很多蔬菜水果原产地冷链的配套基础设施不健全,各个环节容易出现冷链脱节的现象,导致温度上有比较大的变化,对水果保存上的损害比没有冷链是更大的,而且随着人们生活水平的改善,人们对食品安全问题越来越重视,尤其是对生鲜农产品的新鲜程度及存放时间的要求。全国冷链冷库容量由2016年的900万吨增长到2021年底的6 800万吨,然而数据显示,在我国冷库类型占比当中,产地性冷库只占8%。其原因首先是农户意愿不足,对产地预冷不够了解,其次是我国蔬菜类型不够标准化,相关政策较少,最后是没有完善的冷链物流市场机制和完善的冷链物流基础设施网络等。果蔬被采摘后,是否进行预冷是农户所面临的首要问题。对于农户来说,第一步是了解产地预冷,然后决定是否给自己的农产品进行产地预冷。在预冷措施实施上,又面临着是自主购买设备还是参加预冷机构。因为农户对预冷结果不了解,就会存在疑问,而农户的不同选择也会产生不同的结果。

表6-1 中国生鲜农产品冷链与发达国家的比较差距

	发达国家情况	国内情况
采摘后损失率	5%	25%～30%
预冷保鲜率	欧美国家:80%～100%	30%左右
冷藏运输率	美国:80%～90% 日本:98%以上	总运输率:10%～20%,其中铁路25%,公路15%,水路1%,空运0.1%
冷链物流成本占比	50%	70%左右
流通环节	美国少于3个环节	超过5个环节

资料来源:根据公开资料整理。

田间地头的产地预冷是农产品冷链物流第一个重要环节(Mercier S et al.,2018;张喜才等,2020)。沙利文(Sullivan,1996)指出,就鲜活农产品的品质而言,收货后到预冷操作这段时间的每一刻都非常重要,预冷是最有效且成本最低的保鲜方法。休菲尔特(Shewfelt,1986)认为,"快速冷却"对于那些呼吸作用旺盛的生物组织非常重要。预冷对果蔬保鲜有着重要作用,它可以快速降低果蔬的温度、有效地减缓果蔬水分流失、抑制微生物繁殖、抑制果蔬中乙烯的释放、降低营养成分的消耗,延长果蔬贮藏保鲜时间，还可以有效地降低冷库和冷藏车船的制冷负荷，实现冷藏贮运装置的节能运行。有研究表明：在整个果蔬贮藏保鲜冷链流通过程中，不经产地预冷的果蔬在流通中损失为25%～30%，而经过产地预冷的果蔬损失率仅为5%～10%（杨洲等，2006）。

果蔬中含有大量人体维持所需的营养物质，国内及国外很多地区已经将新鲜果蔬的日摄入量纳入衡量居民健康水平的重要指标。实施蔬菜产地预冷，完善低温冷藏链已是大势所趋。果蔬采收以后，是其含热量最大的时期，热量主要是由果蔬的田间热和不断释放出的呼吸热造成的，采收以后的数小时在常温下贮藏、运输不仅容易腐烂，更甚至失去食用价值，如快速提供预冷处理，可以很好地提高果蔬的保鲜期和延长货架期（Tashtoush B，2000）。如果经过几个乃至十几个小时后再预冷，效果将大大降低，因为此时果蔬的品质已经降低，预冷的意义已不大。我国预冷应用主要集中出口的果蔬产品，国内果蔬预冷没有得到广泛推广，目前大多数贮库还未设专门的预冷设施，均采取尽快入库，在冷库内预冷的办法。但这种办法远远不能达到预冷的标准，预冷效果也大打折扣。低温贮藏可以有效地抑制新鲜果蔬的呼吸作用，减少因温度波动对果蔬品质的影响，较好地维持果蔬的鲜度。不过，低温贮藏的前提必须是"新鲜"（Tashtoush B，2000）。因此，真正想保持从采收到销售各个环节果蔬的鲜度，就必须在产地及时、快速地进行预冷处理（王倩、戴绍碧等，2012）。预冷的关键是"快"，在产地采摘、清理、包装之后直接进行预冷，效果更佳。目前，我国在产地拥有预冷设备、设施的还很少，但据不完全统计，与产地临近的城镇冷库贮藏量近百万吨。在不增加过多投资情况下，为快速推广预冷技术，傍晚采收的新鲜果蔬在经清理、装箱后，应当连夜运往附近的预冷中心。果蔬经过5～24小时产地预冷后，温度降至0℃～10℃，然后再用冷藏车运往各贮藏库或销售点，效果、效益都非常显著（王强、刘晓东，2001；王倩等，2011）。

国内外研究者及使用者普遍看好果蔬产地预冷的效果，但依然有技术问题尚待解决，农产品"最初一公里"冷链基础设施不完善，农产品采摘后无法在第一时间进行预冷、分级、包装、标准化的环节，导致我国农产品每年的自然损耗超过3 000亿元。甚至有些果蔬连库内预冷的机会都没有。对此，各级政府和一些企业开始加大产地预冷冷库建设，加大资金投入，在水果、蔬菜主产区以及大中城市郊区的蔬菜基地，冷库发展十分迅速。但同时出现了其他问题：农户生产经营观念落后，缺少对预冷环节的认识和参与；果蔬种植规模及经营规模的制约，对预冷装置的投资回报率不高；预冷冷库大量闲置等现象。

第二节　生鲜农产品产地预冷模式

产地预冷作为整个冷链流通的源头，是我国冷链最大的短板。政府和企业不断加大产地预冷冷库建设，加大资金投入，因此在各果蔬主产区以及城市郊区的果蔬基地，冷库发展十分迅速。目前，产地预冷的主要模式有三种。

一、产地移动冷库预冷

移动冷库又叫组合式冷库、活动冷库、拼装式冷库。是与传统的土建冷库相对应的一种新型冷库。移动冷库具有可移动性、灵活性和便捷性，可在工厂内大批量生产，通过公路、铁路等标准工具运输到使用现场，并通过不同功能和数量的单元模块拼装组合实现要求，如速冻、快速预冷、冷却、冷藏等。在使用过程中，可随时根据需求变化，增减或调整单元模块的种类和数量，调整冷箱的使用功能和规模。而当要迁移冷库地址时，冷库箱拆除非常方便快捷，且可以直接运送到有需求的地方继续组合使用，功能和品质不受影响。移动式冷库解决了一次性投入建设冷库成本太高或做不好、过了销售季节冷库空置等困扰。

移动冷库预冷的缺点主要有三个方面：一是制冷效果相比土建冷库要差一些，由于依赖于产地的路况、供电，制冷的面积、效果等受到较大限制。二是冷库最重要的作用是"蓄水池"的作用，移动式冷库存储产品的时间是短期的，或者说移动式冷库最大的优点恰恰成了它的缺点，如果存储时间较长，就失去其必要性了。三是产地冷库是建在产地的，既然是产地，那么产品、温度等都相同，对移动冷库需求单一，在收获季节需要大量的库容。因此，同一地区尤其是主产区的移动冷库建设可能会受到影响，产地移动冷库只适合作为补充性的，填补土建冷库不足的情况。

二、产地集配中心预冷

农产品产地集配中心集集货、检测、预冷、分选、加工、冷藏、配货、收储、可追溯及信息平台十大功能于一体，能够使农产品在产地实现统一分选包装、统一检验检测和统一配装。所以，应建设在农产品主产区和生产基地较为集中的中心地带，比如商流链条的建设应上联生产基地、下联零售终端，贯穿农产品整个供应链，形成长期稳定的购销关系，建设内容包括从产地到销地的冷链系统、设立零售终端果菜经营专柜或专区等。产地集配中心是农产品流通体系建设的重要环节，对提高农产品流通效率和增加农产品附加值具有重要作用，能够发挥保障供应、稳定价格、食品安全、绿色环保等方面的引领和带动作用，产地集配中心对于农业增效、农民增收、农产品竞争力增强也起着至关重要的作用。

目前，农产品产地集配中心还没有得到广泛发展。多数农产品产地市场仍为露天交易，甚至有些产地市场只是季节性临时设点，几乎没有任何配套基础设施。缺乏预冷库、保鲜库、冷藏车、污水处理、垃圾处理、电子结算等基础设施，分级、分选、包装和装卸多由人工完成。服务功能上也多以提供交易场地为主，缺少增值服务。大部分产地市场农产品不经分拣、修整、清洗、预冷、批量包装等加工处理，仍然处于粗放式销售模式，产业链条短、加工能力不强的问题仍然突出。只有部分产地市场建立了配送中心，但仅限于提供少量车辆，且多委托给第三方承包经营，产地市场仅收取管理费或租赁费，经营模式落后、效率低、效益差。

三、第三方冷库预冷

第三方冷库企业是通过与第一方生产方或第二方需求商的合作来提供其专业化的仓储服务，它不拥有商品，不参与商品的买卖，而是为客户提供以合同为约束、以结盟为基础的，系列化、个性化、信息化的冷链物流代理服务。目前，需要冷藏库进行仓储的生产者选择冷库建造方式占比43%左右。冷链物流企业对冷库需求巨大，是租赁冷库的主力军。当前，产地冷库利用率较低，不同地区农产品季节属性突出，冷库投产之后一年内往往只能使用两三个月，存在季节性供应不足、过季后"无人问津"的情况，投入和产出不成正比。我国有一定规模、布局合理且有先进的 PC 系统和管理理念的第三方冷库仍处于参差不齐的发展阶段。

当前，产地冷库的功能比较单一，大部分产地冷库仍局限于传统的保鲜仓储，无法满足农户产地加工处理的多元化需求，缺少预冷、加工、包装、配送等功能。由于冷库建造成本高，使用地窖和土建冷库进行冷藏仓储的情况仍较为常见，同时大部分产地冷库建造标准低、信息化技术水平低，存在硬件设施陈旧、温控技术较差、信息无法实时共享等问题，贮藏保鲜期限短及效果差，导致了农产品应对和调节市场供能能力弱。

表6-2为生鲜农产品三种产地预冷模式的比较。

表6-2　　　　　　　　　生鲜农产品三种产地预冷模式的比较

模式	制冷效果	功能性	投资规模	主体	优点	缺点
移动冷库	一般	单一	小	小	方便	受条件限制
产地集配中心	好	多种功能	大	大	功能多	投资太大
第三方冷库	好	单一	大	大	灵活	周期性

第三节　农户参与产地预冷的机理及影响因素研究

一、农户参与产地预冷的机理分析

我国地域辽阔，农产品产地分散，以小规模生产为主，果蔬生产存在地区性不平衡、运输量大、运输时间长等问题；生产方以个体农户为主，生产规模小，地点多处于农村或郊区。这种由个体农户生产的果蔬，目前的预冷方式普遍是在农户采收果蔬后，先集中运输到附近的收购站，再入冷库进行预冷，时间周期较长。这与我国生鲜农产品产后预冷、冷链物流产业发展滞后直接相关（丁艳、朱晓玲，2019）。通常情况下，大多数农户对果蔬采摘后及时预冷处理不够重视，在果蔬采摘后直接运送至冷藏车进行冷藏或运送至批发市场直接出售，导致了果蔬保鲜贮藏效果不理想，极大地影响果蔬品质。小农户自身各方面实力不足，对产地预冷缺乏认知，止步于预冷所产生的高费用。因此，如何让农户既能参与果蔬产地预冷又能分得更多利润，是解决问题的关键。

生鲜农产品冷链物流体系建设的核心在于"链"，各环节都需要具备连贯性，任何环节的温度失控、时间或距离的紊乱都会妨碍生鲜产品附加值的增加。从冷链产业链视角来看，冷链仓储物流的源头是产地批发市场和田头市场，这是整个冷链的薄弱环节，也是农民增产不增收的重要原因之一（张喜才等，2012）。生鲜农产品流通的"最初一公里"包括农产品从产地采摘后一直到移交物流运输之前的初加工全过程。目前，我国农产品产地冷链物流正逐步形成产地冷链政策为支撑，农户、新型农业经营组织、社会化服务组织、第三方物流、工商资本等参与的发展态势（周冲等，2018；陈英华，2018；王汉荣，2019；马小龙，2020）。

首先，由于冷库建设兼具准公共产品和私人产品的部分属性，基于"谁投资、谁受益"的原则（王阳星等，2012），小农户参与产地冷链是其增收的重要途径之一。然而，大多数农户仍在常温状态下进行生鲜产品的采摘与初加工，农户采用这种手段的代价是付出高比例损失，原因可能是农民的收益难以承担冷链物流的成本（Negi & Anand，2015）。其次，相比综合实力较弱的小农户，新型农业经营主体更具备规模化经营、集约化生产能力，参与产地冷链意愿较强，但存在规范性欠缺、可持续性较弱和稳定性不足等问题（杜志雄，2021）。再次，社会化服务组织（包括公益性大型批发市场）的资金、技术等要素呈现由粮食产业为中心向果蔬产业集群聚集的趋势，通过搭建公开信息平台，凭借服务模式成熟、机制灵活的高水平服务推动农产品冷链全产业链系统整合和专业分工，但易造成社会化服务组织"亲大户、排小农"（马小龙，2020）。最后，依托政策以及自身逐利性，工商资本对生鲜农产品初加工投资成为热潮，以顺丰冷链、苏宁冷链和京东冷链为首的第三方物流凭借技术与人才等优势，开拓农村电商冷链物流市场，创新"互联网＋产地""冷链前置仓"等商业模式，兼顾产地冷链物流风险及经营成本等（裴璐璐等，2021）。

现阶段，一个普遍接受的观点是造成生鲜农产品"最初一公里"落后的关键因素是产地冷链基础设施落后。由于缺乏冷库等设备，农户大多采用传统冰块保鲜甚至常温储存，为了提高生鲜产品卖相，有的菜农通过深井水清洗浸泡和化学方式硬性达成保鲜目的，使生鲜产品食品产生安全隐患（贾佳，2018）。在冷库覆盖的产区，现有冷库设备陈旧、科技含量低，难以同时满足常温称重、低温预冷分级、冷藏冷冻储运的要求，难以覆盖产地冷链初加工全过程（张喜才，2020；李忠国，2021）。由于源头冷链缺失，果蔬"最初一公里"的各环节易出现冷链脱节现象，温度上的较大变化导致果蔬的仓储和运输过程腐烂风险加大，易导致二次事故的发生，由此造成的损耗高达15%～20%，每年约浪费1 200万吨水果和1.3亿吨蔬菜（张喜才等，2021）。中国是农业大国，"大国小农"是我国的基本国情。小规模农户是生鲜农产品生产与流通格局中心，只有发展覆盖更多数小农户和多品类生鲜农产品的纵向一体化产地冷链才能确保农产品食品安全并有效降低冷链损耗（黄宗智，2018）。

冷链物流设施是具有公益性的流通设施，由于外部正效应的存在，其无法通过市场自发调节达到冷链资源的有效配置（李昌兵等，2017）。一方面，冷链设施初始投资大且经济回收期长，仅靠市场运作会导致总体投资不足、区域供给失衡、产品安全以及应急保障等市场失灵等问题（陈丽芬等，2016）。另一方面，政府通过公共财政弥补由于农产品周期性带来的冷库闲置、运营和管理风险（张喜才，2017），"看得见的手"的积极作用能够改变农村冷链设施发展无序、中间商牟取暴利的现象，依据不同发展阶段选择恰当的补贴模式提升农产品生鲜度及农户盈利水平（熊峰，2015）。因此，国家政策连续五年聚焦农产品产地冷链，提出补齐"最初一公里"短板，并发布多项食品加工项目和财政补贴政策。2021年，中央一号文件再次强调加快农产品产地冷链物流体系建设，建设更多"田间地头型"冷库。

从政策效果看，生鲜农产品产地冷库容量有了明显增加，山东、广东、河南等大型生鲜产区成为冷链企业聚集地。然而，中国每年仍约有上亿吨流向市场的生鲜农产品由于冷库和冷藏车设备的使用不足，在采摘和运输过程中受损或致病菌。现阶段，发展中国家冷链的可用性和有效利用明显弱于发达国家，表现为生鲜农产品冷链流通率低、供应链价格不稳定、分配机制不合理等（Kader，2010），同时，发展中国家冷链还存在设备维护困难、使用率和经济效益低，冷链技术普及率低且速度较慢等问题（Degli Esposti et al.，2020）。实际上，农业转型的驱动力不仅有市场调节和国家干预，还需关注内生于农业当中的农民经济行为。理论上讲，参与产地预冷能延长生鲜产品寿命，实现农民增收，与农户生产目标相一致，但由于农户无力开展冷链重资产投资（温铁军，2021），冷链高成本、高风险以及经济回收周期长等特点，难以得到农户的青睐。一方面，受资金、技术、信息不对称等因素影响，农户被排除在冷链市场外；另一方面，冷链设备可得性、市场价格的波动和农产品低附属价值属性，也限制了发展中国家农户的产地冷链参与程度。诸多研究表明，产地冷链利益相关主体各自为战，为数不多的参与预冷的小农户更是难以分配到价值链增值的好处，纷纷退出市场（Mercier S et al.，2018；张喜才等，2019），导致产地冷链环节更弱，生鲜农产品损耗依旧较大，造成政府无效开发和投入浪费，从而陷入恶性循环。

综上所述，冷链物流研究成果丰富，但更多是关于产地冷链较为薄弱的现状描述以及对策建议。对于为什么产地环节如此薄弱还缺乏理论阐释。产地环节为什么会陷入"产地冷链薄弱，加大政策扶持，农户未采用冷链，进而导致产地更弱"的恶性循环。如何理解并面对这一悖论所揭示的现象，影响着生鲜农产品冷链发展趋势和政策导向。本章认为，小农一家一户单打独斗难以改善自身的弱势地位，但如果仅强调政府的扶持政策，就忽视了市场和流通的复杂性。事实上，生鲜农产品冷链物流产地悖论的出现，与我国小农经济的特性密切相关，也与农产品价值和交易方式、冷链利益相关主体密切相关。如果不能准确把握其中的逻辑关系，对生鲜农产品产地冷链建设问题存在误区，就会在产地建设多少冷链，如何建设，如何确保产地冷链设施的益农性上迷失方向。因此，本章构建了产地悖论的产生机理，分析了农户参与率低的原因，并提出了对策建议。

农产品仓储保鲜冷链物流是现代农业产业发展的重要支撑。近年来，鲜活农产品生产向优势产区聚集，外销种类、数量趋于集中，流通半径扩大、运距拉长，反季节、全年均衡销售需求提高，农产品大规模、长距离调运已经成为常态。但产地冷链物流整体仍处于较低水平，农产品产后损失严重，质量安全隐患加剧。"大国小农"是我国的基本国情、农情，小农户生产是我国的基本甚至是主要的农业生产经营方式，虽然其他生产主体也不断发展，但是我国农业种植规模在 50 亩以下的农户仍有 2.3 亿户。至 2020 年底，全国有家庭农场 87.7 万户，全国依法登记的农民合作社达 220 多万家。所有的农业生产主体中约有 70%以上的没有参与产地预冷环节。出现了"产地冷链薄弱，加大政策扶持，农户未采用冷链，进而导致产地更弱"的恶性循环。

以舒尔茨（T W Schultz, 1964）为代表的经济学家认为农户符合理性经济人假设，波普金（S Popkin, 1979）在此基础上提出在竞争的市场机制中，农户决策行为完全是有理性的，决定其行为的动力在于追求最大化期望效用。按照此理论，如果冷链要素的投入能带来更多农业回报，农户参与产地冷链过程的意愿和行为可能性更大。假定不考虑农户生产偏好、冷库投机行为等因素，只考虑农户参与产地预冷并在农作物当季一次性卖出生鲜农产品的情形，利用成本收益法分析，设定农户参与产地冷链环节所获得的利润函数为 $L = W - C - C'$。其中，L 为农户参与产地冷链活动获得的利润，W 为农户参与产地冷链活动的预期收益，C 为农户参与产地冷链所需付出的可变成本，包括农户的生产、交易各项成本，C' 表示冷链设施可得性等固定成本。该函数表明农户参与产地冷链过程中，影响其利润的因素包括冷链降低果蔬损耗带来的增值增收效果和付出各种成本导致的损失，激励农户参与产地冷链的动力在于是否能获得净利润正差值。只有当农户参与产地冷链带来的收入能弥补成本带来的损失时，农户才会参与产地冷链环节，否则将不会参与。农户参与产地冷链环节后，出售生鲜农产品所获得的利润是时间 t 的函数，如果用 $P(t)$、$Q(t)$ 表示当季生鲜农产品在经过时长 t 的贮藏后的收购价格、贮藏冷库中未腐生鲜农产品数量，$L(t)$、$C(t)$ 表示当季生鲜农产品在经过时长 t 的贮藏后所获得的利润和付出的可变成本，则该函数模型可表示为：

$$L(t) = \begin{cases} P(t) \times Q(t) - C(t) - C' & t > 0 \\ P(0) \times Q(0) & t = 0 \end{cases} \qquad (6-1)$$

$\exists\, t_0,\ s.t.\ L(t_0) > L(0)$ 时，农户才会选择参与产地冷链，即存在一个 $t = t_0$ 点，农户选择在该点出售生鲜农产品的收益将会大于不贮藏生鲜农产品而直接全部卖出的收益，满足：

$$P(t_0) \times Q(t_0) - C(t_0) - C' > P(0) \times Q(0) \qquad (6-2)$$

即有：

$$P(t_0) > \frac{P(0) \times Q(0) + C(t_0) + C'}{Q(t_0)} = P(0) \times \frac{Q(0)}{Q(t_0)} + \frac{C(t_0) + C'}{Q(t_0)}$$

$$(6-3)$$

当 $t = t_0$ 时，$P(t_0)$ 超过一个临界值，此时农户贮藏生鲜农产品所获得的利润 $L(t_0)$ 大于初始上市点利润 $L(0)$，故农户贮藏至 $t = t_0$ 时出售可以实现增收。

命题 1：在不考虑小农户风险偏好和短期性决策的情况下，小农户选择产地冷链是经济合理的。

（1）特定品种生鲜农产品成熟期集中，同期大量可替代性生鲜农产品上市，所以在上市初期产地收购价格 P 通常较低，曲线呈下降趋势直至波谷，满足 $\frac{\partial P}{\partial t} \leqslant 0$；随着上市高峰期消退，产地收购价 P 逐渐上升，满足 $\frac{\partial P}{\partial t} > 0$。然而，由于生鲜农产品的易腐性和时效性特征，生鲜产品价格达到一定程度开始回落，满足 $\frac{\partial P}{\partial t} \leqslant 0$，并以新季度的开始为终点，且生鲜农产品价格曲线是时间的周期函数。

（2）由于生鲜农产品具有易腐特性，贮藏在冷库中未腐生鲜农产品的数量随着时间 t 的增加而减少，满足 $\frac{\partial P}{\partial t} < 0$。

（3）冷链设备的运营导致了一系列人工、用电、租赁、维修等成本，每单位面积冷库的边际成本是固定的，满足 $\frac{\partial C}{\partial t} > 0$，故可变成本 $C(t)$ 正比例增加。而由于冷库贮藏果蔬损耗系数小，农户通过贮藏保鲜大大延长了生鲜农产品寿命并降低损耗，贮藏冷库中未腐生鲜农产品数量 Q 减少并不大。因此，在本季度生鲜农产品规模一定、冷链设施可得，冷库运营正常且闲置空间较小的情况下，存在 $t = t_0$ 使得 $P(t_0) > P(0) \times \frac{Q(0)}{Q(t_0)} + \frac{C(t_0) + C'}{Q(t_0)}$，此时，$L(t_0) > L(0)$。实际上，由于生鲜农产品具有时效性和高价值性，价格波动较大，往往存在一个区间 $t \in [t_1, t_2]$（同时 $t_0 \in [t_1, t_2]$），在此区间内，农户收益均能够实现 $L(t) > L(0)$，并在某点取得极大值。

在理性小农之外，根据迈克尔·利普顿（1968）的观点，在生存取向的引导下，小农决策总是基于风险厌恶的短期决策，避免经济损失是农户的首要考虑。即所谓的道义小农，强调不确定性，安全第一。黄宗智（1986）"综合小农"则认为，农户既是理性，也有道义性，除了考虑利润，也考虑风险。研究考虑到了"风险"和"时间"因素对农户行为特征的影响，为避免风险和市场不确定性，小农户总是在 $t = t_0$ 之前就选择全部将生鲜产品出售给中间商。故产地实际收购价格 P'' 总是远远小于农户参与产地冷链后的批发价格 P'。

命题 2：在考虑小农户风险厌恶偏好和短期性决策情况下，小农户往往在 $t = t_0$ 之前就将生鲜农产品全部卖出，并没有参与产地冷链过程的意愿和行为。

一方面，受易损性和不可逆性影响，从成熟采摘起，生鲜农产品的自然保鲜时间和作为食物的保质期就非常有限，一旦果蔬腐烂，其使用价值就会消失，导致农户总是在果蔬收获后没有等到 $t = t_0$ 就急匆匆全部出售，从而成为市场收购价格的被动接受者，即 $P = \varphi P(t_0)$，$\varphi \in (0, 1)$。另一方面，由于单个小农户缺乏组织性，生鲜农产品的生产具有品种复杂和规模小等特征，小农户往往在冷链设施的使用过程中难以形成规模效益，尤其是在物流落后的地区，冷链可得性等固定成本高，加之冷库闲置率高和果蔬多元化贮藏要求限制，即使冷库中未腐生鲜农产品数量 Q 减少不大，也常常因为综合成本较高使得

$$P(t_0) \leqslant P(0) \times \frac{Q(0)}{Q(t_0)} + \frac{C(t_0) + C'}{Q(t_0)} \qquad (6-4)$$

从而

$$P(t_0) \times Q(t_0) - C(t_0) - C' \leqslant P(0) \times Q(0) \qquad (6-5)$$

即

$$L(t) \leqslant L(0) < L(t_0) \qquad (6-6)$$

这种情况下，小农户往往在 $t = t_0$ 之前就将生鲜农产品全部卖出，由于参与产地冷链综合成本往往很容易就超过因为价格上涨所带来的利润，小农户并没有参与产地冷链过程的意愿和行为。本章根据 2019 ~ 2020 年度北京新发地农产品批发市场发布的数据，验证多种生鲜农产品价格变化均与假设一直，以芦笋、皇冠梨、阳光玫瑰葡萄和帝王香蕉（小米蕉）为例绘制价格走势如图 6 - 1 所示。许多生鲜农产品经销商、流通加工商和投机客商正是基于上述规律，在生鲜农产品大量上市时从农户手中低价购

入果蔬，经过一段贮藏期以高价出售，从而获得远远大于农户的利润，而小农户由于风险偏好和综合成本考虑往往不参与产地冷链环节，这也是小农户增产不增收的重要原因之一。

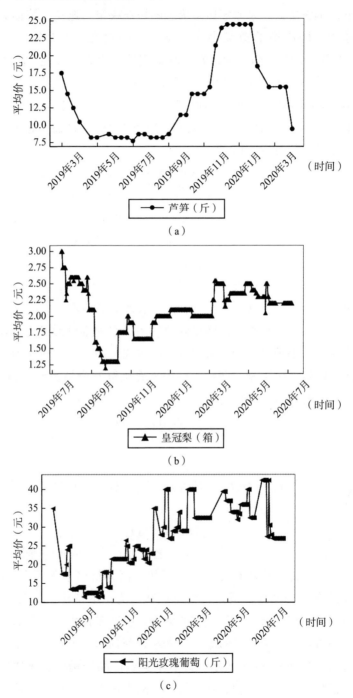

（a）

（b）

（c）

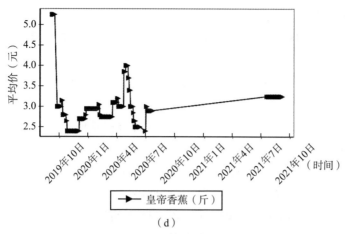

（d）

图6－1 2019～2020年度北京新发地农产品

批发市场几种生鲜农产品价格曲线

资料来源：北京新发地农产品批发市场，www. xinfadi. com. cn.

二、影响农户参与冷链物流的因素

为了提高农户收入，许多学者对农户参与冷链的影响因素及方法从不同角度进行了研究。从农产品价值链的角度，涂传清（2014）以赣南脐橙种植户为例，他认为影响农户参与冷链的原因主要有风险态度、种植规模、收获期农产品销售情况、户主所拥有的贮藏技术水平、政府是否提供免费的贮藏技术培训以及农户所处地区的交通状况等多方面因素的影响，并随着这些因素的变化而不断变化。洪银兴和郑江淮（2009）认为，在果蔬农产品价值链中，农产品生产者"承担较大部分农产品总成本，但分享较少的农产品利润"，人力资本和机会成本的制约是影响农户参与冷链的原因。也有学者从农超对接的角度进行了研究，申瑞、阮文彪（2013）认为农户和超市合作，让出一部分自身利益给合作社，共同建设冷链，共同承担风险可以更好地促进农户、合作社与超市的长期合作。张明月（2018）认为农户通过农超对接参与冷链的意愿主要是受对接优势、对接能力、外部环境等因素。也有一部分学者从农户自身入手，王伟新等（2016）认为在中国当前小农经营状态下，与中间商、零售商相比，农户在交易中处于明显弱势，农户被动地排斥在农产品流通体系之外，突出表现为定价权的缺失。

薛（Xue M，2014）和斯温内（Swinnen，2007）分别指出，小农户面临的融资难、冷藏加工设施投入过高以及难以获得更多的市场渠道信息是小农户纷纷退出市场的主要原因。苏沃林和马丁·穆勒（Seuring S & Martin Müller，2008）等认为，超市、加工企业等环节通过投资冷鲜设施、信息技术等强化其对冷链流通链条关键节点的控制，农户及其合作组织则因为资金、管理等方面因素被排除在外。根据已有的研究，影响农户营销渠道选择的因素主要包括：一是农户通过不同营销渠道可获取的收益比较，如卢森等（J Roosen et al.，2015）通过分析发现，生产者从消费者支付的价格中获取的份额取决于不同的营销渠道。二是农户自身知识结构能力和周围可利用的条件因素，如奥莱森等（Olesen I et al.，2010）以南非吉河流域的小农为例，运用多项回归模型进行分析，结果表明，市场信息的获取、专业知识的等级和标准、签订合同的能力、社会资本的大量存在、集体参与度和对传统的依赖等因素对小农营销渠道的选择有明显影响。对于农户而言，国外研究往往侧重于关注市场因素对农户储粮行为的影响，例如，海耶斯等（Hayes D J et al.，1995）研究了期货价格与市场价格之间差额信息对农户粮食储备决策的影响，在对上述信息进行合理分析的情况下，生产者可以实现既降低风险又提高储备收益。此外，在国外，许多学者注意到储粮决策中的性别差异。哈格乔等（Haghjou M et al.，2013）对赞比亚农户储粮管理和销售中性别关系的研究表明，在收货后的销售中，男性参加议价往往多于女性，男性通常控制最初大宗销售的收入，而其他时间的销售则由女性控制。女性比男性更关注家庭食品安全问题。卡尔森等（Carlsson F et al.，2007）对埃塞俄比亚农户的分析表明，与男性户主的家庭相比，户主为女性的农户更倾向于收获后立即出售粮食。农民倾向于在粮食收获后立即以低价位出售，主要是受流动性约束、预期产后损失风险和储藏技术的影响。涂传清（2014）对农户介入生鲜农产品流通增值活动行为决策模型的分析，将影响农户介入生鲜农产品流通增值活动的主要因素分为农户个人特征、种植特征、交易特征和外部环境。

与农户参与仓储等冷链物流活动的影响因素研究相比，作为合同农业发展的最重要主体，农业企业对合同生产模式的采用行为以及相应的合同制度设计等问题在发展中国家的调查研究中没有受到足够的重视（蔡荣、易小兰，2015）。另有一些学者研究了农业产业链不同的整合程度对企业的绩效和竞争力都会有显著影响（Verter N & Věra Bečvářová，2016）。农业产业链的纵向一体化可以具有信息优势、风险控制、规模化和技术研发（Adar K G et al.，2004）。有一些学者认为农业纵向一体化可以增加组织稳定性（Panetto H，Lezoche M et al.，2020；Hsiu‒Ling Li & Ming‒Je Tang，2010）。

已有研究讨论冷链物流断链时，假定各个市场主体参与冷链的过程中不考虑成本和损失，认为介入全程冷链可以增加收入，还假定全程冷链的生鲜农产品的价格一定会高于收获期价格，并认为各个市场主体均能够获得收益。显然，这样的假定使得市场主体选择是否全程冷链的决策简单化了。事实上，作为自负盈亏的市场主体，在考虑是否介入全程活动时是非常理性的，会反复计算如果全程冷链或者自己不断链，将需要投入多大的成本、面临多大的市场风险和能够获得多大的收益。只有在自己不断链带来更多的收益时，市场主体才能选择不断链，进而实现全程冷链。市场主体参与冷链活动的行为决策受市场主体自身因素和其所处外部环境的共同影响。只有在对介入冷链活动的成本和收益进行比较后，才会最终做出是否介入的行为选择。虽然对于影响农户及其他市场主体介入生鲜农产品冷链物流活动的主要因素很少有学者研究，但是正如前面已经指出的那样，有学者在研究农户粮食等储备决策问题时，有对影响因素的研究，参照已有的研究成果和前述对市场主体介入冷链物流活动行为决策的分析，本章将影响市场主体介入冷链物流活动的主要因素分为四组：交易特征、产品特征、自身特征和环境变量（见图6-2）。

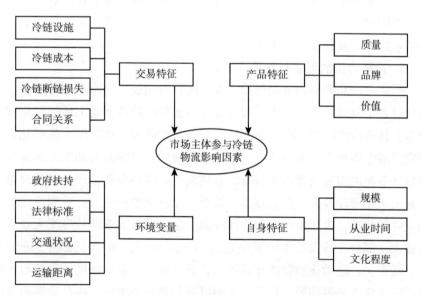

图6-2　农业市场主体是否参与冷链物流的影响因素

三、农户产地预冷参与度不高的原因分析及对策研究

1. 农户对冷链认知水平弱

农户的冷链认知特征，主要包括农户对于缺乏冷链而造成的生鲜农产

品生产浪费感知、对冷链信息技术的掌握程度以及邻里效应等。农户对由于缺乏产地预冷而造成生鲜农产品严重损耗和浪费现实的认识越深刻，其降损增收和对于冷链设施的需求程度越高，进而在产地冷链的采纳意愿越强烈。我国农业生产以分散的小农户为主，绝大部分农户不具备自组织和自主参与冷链的能力，对冷链及其重要性缺乏具象认识，具备冷链全局观的农户更是少之又少，农户关注点限于与其交易的一级中间商，并不在意生鲜产品供应链下游，因此，农户缺少主动改进农产品质量、包装等满足终端消费者需求的动力，造成生鲜农产品冷链生产端与下游割裂；农户对农村冷链政策环境的认知和对冷链技术的掌握程度会直接影响对产地预冷的参与情况。我国农户对冷链相关政策和关键技术了解较少，在生鲜产品降损和预冷等具体操作环节受限，即使农户家庭对冷库有实际需求，也会由于信息不对称和高技术壁垒而对冷链市场望而生畏；同时，邻里效应会放大产地预冷的规模效应。邻里效应越强，冷链技术和市场信息互换次数越多，村或乡镇农户冷链参与情况会越趋于一致。由于农户采纳冷链后的增收效应因人而异，邻里间的信息交换存在不确定性和局限性，受参与冷链活动技术壁垒、资金、信息不对称等因素的影响，加上我国农村地区信息相对闭塞、农户生产和销售均呈现保守态度和风险厌恶偏好，因而产地冷链推广和普及存在重重困难。

2. 冷链物流的运营和维护成本高

生鲜农产品冷链物流初始投入大，经营周期长，冷库和冷藏设备经营使用过程中流通、用电、人工和管理等方面费用较高。受土地细碎化和一地多品种等特性限制，农户的种植、采摘与产后加工难以形成规模化，很多农户或个体户为了节省成本，在果蔬采摘后采取常温初加工，库存和交接等环节使用棉被或者纸箱包货，致使农产品腐损率高。产生这种现象主要是由于流通环节成本高；在生产淡季和原料资源不足时，冷库往往处于闲置耗能状态，由于单位面积冷库耗能一定，高闲置率导致冷库无效耗能占比大，部分冷链设备年闲置率超过50%。同时，由于冷藏设备陈旧单一、噪声大，自动化和智能化程度低，也引发了一系列环境污染和影响周边居民正常生活等问题。目前，人力资源和管理成本较高也是冷链物流成本居高不下的重要原因。我国产地冷链各环节都需要人工参与管理，人力资源成本大大增加。高技术物流团队的缺失，信息技术融入不足，也使得自有冷链冷库难以进行科学管理和维护。总之，冷库高耗能特性及由于使用冷库产生关联成本的存在，如装卸、搬运、清洗、分拣、包装等费用，冷库运行的电费、故障维修费用等作为预先支出，难以快速得到补偿，迫于生计，农户生鲜产品预冷的意愿和行为均受影响。

3. 生鲜农产品交易环节处于弱势地位

生鲜农产品的交易特征，主要指的是农户的交易对象、交易经验和交易信息等特征。由于小农组织化程度低，农产品线下交易主要是通过经纪人或客商收购，农户几乎不直接参与果蔬的流通环节。农户与经纪人关系较为复杂，一方面由于不完备的市场信息农户对经纪人依赖程度高；另一方面，农户对经纪人信任度低，在一定程度上沿袭原有习惯，凭经验从事农产品交易，交易过程表现出少量多次和重复谈判的特征，从而限制了农产品和农业要素市场流通效率。农民被迫作为价格的接受者，没有自主处置农产品的权利，这也是发展中国家的通病。在印度，由于农民收入与最终销售差价导致农民的生产积极性受挫和自杀率升高，农民微薄收入难以支付冷链的额外成本；传统市场信息闭塞，农户难以掌握农贸市场的实时动态和行情，仅有少部分农户可以直接接触批发市场和零售超市，这部分农户在批发市场交易过程中存在小批量、多批次和重复性，而收益非常有限。信息不对称引发的风险还体现在农产品质量安全的不确定性，生产环节下游收购主体（企业）如果没有产品质量信号传递，就无法确定上游生产者（农户）所提供的农产品质量，因而很难分辨优质农产品和劣质农产品生产者，只能向所有农产品支付同一价格，最终导致劣质农产品充斥整个市场。有研究表明，市场交易模式只适合于标准化的农产品，很难满足企业实施差异化竞争策略对农产品整体质量的高要求或对某些质量属性的特殊偏好。实际上，只有向终端传递更加丰富的农产品信息、树立品牌农业，才能为农户争取更高的溢价。绝大部分小农户难以达成这种操作，只能把产品以极低价格销售到对品质不敏感的批发市场，只有极少数的农户实现直产直销。

4. 冷链物流的外部客观要素不完善

冷链市场的外部客观因素包括宏观要素和微观要素两个方面。宏观要素主要包括冷链设施的可得性、冷链技术的推广和市场监管等方面；微观要素指生鲜农产品的附属价值、利益相关者对农产品冷链认识情况等。

宏观要素方面，冷链设施的可得性主要指的是农产品产地距离冷链设备的远近、交通的便利程度和冷库可使用情况。农户参与产地预冷行为与冷链基础设施空间可得性息息相关，冷链设施距离农产品田间地头越近、服务范围越大，冷库可使用程度越强，农户冷链运输便利性越强，时间成本也越低。近年来，我国国家政策推动产地冷库容量明显增加，但与发达国家仍存在较为明显差距，基础设施相对薄弱。冷链物流公司的战略部署多以城市为主，但冷链最多下沉到县级城市，乡镇、村寨冷链相对空白。冷链设施距离产地远，生鲜农产品流通需求高，由产地运往冷库过程中发生果蔬腐烂和交通堵塞的可能性高，农户对冷链基础设施可得性不强。同时，单一陈旧的设备难以满足市场规模和市场异质化需求，产品分级、储藏保鲜、物流运输、创意设计等较为落后，大大降低了消费者体验感和满意度。由于冷链技术缺陷的存在，导致冷库功能不全，其使用面临安全威胁，造成"最初一公里"冷链脱节，甚至发生二次事故；政府宣传和技术推广方面，大部分农户在农业生产和保鲜过程中偏重依赖传统经验，依赖财政补贴和农技部门指导来激励农户参与。从理论上讲，冷链技术指导的普及程度和互补性越高，农户冷链运输和贮藏风险越低，农户参与产地冷链收益会越高。然而，多数产区因为缺乏冷链技能培训和技术指导，对智慧农业促进农业生产作用的认知不足，造成农户冷链专业素质偏低，难以体会到冷链带来的益处。目前来看，我国还没有制定针对生鲜农产品质量的监管政策，现有法律多是通用性准则，更多依靠的是生鲜农产品冷链物流市场主体的自发行为，带有明显的随意性。由于生鲜农产品种类繁多，来源具有分散性和复杂性，从食品产后监管角度控制食品质量和安全风险的体系难以界定和量化。生鲜农产品产地冷链物流相关政策、标准日趋完善，但是政策的实施程度、覆盖范围、执行情况和监管力度都还远远不够（张喜才，2019）。

微观要素方面，受我国农产品种植地分散的影响，生鲜农产品来源复杂、食品安全和品质良莠不齐。由于生鲜农产品生产技术水平落后、缺少标准化种植，难以形成农产品品牌和区域优势，生鲜农产品附属价值低。冷链物流设施的使用与否，取决于正在冷却和储存的食品的市场价值和设施的使用效率。受能源、资源价格上涨的影响，农业生产经营成本上升将呈持续态势，而且不可逆转，"地板"不断抬升。农产品价格"跑不赢"生产成本，会抵消农业的比较效益，进而影响农民收入。目前，我国农产品价格并未真实地反映出耕地和淡水等资源的稀缺程度，与其他产品和服务之间的比价关系依旧处于较低水平，并因此导致农民增产不增收。同时，来自国际低价农产品竞争的冲击使农民的获益空间不断被压缩，农业生产空间越来越小，小农户由于没有定价权，甚至被逐渐"挤出"市场，这可能会导致农户缩小规模或拒绝参加成本较高的冷链环节。目前，从产地生产者更加关注产量和销量，到冷链运输企业的机会主义，再到终端消费者更关注价格而非冷链过程，生鲜农产品产业链各利益相关者均表现出对农产品冷链认识不足，冷链意识淡薄，由此导致冷链市场需求迟迟无法打开。但由于信息的高度不对称，优质优价的市场机制失灵，消费者为冷链额外支付意愿低，优先购买同类果蔬中价格低者，抑制了农户参与产地预冷意愿，也这在一定程度上延缓了冷链物流的普及、规范和发展。发展中国家的冷链物流建设往往侧重于建立独立的冷藏库或食品加工设施或项目，而不是侧重于整个冷链物流体系的建设和供应链管理。

产地冷链物流是农业产业链的关键，也是薄弱环节。目前，各级政府对产地冷链的支持力度不断加大，但各产区冷链缺乏"在地化"设计，产业链利益分配机制不健全，社会化服务水平低，难以调动农户积极性。从政策效果看，各产区冷链覆盖率有所提高，但有效性和利用率仍不乐观。应将更多关注点放在依据终端需求进行产区定位和生产定位上，放在强化网格化管理，提高农户组织化程度、专业化服务和建立产业链合理利益分配机制上。据此提出以下建议。

1. 因地制宜，完善调整产地冷链物流设施布局

加强产地冷链相关建设的扶持力度，改善提供公共产品的滞后性，因地制宜推动产地结构多元化、高品质趋势发展。首先，依据产地、产品聚集情况，布局更为科学合理的冷链基地和集散中心。规划冷库结构比例，避免过多建设储存性冷库，而忽视流通性冷库的建设，发挥产地冷链基础设施最大效益。其次，加强农村地区特别是冷凉气候带、特色农产品产区和贫困地区基础交通建设的投入与养护，确保产地冷链各节点的快速有效对接。再次，各地应制订产地预冷指导方案，促进预冷技术的合理应用。综合考虑生鲜农产品种类、种植规模、属性，以及气候、时间、成本等因素，合理引入并应用传感器、无线射频识别、电子数据交换等技术，提升预冷设施设备的现代化水平，关注产地冷链政策和政策落实情况。最后，对于季节性需求明显的主体，鼓励建设租赁型冷库；对于商超和生鲜电商作业范围跨度大的企业，鼓励建设产地生鲜集配中心、数字化产地仓以及便捷的移动式冷库。另外，对于单纯市场利益机制不能有效解决战略性农产品冷藏问题，可考虑借助中央、地方的资金力量建设国家战略采购农产品集散地、推动地方农产品冷链网络建设等模式，突出公益性。

2. 加强引导，强化针对冷链物流的宣传教育

从根源上克服断链问题，增强冷链物流中的主体认知，实现群体性冷链认知的提升。首先，借助新媒体加强科普性宣传，建立信息追溯系统，增强消费者对冷链的直接参与感。其次，鼓励高校开设冷链相关专业，培养熟悉农业农村发展规律，掌握冷链物流操作技术的复合型人才，并鼓励他们投身乡村振兴中。在农村地区开始多种形式的冷链培训和教育，促进农户及返乡人员掌握从事冷链基本技能，并为他们就业创业提供机会，提升他们积极参与农村冷链发展的积极性。再次，通过行业协会组织冷链物流相关主题的学会或者交流论坛，促进企业与高校、社会组织的交融、创新，多渠道宣传并开拓冷链，积累市场口碑。

3. 赋能小农户，形成合理利益分配机制

促进以农户参与股份、经营，通过务工、分红、土地流转等多元化渠道增收的合作模式，不仅要让农户参与生产，还要为其提供部分冷链设施建设、生产指导、运营等社会化服务岗位，资金由地方政府或外部投资承担，增强农户市场经济意识。既体现农户的自主自决，又体现合作组织对农户的"赋能"，体现对农户的包容性以及集体收益的附加性。创新利益分配机制，以农户合理分享产业链增值收益为核心，以延长产业链、提升价值链、完善利益链为关键，以改革创新为动力，增强生鲜农产品"产地加销售"的互联互通性，增强农业农村经济发展新动能，让农民真正享受到参与预冷等产地初加工带来的好处，使得每位参与产地冷链建设的农户保持热情，从而扩大产地冷链规模。在定价权问题上，一方面，政府部门可以借助批发市场，通过拍卖和公示过程，使农户、中间商和消费者都拥有决策权；另一方面，政府部门做好监管，通过发展优质农产品精细化生产形成地理标识，对接到精品超市和电商渠道，进一步规范农民定价权。

4. 加快生鲜产品冷链数字化，通过智慧供应链互动促进产地冷链

随着互联网技术和电商经济向农村产地渗透，电商平台深入农村，改变了生鲜产品传统的供应模式，在一定程度上改变了小农户在市场结构中的弱势地位，重构了城乡关系。打造智慧供应链平台，首先，要基于冷链行业特点和网络化要求，纳入农户和各主体基本信息，将上游生鲜农产品资源整合归类。开发便于操纵的生鲜产地 App 并纳入智慧供应链系统，实现农产品与冷链设备、生产中介和消费端的快速匹配，促进生鲜农产品供应链环节资源共享。在建设智慧供应链体系时，要注重品牌建设，突出特色农产品地理标识和扶贫助农等项目。其次，要建立消费者追溯的信息系统，使消费者了解农产品来源、品质标准，使生鲜商品冷链全程透明化，提高消费者冷链参与程度。最后，针对近年来农村电商转型过程中产生的要素失衡、营商环境恶劣和市场挤压等造成的小农户退出互联网市场和农村资源流失等现象，应从战略高度改善农村电商设施和营商环境，引入和扶持技术服务落地。

第四节 基于不同生鲜农产品供应链的
农户预冷保鲜努力水平研究

一、不同生鲜农产品供应链下农户的预冷努力

"大国小农"是我国的基本国情农情。作为世界上最大的生鲜农产品生产国，我国2020年蔬菜产量约7.49亿吨，占世界总产量的59%，水果产量2.87亿吨，占世界总产量的33%，肉类0.76亿吨，占世界总产量的33%，水产品产量0.65亿吨，占世界总产量的40%以上，每年有4亿吨生鲜农产品进入流通领域。另外，小农户是农产品生产供给的主要力量。第三次农业普查数据显示，我国经营耕地10亩以下的小农户约有2.1亿户，占农业经营主体的98%以上，小农户从业人员占农业从业人员的90%，小农户经营耕地面积占总耕地面积的70%。消费升级、安全意识增强，驱动生鲜农产品需求快速增长，网购生鲜农产品的配送需求不断攀升，多品种、差异化、安全化成为水果、蔬菜、肉类、鲜奶等农产品发展的重要方向。生鲜程度成为消费者选择农产品的重要依据，消费者偏好鲜活度更高的农产品。生鲜农产品供应链链条长，环节复杂，长距离、大范围的运输，大大增加了农产品的损耗和食品安全隐患。产地预冷是保障生鲜农产品新鲜度和提升品质的关键环节。然而，由于产地预冷率低，每年生产的果蔬损失率高达25%～30%，年损失近800亿元。

政府非常重视生鲜农产品产地冷链环节的改善，近年来，持续推进农产品仓储保鲜冷链设施建设，细化产地冷链相关政策并提升其水平，从而降低流通成本、稳定生鲜产品价格和促进食品安全，推动解决鲜活农产品流通出村进城。然而，由于协调性要求高、消费的时效性以及机会成本等因素制约，与产地预冷环节紧密关联的小农户参与度并不高。尽管农户参与产地冷链具有保持农产品的生鲜度、延长流通半径、避免库存损耗和提高供应链的整体运作绩效等诸多优势，但不同的供应链模式下，农户直接收益差别较大，导致不同模式对农户保鲜努力的激励水平各异，进而直接影响生鲜农产品产地环节预冷效率和损耗率等。为此，迫切需要研究不同供应链模式下生鲜农产品的保鲜努力水平问题。

以往研究充分关注了生鲜农产品时效性和易腐性特点，从因新鲜度衰减而产生价值损耗、农产品质量安全、价格和物流水平影响消费者需求、

零售商的最优定价和库存设计等不同角度研究农产品供应链问题。贝尼特斯等（Benitez et al.，2012）及薛等（Xue et al.，2014）从成本最优的角度研究了温度控制对易腐品质量的影响，绘制了时变的易腐品温度控制曲线，验证了运作中进行适当保鲜投入的必要性。蔡等（Cai et al.，2013）认为，物流服务商参与鲜活产品供应链，能够减少质量损耗、改善新鲜度，进而影响消费市场需求。王磊等（2015）认为，消费者行为不仅受产品新鲜度影响，还受排队时间影响。金亮（2018）运用消费者效用理论，将"农超对接"模式与定价问题结合，得出在信息对称与不对称情境下双方的批发合同涉及与定价策略。郑琪等（2018）基于"委托代理"理论，将新鲜农产品的鲜活度及风险偏好程度作为激励契约设计的重要因素。王淑云（2018）引入保鲜努力与时间因素，分别对新鲜度与数量损耗率进行分析，认为在定价过程中，零售商可以根据产品新鲜度的情况进行适当的价格调整，但零售商在销售期间内仅有一次降价机会，即两阶段定价。

现阶段我国农产品供应链主体组织化水平比较低，现有研究试图通过更为合理的合作契约及利润分配机制实现供应链协调的前提，是将供应链主体结成有效的合作关系。现有农产品供应链主体合作关系的研究呈现多元化，涵盖"农超对接"模式、"公司＋农户"模式、"农户＋合作社""农户＋中间商＋超市"模式，以及伴随电子商务兴起形成的电商平台双渠道模式等。农户可以依据不同的市场环境选择最优的渠道模式。牛等（Niu et al.，2016）针对"农户＋合作社＋龙头企业"的农产品供应链，考虑农户、合作社和龙头企业的数量变化，在不同的情形下设计最优的交易模式。姜等（Jang et al.，2011）研究了在单一本地市场销售的农户自行组建合作社的条件，并给出了特定市场环境下组建合作社的最优规模以及农户在两个销售渠道中的最优销售量。在此基础上，阿格伯等（Agbo et al.，2015）进一步对比农户仅有本地市场（直销渠道）、仅有合作社以及同时拥有合作社和本地市场三种情况的运作结果，认为农户自行组建合作社，增加了生鲜农产品的流通渠道，能够有效缓解农户在本地市场直销竞争的激烈程度。凌六一等（2012）的研究结果表明，在组合市场即合约与现货市场并存的情况下，农户和公司的交易总量较单一市场（即合约市场）会有所增加，并且组合市场对农户、公司及消费者都是有益的。但正如农户与超市的地位悬殊，真正意义上的合作社很少、物流成本过高以及信息不对称等，造成农户信息隐瞒和"以次充好"行为道德风险的提升。熊峰等（2015）认为，农户在供应链中处于弱势地位，公平诉求难以满足，挫伤了农户的生产积极性。黄建辉等从政府职能的角度论述了政府金融对于化解融资风险、创造社会福利、制定更合理的生产投入，提高供应链的整体效率的作用。

现有对保鲜努力的激励研究主要集中在分销商、零售商、消费者及政府角度。浦徐进等认为，消费者生鲜偏好以及对新鲜程度的敏感性可以促进收益共享契约的激励效果，并提高合作社的公平效果。张琴义、曹稳（2021）通过建立农产品供应商和零售商博弈模型，得出若供应链成员采取合作的方式投资农产品新鲜度的保鲜技术，能促进农产品的有效推广与销售。熊峰等（2019）基于冷链设施补贴模式，认为不同冷链补贴方式的引入对于供应链关系契约稳定性影响较大，"公司＋合作社＋农户"模式中，政府对农民合作社的补贴可以提升农产品保鲜努力及农户盈利水平，最终提升生鲜农产品供应链关系契约的稳定性。

综上所述，本章以农户参与产地预冷的努力程度为切入点，按照交易方式不同，将"产地＋物流运输＋零售终端"的三阶段生鲜农产品供应链分为三种模式，包括以"农户＋经纪人"和"农户＋批发市场"为代表的买断模式，"农户＋超市"和部分龙头企业发展的订单农业的委托代理模式，以"农户＋生鲜电商"为代表的一体化模式，即买断模式、委托代理模式和供应链一体化模式。将农户参与产地预冷的激励水平作为评价指标，分别分析三种供应链模式下农户参与产地预冷环节所获得的激励水平以及影响因素，并提出相应对策。

二、问题描述

一般而言，农产品供应链由5个环节组成：生产资料的供应环节、生产环节、加工环节、配送环节和销售环节，每个环节涉及各自的相关子环节和不同的组织载体。同时，相邻节点企业间表现出一种需求和供应的关系，并把所有相邻企业依次连接起来，由此形成一个具有整体功能的网络。我国生鲜农产品供应链主要由农户、物流服务商、零售商等主体构成。目前，已经形成了需求拉动型的供应链。2020年，农贸批发市场总交易额约占生鲜零售市场份额的57%，仍然是居民购买生鲜农产品的主渠道。社区生鲜店（社区超市）约占19%，大型超市约占13%，传统电商生鲜业务、社区电商、前置仓、新零售等生鲜电商平台不足7%。在生鲜农产品供应链中，农户主要负责生产，选择是否进行产地预冷。假设农户为预冷付出的保鲜努力程度为 τ_1，单位生产成本为 C_1，卖给采购商或者零售商的收购价格为 ω，市场需求为 D，农户所生产的全部产品均被采购商或零售商收购，且能在市场中全部卖出。采购商或零售商负责运输和销售，其单位运输成本为 C_2，能够选择在运输过程中是否进行生鲜保鲜，以及保鲜努力程度 τ_2，同时能够决定以市场价格 p 卖出。

市场的需求函数为：

$$D = a - bp - \theta(\alpha\tau_1 + \beta\tau_2) \qquad (6-7)$$

其中，a 为基础市场需求，b 为市场需求对市场价格的敏感性，θ 为生鲜农产品的初始生鲜度，α 为农户在预冷过程中保鲜努力水平对市场需求的边际影响，β 为采购商或零售商在运输配送和零售过程中保鲜努力水平对市场需求的边际影响。假设农产品自收获之后开始，保鲜时间越早，保鲜效果越明显，对市场需求的影响程度越大，因此应有 $\alpha > \beta > 0$。

农户和采购商或零售商在保鲜努力过程中需要承担保鲜努力成本。农户的预冷保鲜努力成本为 $\frac{m}{2}\tau_1^2$，采购商或零售商的运输保鲜努力成本为 $\frac{n}{2}\tau_2^2$。假设因为运输过程中存在移动性、空间小等特点，单位农产品保鲜同等程度所花费的成本，相较于非运输过程应当更高，即应有 $n > m > 0$。按照交易方式不同，可以将生鲜农产品供应链分为买断模式、委托代理模式和一体化模式三种。买断模式主要指批发商或经纪人一次性买断农户的农产品；委托代理模式主要是以超市和加工龙头企业订单农业模式，零售商和加工商通过订单委托农户生产，然后按照合同采购；一体化模式主要指农户通过电商平台、直营店等直接销售农产品。在买断模式下，生鲜农产品供应链决策顺序为：农户确定是否参与产地预冷及保鲜努力程度，批发商或者经纪人选择采购的数量及价格，由于是一次性买断交易，农产品的产权发生了转移。在委托代理模式下，委托方决定采购的价格、质量和数量，并进行合同约定，然后农户决定保鲜努力程度。农户会根据委托方的合同约定决定保鲜努力程度。在一体化模式下，电商平台或直营店提供销售平台，农户先决定是否产地预冷及保鲜努力程度，并决定出售的价格。

符号说明

根据证明需要，有关参数符号说明（见表 6-3）。

表 6-3 参数符号说明

符号	含义
C_1	单位生产成本
C_2	单位运输成本

符号	含义
τ_1	农户预冷的保鲜努力程度
τ_2	商户运输的保鲜努力程度
a	基础市场需求
b	市场需求对市场价格的敏感性
θ	生鲜农产品的初始生鲜度
α	预冷过程中的保鲜努力水平对市场需求的边际影响
β	运输过程中保鲜努力水平对市场需求的边际影响
m	预冷保鲜成本变动系数
n	运输保鲜成本变动系数
ω	收购价格
p	市场价格
ω_0	基础收购价格
λ	预冷激励系数
μ	分成比例
Π_F	农户利润
Π_M	商户利润

三、模型构建与分析

生鲜农产品供应链中，冷链物流涉及产地预冷、冷藏车运输、零售等全链条。农户是产地预冷的参与主体，为了更好地了解各种模式下农户参与产地预冷的程度，依据决策变量、决策方式、决策顺序等的不同，分别针对买断模式、委托代理模式和一体化模式写出对应农户和采购商的利润函数，并求解其最优决策状态。

1. 买断模式

我国生鲜农产品产地分散，小农户数量多，个体规模小，众多的生鲜农产品通过经纪人或者批发商采购，然后集中到批发市场进行出售。以批发商为主导的生鲜农产品供应链，农户容易处于弱势地位。当供应链采取买断模式时，农户先决定预冷过程的保鲜努力程度，但采购商可以决定采购的数量和价格。农户的农产品一般是一次性出清，产权完全让渡给采购商。然后，采购商再决定运输过程的保鲜努力程度和市场价格。在供应链中，农户和采购商的利润函数如下：

$$\Pi_F = [a - bp - \theta(\alpha\tau_1 + \beta\tau_2)](\omega - C_1) - \frac{m}{2}\tau_1^2 \qquad (6-8)$$

$$\Pi_M = [a - bp - \theta(\alpha\tau_1 + \beta\tau_2)](p - \omega - C_2) - \frac{n}{2}\tau_2^2 \qquad (6-9)$$

根据不完全信息的序贯博弈理论，均衡决策结果如下：

$$\tau_1 = -\frac{b\alpha n\theta(-\omega + C_1)}{(-\beta^2\theta^2 + 2bn)m} \qquad (6-10)$$

$$\tau_2 = \frac{\theta\beta(\alpha\tau_1\theta - bC_2 - b\omega + a)}{-\beta^2\theta^2 + 2bn} \qquad (6-11)$$

$$p = \frac{-\beta^2 C_2\theta^2 - \beta^2\theta^2\omega + \alpha n\tau_1\theta + bC_2 n + bn\omega + an}{-\beta^2\theta^2 + 2bn} \qquad (6-12)$$

证明：由序贯博弈的逆序原则，由于农户首先决定 τ_1，因此对商户来说，τ_1 为常数，在该常数的基础上，若要使得利润最大化，应保证 τ_2 和 p 的边际增量为 0。故分别求式（6-8）关于 τ_2 和 p 的偏导数并令其等于 0，得：

$$\frac{\partial\Pi_M}{\partial\tau_2} = \theta\beta(p - \omega - C_2) - n\tau_2 = 0 \qquad (6-13)$$

$$\frac{\partial\Pi_M}{\partial p} = -b(p - \omega - C_2) + a - bp + \theta(\alpha\tau_1 + \beta\tau_2) = 0$$

$$(6-14)$$

联立解得式（6-13）和式（6-14）。

此时，对农户而言，商户已经选择使其利润最大化的 τ_2 和 p，将其代入式（6-8），农户在此基础上选择最优的 τ_1，即令 τ_1 的边际增量为零，故对 τ_1 求导，令其等于 0，可得式（6-10）。将式（6-10）、式（6-11）和式（6-12）代入式（6-8）和式（6-9），可得在买断模式下农户和商户的均衡利润。

2. 委托代理模式

在超市主导的农超合作供应链和龙头企业主导的订单农业中，龙头企业或超市委托农户完成农产品的生产采摘后的预冷任务，农户投入资金、土地、劳动力等要素进行农产品生产种植，并对采摘后的农产品投入保鲜成本进行预冷，保障其生鲜度，最后由龙头企业或超市进行销售，农户作为代理人与作为委托人的龙头企业或超市签订契约，确定双方的利益，契约的签订具有一定的期限。

在委托代理模式下，商户有激励农户更多进行产地预冷的动机。因此，商户和农户约定，收购价格将与农户的预冷保鲜努力程度 τ_1 有关。预冷保鲜努力程度越大，收购价格越高。此时的收购价格表示为：

$$\omega^* = \omega_0 + \lambda\tau_1 \qquad (6-15)$$

其中，ω_0 为收购价格，为了达到激励效果，限制 $\omega_0 < \omega$，即农户只有具备一定的预冷保鲜努力，才能使得收购价格与原收购价格相当。λ 表示预冷激励系数，是农户与商户约定增加一单位预冷保鲜努力程度应提升多少收购价格，显然 $\lambda > 0$。委托代理模式下的决策变量和决策顺序与收购模式相同，农户和商户的利润函数用 Π_F^* 和 Π_M^* 表示：

$$\Pi_F^* = [a - bp - \theta(\alpha\tau_1 + \beta\tau_2)](\omega_0 + \lambda\tau_1 - C_1) - \frac{m}{2}\tau_1^2 \qquad (6-16)$$

$$\Pi_M^* = [a - bp - \theta(\alpha\tau_1 + \beta\tau_2)](p - \omega_0 - \lambda\tau_1 - C_2) - \frac{n}{2}\tau_2^2$$

$$(6-17)$$

用序贯博弈的逆序原则可求得均衡决策结果如下（证明方法与买断模式相同）。

$$\tau_1^* = -\frac{bn(-\alpha C_1\theta + \alpha\theta\omega_0 + bC_1\lambda - bC_2\lambda - 2b\lambda\omega_0 + a\lambda)}{2\alpha b\lambda n\theta - 2b^2\lambda^2 n + \beta^2 m\theta^2 - 2bmn}$$

$$(6-18)$$

$$\tau_2^* = \frac{\theta\beta(\alpha\tau_1\theta - b\lambda\tau_1 - bC_2 - b\omega_0 + a)}{-\beta^2\theta^2 + 2bn} \qquad (6-19)$$

$$p^* = \frac{-\beta^2\lambda\tau_1\theta^2 - \beta^2 C_2\theta^2 - \beta^2\theta^2\omega_0 + \alpha n\tau_1\theta + b\lambda n\tau_1 + bC_2 n + bn\omega_0 + an}{-\beta^2\theta^2 + 2bn}$$

$$(6-20)$$

3. 一体化模式

随着生鲜电商平台的快速发展，电商平台成为部分农户销售农产品的渠道之一。电商平台作为采购商主要发挥货物集采和广告宣传的作用，收取一定的佣金并承担运输和保鲜工作。农户享有产品市场价格的定价权并决定产地预冷保鲜的努力程度。同时，商户以比例 μ 进行农户收益分成，以补偿电商平台中介作用。此时，决策变量和利润函数发生变化，先由农户决定 τ_1 和 p，再由商户决定 τ_2，利润函数分别为 $\Pi_F^\#$ 和 $\Pi_M^\#$ 表示，可得：

$$\Pi_F^\# = [a - bp - \theta(\alpha\tau_1 + \beta\tau_2)][p(1 - \mu) - C_1] - \frac{m}{2}\tau_1^2 \qquad (6-21)$$

$$\Pi_M^{\#} = \left[a - bp - \theta(\alpha\tau_1 + \beta\tau_2) \right] \left[\mu p - C_2 \right] - \frac{n}{2}\tau_2^2 \qquad (6-22)$$

用序贯博弈的逆序原则可求得均衡决策结果如下（证明方法与买断模式相同）。

$$\tau_1^{\#} = -\frac{(-\beta^2 C_1\mu\theta^2 - \beta^2 C_2\mu\theta^2 + \beta^2 C_2\theta^2 + a\mu n + bC_1 n - an)\theta\alpha}{\alpha^2\mu n\theta^2 - 2\beta^2\theta^2 m\mu - \alpha^2 n\theta^2 + 2bmn}$$

$$(6-23)$$

$$\tau_2^{\#} = -\frac{\theta\beta(-\mu p + C_2)}{n} \qquad (6-24)$$

$$p^{\#} = \frac{\begin{array}{c} -\alpha^2 C_1\mu n\theta^2 + \beta^2 C_1 m\mu\theta^2 - \beta^2 C_2 m\mu\theta^2 + \alpha^2 C_1 n\theta^2 + \beta^2 C_2 m\theta^2 \\ + a m\mu n - bC_1 mn - amn \end{array}}{\alpha^2\mu^2 n\theta^2 - 2\beta^2 m\mu^2\theta^2 - 2\alpha^2\mu n\theta^2 + 2\beta^2 m\mu\theta^2 + \alpha^2 n\theta^2 + 2bm\mu n - 2bmn}$$

$$(6-25)$$

综上所述，三种农产品供应链模式下农户参与保鲜的努力水平和利润分配如表6-4所示。

表6-4　　　　　三种农产品供应链模式下农户参与保鲜的
努力水平和利润分配

模式	保鲜努力水平	利润分配
买断模式	$\tau_1 = -\dfrac{b\alpha n\theta(-\omega + C_1)}{(-\beta^2\theta^2 + 2bn)m}$	$\Pi_F = \left[a - bp - \theta(\alpha\tau_1 + \beta\tau_2) \right]$ $(\omega - C_1) - \dfrac{m}{2}\tau_1^2$
委托代理模式	$\tau_1^* = -\dfrac{\begin{array}{c}bn(-\alpha C_1\theta + \alpha\theta\omega_0 + bC_1\lambda - bC_2\lambda \\ -2b\lambda\omega_0 + a\lambda)\end{array}}{2\alpha b\lambda n\theta - 2b^2\lambda^2 n + \beta^2 m\theta^2 - 2bmn}$	$\Pi_F^* = \left[a - bp^* - \theta(\alpha\tau_1^* + \beta\tau_2^*) \right]$ $(\omega_0 + \lambda\tau_1^* - C_1) - \dfrac{m}{2}\tau_1^{*2}$
一体化模式	$\tau_1^{\#} = -\dfrac{\begin{array}{c}(-\beta^2 C_1\mu\theta^2 - \beta^2 C_2\mu\theta^2 + \beta^2 C_2\theta^2 \\ + a\mu n + bC_1 n - an)\theta\alpha\end{array}}{\alpha^2\mu n\theta^2 - 2\beta^2\theta^2 m\mu - \alpha^2 n\theta^2 + 2bmn}$	$\Pi_F^{\#} = \left[a - bp^{\#} - \theta(\alpha\tau_1^{\#} + \beta\tau_2^{\#}) \right]$ $\left[p^{\#}(1 - \mu) - C_1 \right] - \dfrac{m}{2}\tau_1^{\#2}$

四、模式比较与分析

基于不同生鲜农产品供应链模式下农户和采购商的均衡决策，采用数值实验方法进行比较分析。假设$a = 100\,000$，$b = 500$，$\theta = 1$，$\beta = 10$，$m = 10$，$n = 20$，$C_1 = 50$，$C_2 = 40$，$\omega = 70$，$\omega_0 = 60$，$\lambda = 1$，$\mu = 0.3$，分析当预冷过程中的保鲜努力水平对市场需求的边际影响$\alpha \in [10, 100]$时，

τ_1，τ_2，p，以及 Π_F 和 Π_M 的变化。数值仅在满足理论条件下选取，其值没有实际意义，只能衡量相对指标和变化趋势。因此，可能会出现利润小于 0 的情况，但并不代表实际利润为负。

在买断模式下，如图 6 - 3 所示，农户的预冷保鲜努力程度 τ_1 随 α 的增大基本呈现线性增加趋势，而采购商的运输保鲜努力程度只稍有增加。在 α 较小时，采购商承担更多的保鲜努力，而当 α 增大到一定程度，也就是市场需求不断扩大带动了生产规模的增长时，由于 α 增长，产区更加聚集，产量的增加会带动冷库等设施的增加，直接影响农户，保鲜努力将成功转嫁到农户，农户有产地预冷的意愿。由此可见，市场需求的快速增长可以带动农户的保鲜努力水平。在市场中某一个单品的销量不断增加，生产规模持续扩大的情况下，农户产地预冷的意愿和参与度就会提升。根据调研，山东省栖霞、寿光等水果、蔬菜主产区的冷库就遵循了这种规律。先是销售规模和生产规模的扩大，然后冷库总量开始不断增加。

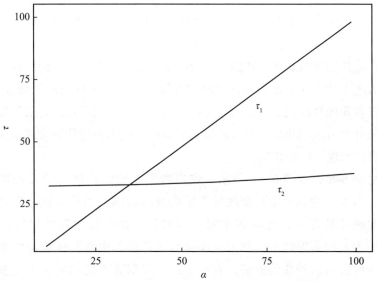

图 6 - 3　买断模式下农户和采购商的保鲜努力
水平随 α 的分配变化趋势

如图 6 - 4 所示，在供应链的收益分配中，农户和采购商的利润均随着 α 的增大而减小，趋势基本一致，且减小的幅度越来越大，说明消费者对于预冷保鲜程度的偏好并不会给农户和采购商带来更多利润，当市场重视农产品产地预冷水平时，反而供应链生产环节的利润会下降。在买断模式中，采购商获得了大部分利润。

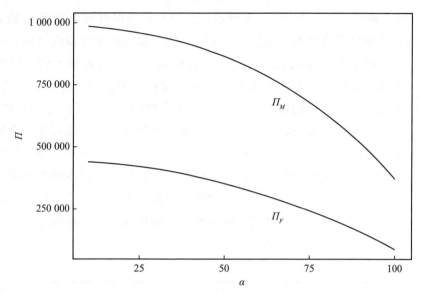

图6-4　买断模式下农户和采购商的利润随 α 的分配变化趋势

　　在委托代理模式下，如图6-5所示，随 α 的增加，采购商的运输保鲜努力水平基本无变化，而农户的预冷保鲜努力水平则呈线性增加趋势。由于在委托代理模式下，采购商会在合同中明确约定产地的保鲜程度，更多的保鲜努力成功地从采购商转移到了农户，说明委托代理模式确实起到激励农户产地预冷的作用。

　　利润方面，如图6-6所示，农户和采购商的利润均随 α 的增大而降低，但农户的利润增长幅度低于采购商的利润，说明委托代理模式成功地起到让利作用，更有利于农户的利益。在委托代理的供应链模式下，作为采购商的超市、龙头企业会对农产品的生鲜程度作出约束，并且相应地会给出较高的价格，农户不得不采取更多的保鲜努力，参与产地预冷。

　　在农产品供应链的一体化模式下，如图6-7所示，随 α 的增加，采购商的运输保鲜努力水平基本不变，农户的预冷保鲜努力水平提升，且提升的幅度越来越大，消费者对预冷保鲜努力水平的偏好将最能直接影响农户的预冷保鲜努力水平。

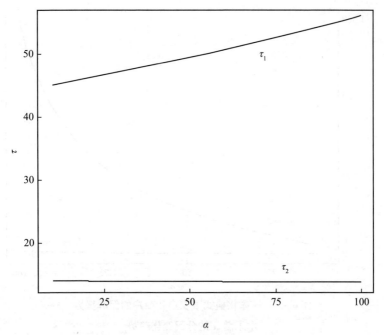

图 6 – 5　委托代理模式下农户和商户的保鲜努力水平随 α 的分配变化趋势

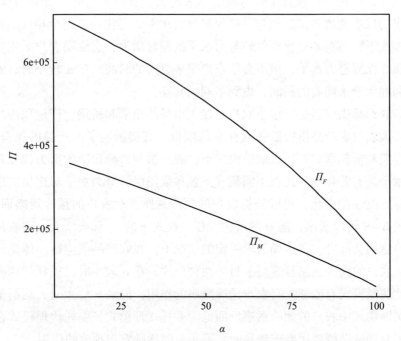

图 6 – 6　委托代理模式下农户和商户的利润随 α 的分配变化趋势

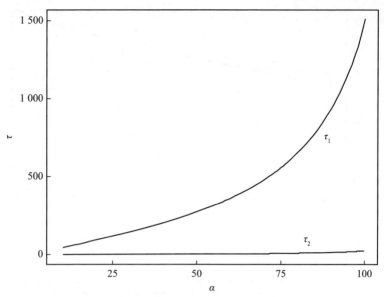

图6-7　一体化模式下农户和商户的保鲜努力
水平随 α 的分配变化趋势

利润方面，如图6-8所示，随 α 的增加，采购商的利润先不变后稍有降低，但农户的利润降低的幅度越来越大，农户付出的保鲜努力越大，付出的成本就越多，近似与预冷保鲜努力水平的变化趋势完全相反。在分成模式下，消费者对预冷保鲜努力水平的偏好增大，会激励农户采用更大的预冷保鲜努力水平，但不会给农户带来更大的利润。在 α 较小时，农户的利润大于采购商的利润，做到了利润转移。

农产品供应链是链接小农户对接大市场的纽带和桥梁。产地预冷环节是广大农村农产品供应链普遍存在的短板，直接影响了农产品的保鲜度、储存期和损耗率。不同供应链模式下，农户参与产地预冷的努力程度和利润水平是有差异的。比较不同模式下各参数随保鲜努力水平对市场需求的边际影响 α 的变化，可以分析农户的预冷意愿。对农户的预冷策略而言，由图6-9可以看出，随 α 的增大，任一模式下的 τ_1 都会增大，即农户的预冷意愿会提升。在市场需求一定的情况下，在农产品供应链一体化模式下，农户的预冷意愿显著高于另外两种模式。在 α 较小时，委托代理模式相比买断模式有能够提高农户预冷意愿的作用，但是 α 较大时，均衡策略下买断模式中农户的预冷意愿反而低于委托代理模式，委托代理模式在消费者对预冷保鲜效用要求较高时，不再起到激励农户预冷的作用。

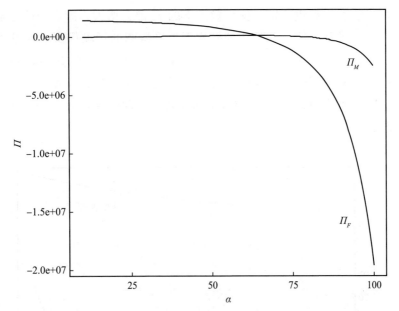

图 6 - 8　一体化模式下农户和商户的利润随 α 的分配变化趋势

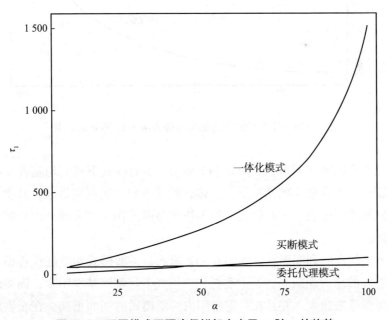

图 6 - 9　不同模式下预冷保鲜努力水平 τ_1 随 α 的趋势

对采购商的运输保鲜策略而言，由图 6－10 可以看出，随 α 的增大，在买断模式和供应链一体化模式下的 τ_2 都会增大，即商户的运输保鲜意愿也会提升。但在委托代理模式下，采购商的运输保鲜意愿基本不变，这反映出委托代理模式下采购商可以成功将保鲜努力转嫁到农户。买断模式下采购商的运输保鲜努力程度最高，虽然按照趋势，在 α 较大时供应链一体化模式的 τ_2 会超过买断模式，但此时 α 过大已经不符合实际情况。

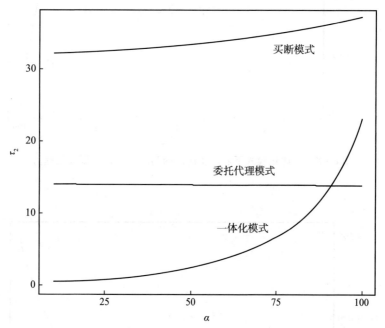

图 6－10　不同模式下运输保鲜努力水平 τ_2 随 α 的趋势

对农户的利润而言，如图 6－11 所示，所有模式下利润均随着 α 的增大而减小。在 α 较小的情况下，一体化模式下农户的利润最大，其次是委托代理模式，最后是买断模式。但委托代理模式在 α 较大时，农户利润急速下降。

就采购商的利润而言，如图 6－12 所示，买断模式和委托代理模式的利润随 α 的增大而减小，其中委托代理模式下降幅度基本不变，而买断模式的降幅越来越大，并且在一定范围内买断模式的利润更高。在全供应链一体化模式下，采购商的利润随着 α 的增大先增后降。

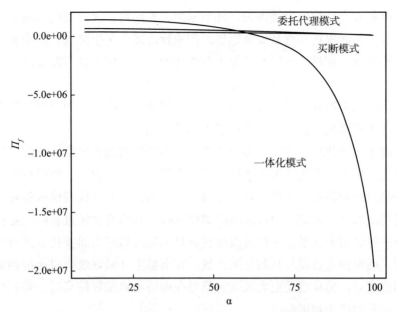

图 6 –11　不同模式下农户利润 Π_F 随 α 的变化趋势

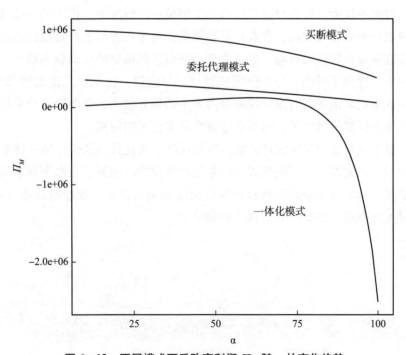

图 6 –12　不同模式下采购商利润 Π_M 随 α 的变化趋势

生鲜农产品供应链链条长，环节复杂，长距离、大范围的运输大大增加了农产品的损耗和食品安全隐患。产地预冷环节是生鲜农产品全程冷链的关键节点。在批发市场与经纪人所构成的农产品供应链买断模式下，农户生产规模较小，规避风险的能力较差，无力也没有意愿承担保鲜预冷成本，当市场重视农产品产地预冷水平时，供应链生产环节的利润反而会下降。在买断模式中，采购商获得了大部分利润。

对于委托代理模式，龙头企业和超市不能观测到在供应链中农户的努力和配合程度，无论从规模还是获利方面都优于个体农户，所以更加希望维护供应链的稳定，从而为自己谋求更多的利润。委托代理模式能够有效应对传统农产品供应链中所面临的道德风险。采购商会通过合同约定提高农户的保鲜努力水平，农户可以根据自身的风险偏好来同委托方进行契约谈判，确定固定收益与利润分配系数，在市场生鲜偏好较低时至少拥有一份固定收益，避免遭受更大风险。但是在市场生鲜偏好较高时，委托代理模式的利润较为稳定。

就供应链一体化模式来说，随着农产品消费的转型升级，电商对于驱动农产品品牌价值创造和助力农产品品牌成长的作用日渐明显。收益受生鲜偏好影响较大，在农户高产量市场生鲜偏高的情况下，供应链一体化模式对农户来说收益较高，在农户具备较高的资金实力与生产规模的情况下往往能够带来较高的收益。但是由于市场对生鲜偏好的变动较为敏感，因而对农户提出了挑战。与买断模式相比，供应链一体化模式流通环节少，中间成本低。消费者对预冷保鲜努力水平的偏好增大，会激励农户采用更大的预冷保鲜努力水平，但不会给农户带来更大的利润。

基于农户参与生鲜农产品供应链的买断、委托代理和供应链一体化三种模式，研究农户在不同模式下的参与产地预冷的生鲜努力水平和利润分配情况，未来可拓展到生鲜农产品供应链的契约设计、政府扶持等方面，探讨如何推进生鲜农产品全程冷链物流。

第七章　生鲜农产品冷链物流的
消费者支付意愿研究

生鲜农产品冷链物流具有系统性，一个环节的断链将会导致冷链物流蒙受巨大的损失。消费者作为全程冷链的最终环节，其消费需求对冷链发展具有重要影响，因此消费者是否接受生鲜农产品全程冷链对冷链企业的投资具有重要意义。冷链物流作为最先从西方发达国家发展起来的现代物流，在我国于 2008 年以后才迅速发展壮大，消费者的认知还不够充分。2020 年，由于部分地区暴发了与冷链物流相关的聚集性疫情，引起了一些消费者对冷冻食品购买的恐慌。对此，本章从生鲜农产品冷链物流供应链角度出发，采用问卷调查与实证分析相结合的方法，研究消费者支付冷链物流意愿的影响因素。挖掘生鲜农产品冷链物流中影响消费者支付意愿的主要因素。通过深入研究消费者对冷链物流企业全程冷链的认知水平及支付意愿，能够帮助企业总结经验，并提供有针对性的解决方案。同时为我国冷链物流企业的高质量发展提供可行性建议，为政府制定相关生鲜农产品冷链物流政策提供借鉴，提升消费者对农产品全程冷链的认知。

第一节　消费者是实现全程冷链的关键环节

农产品冷链物流是一个包含了产地预冷、冷藏车运输、冷库储存、配送、零售，最终到达消费者手中的一体化的供应链网络。这个供应链各环节需要具备连贯性，只有全程一直在低温环境下控制运行，才能够保证农产品的新鲜程度与质量安全，减少供应链过程中的变质损耗。大卫·辛奇-利维和菲利普·卡明斯基（2004）在其著作中提出冷链指的是食品从产地到消费者的生产加工、储藏运输、物流配送、销售、直达消费者的低温流通系统，这一界定基本上涵盖了冷链的全部内容。阎薪宇等（2017）认为，食品在产地收集后，冷链物流包括经预冷、加工、储存、包装后，运到销售终端，最后出售给终端消费者的环节。彭本红等（2017）提出"冷链"之"链"，包括从产地收获产品，对其进行预冷加工，使用冷链运输，运入中央分配中心冷库或批发部门，进行仓储、分拣，最后，终端配送到消费者手中的过程。秦明、郭鹏（2017）认为农产品在冷链流通过程中，"仓库－配送站点－消费者"是影响流通中无法达到全程冷链的主要环节。由此可见，诸多专家学者认为消费者是生鲜农产品冷链物流的最终环节，消费者是实现全程冷链的关键节点。

从供应链角度来说，消费者环节作为生鲜农产品冷链物流的最终环节，其对于生鲜农产品冷链物流的态度，在一定程度上决定了冷链物流的全程化的未来发展。国内农产品冷链物流发展前景广阔，促进其发展的最重要的因素是消费者的购买意愿，价格因素是我国目前国内消费者购买农产品首要考虑的因素，再加上生鲜农产品品质的变化并不是一蹴而就的，所以，大部分居民对生鲜农产品的断链少有认识，关注度低，甚至不清楚冷链保鲜是生鲜农产品的必要保障。冷链物流各环节主体基于消费者冷链意识不强的普遍特点，更加难以做到全程冷链。

冷链物流网络的建设及基础设施投资很高，加之全程冷链导致的高成本，使得生鲜农产品价格在终端环节居高不下。但是，由于消费者对全程冷链操作的实际意义认识不够，对于冷链物流的重要性还缺乏足够的了解，缺少为生鲜农产品冷链服务成本的支付意愿，高质量的价格与服务市场尚未形成。从某种程度上阻碍了冷链物流的大规模普及、标准化和发展。所以，提高居民对冷链物流服务的接受程度，建立科学的消费者认知，形成正向的循环效应，减少"断链"隐患，保障生鲜农产品品质和消费安全，从而促进冷链物流发展，满足人们高品质生活多样化的需求。

第二节　消费者支付意愿研究

消费者是否接受冷链物流服务，是全程冷链物流发展的关键因素。赖小珍（2013）认为大部分消费者都比较看重价格因素，这就导致广大普通消费者对冷链物流的概念比较陌生，冷链意识淡薄，认识不到冷链物流对食品安全的重要性。菲什宾等（Fishbein et al.，1975）认为，消费者是否对冷链采取特定的行动，是由其意愿所决定的。杨路明、马小雅（2015）认为，生鲜农产品冷链物流的运作是由人来完成的。在这个运作过程中涉及生产者、运营者和消费者。当前，我国对冷链物流的认知，无论是生产者、运营者还是消费者都处于认知不足的状态。董玲玲（2019）提出消费者对冷链物流意识不强，是阻碍冷链发展的一个重要因素。彭本红等（2017）认为，在现有冷链物流下，产品能够得到消费者认可，若要求供应商使用正规冷藏车，只会增加成本，一旦成本转移到产品价格上，精明的消费者不一定买账，于是在利益驱使下，全程冷链难以实现。孙春华（2013）认为国内农产品冷链物流发展前景广阔，促进其发展的最重要的因素是消费者的购买意愿。胡天石（2010）进一步提出，不断增长的消费需求是商品生产和服务的发展动力，冷链也不例外，有需求才会有发展。因此，从消费者环节入手促进实现全程冷链至关重要，促进消费升级，扩大冷链市场需求，这将有利于拉动冷链物流市场发展。

支付意愿是消费者基于对商品的认知和态度而愿意为商品多支付一定价格的主观意愿。消费者对食品质量安全的支付意愿方面，冯忠泽等（2008）研究了消费者对食品安全的认知作为其对食品质量安全属性需求的基础，会受到教育程度、收入水平等因素的影响，同时其对食品安全的认知又会影响消费行为。王怀明等（2011）关注了我国消费者对猪肉质量安全标识的支付意愿。奥尔特加（Ortega，2012）分析了我国消费者对牛奶的保质期、品牌、安全认证等属性的支付意愿。莫克巴克等（Morkbak et al.，2010）认为，丹麦消费者对猪肉的选择，优先考虑国内产品和低脂肪属性，其次偏好于较少的沙门氏菌和抗菌药以及高动物福利，消费者对这些质量安全属性均有支付意愿。利詹斯托普（Liljenstolpe，2011）瑞典消费者对猪肉质量安全属性的偏好突出表现在对安全信息和动物福利的关注上。布里兹（Briz，2009）通过采用多种统计学的逻辑模型来研究影响西班牙消费者的认知程度，得到了消费者在不同概率下的认知水平；通过重要性指标对不同影响因素进行排序分析，发现受教育程度是最为重要的影响因素，其他因素依次为消费者的年龄、收入、地区、市场大小、性别等个人特征。陈琦等（2015）将新鲜度作为评价的重要指标，通过计量分析发现，新鲜程度越高，消费者的支付意愿越强。王可山等（2007）通过对畜类消费者的调查研究，表明消费者在质量安全上的关注已经超过了价格因素，但是对食品安全不是很了解。李和云（Lee & Yun，2015）通过研究指出，在购买食品时，健康安全因素对消费者来说正在变得比其他因素更加重要。克里斯塔利斯（Krystallis，2007）等进一步研究发现，"质量安全"和"可信性"是影响消费者购买有关标签食品的主要原因。

消费者对高附加值农产品支付意愿研究方面，有较多学者做了研究。奥尔特加（2011）分析和评价了我国消费者对猪肉可追溯体系、政府和第三方认证特征属性偏好。高和施罗德（Gao & Schroeder，2009）通过调查不同牛肉属性，认为消费者支付意愿最高的为有机认证的牛肉，其次是营养价值。德尔蒙德（Delmond A R，2018）研究俄罗斯消费者对转基因食品的支付意愿，发现注重安全健康因素的消费者购买转基因食品的可能性较小，而注重价格因素的消费者则反之，另外，只有约20%的受访者愿意选择含有转基因生物的面包。罗森（2015）基于加拿大和德国的线上调查以及德国实地调研的数据，分析了消费者对纳米食品（Nano food）的支付意愿，最终发现当信息技术被公开之后，消费者对纳米食品的支付意愿也随之增加。安古洛等（Angulo et al.，2007）研究了西班牙消费者对可追溯牛肉的支付意愿，发现绝大多数消费者并不愿意支付牛肉的冷链服务溢价，对食品质量的担忧、农业生产对环境负面影响的看法以及对身体健康的关注，是影响WTP的主要因素。在此基础上，他通过构建概念模型进一步分析了影响西班牙消费者对可追溯牛肉WTP的因素，研究结果表明：收入、牛肉消费水平、购买牛肉的平均价格以及对牛肉安全风险的感知，是影响西班牙消费者WTP的主要因素。王二朋、周应恒（2011）探讨消费者对认证蔬菜的选择决策行为，发现出于对认证食品质量安全的担忧，导致消费者整体购买意愿不强。夏小平等（2011）在消费者对品牌羊肉购买行为分析中发现，对政府食品安全监管的信赖程度，显著正向影响消费者的品牌羊肉购买行为。消费者对政府食品安全监管的信赖程度越高，则越倾向于购买品牌羊肉产品。丹佛和詹森（Denver & Jensen，2014）的研究表明，除了有机生产外，原产地属性是消费者最看重的食物属性之一，消费者更加偏爱自己当地生产的食物。奥尔特加（2016）基于中国消费者对不同的牛肉质量安全属性的偏好研究认为，消费者对绿色牛肉与有机牛肉的偏好类似，但是愿意支付更多溢价在绿色属性上。

在溢价支付意愿上，有研究表明，中国一线城市消费者对有机食品的支付溢价高达135.3%（Ym et al.，2010）。于等（Yu et al.，2014）研究了中国消费者对绿色认证食品的支付意愿，结论显示，相比传统食品，消费者愿意为绿色认证蔬菜多支付47%的溢价，为绿色认证的肉制品多支付40%的溢价。吴林海等（2010）研究认为，我国有38%的消费者不愿意支付溢价，在有溢价支付意愿的消费者中，95.8%的消费者溢价支付意愿为30%及以下。消费者在对特定食品属性偏好的基础上，形成溢价支付意愿。罗雷拉等（Loureiro et al.，2007）研究了美国消费者愿意为有美国农业部安全标签的牛肉支付120%溢价，对原产地信息溢价支付意愿是38%，可追溯的溢价是28%，良好柔嫩度的溢价是14%。默维森等

（Meuwissen et al.，2005）研究了荷兰消费者购买猪肉时愿意为动物福利属性支付45%溢价，为安全属性支付42%溢价，为环境保护支付38%溢价。卡尔森等（Carlsson et al.，2007）研究了瑞典消费者根据肉的生产商的不同溢价支付意愿是4%～70%，获得原产地信息愿意多支付10%～20%，愿意为非转基因多支付30%～60%。奥莱森等（Olesen et al.，2010）研究了挪威消费者对加有标贴的有机和高动物福利的鲑鱼溢价支付意愿是15%。海耶斯等（Hayes et al.，1995）研究了对药物使用和病菌控制方面，消费者关于肉类中的公开信息，如在保证无沙门氏菌危害的情况下提供沙门氏菌含量信息和不提供沙门氏菌信息时溢价支付意愿分别是18%和15%，而卢斯克等（Lusk et al.，2006）研究了消费者为禁用抗生素的猪肉愿意支付溢价77%。王等（Wang et al.，2008）认为，与普通食品有所区别的带有HACCP标识食品，北京消费者愿意支付5%的额外价格。哈格乔等（Haghjou et al.，2013）对影响有机水产品支付意愿的因素进行了研究，发现消费者收入、饮食习惯、对食品安全以及环境的关注程度都会影响有机水产品的溢价水平；发现大多数伊朗民众认为部分溢价是合理的，但仅有1/10的消费者愿意承担35%以上的溢价。

综上所述，学术界对生鲜农产品冷链物流问题进行了大量的研究，取得了丰硕的成果。多数文献以定性研究为主，多集中在现状、问题和对策探讨，而运用计量研究方法的较少。我国的生鲜农产品在流通过程中出现冷链物流断链的问题较为严重，并且冷链物流未实现全过程标准化。国内外的众多学者都赞成只有全程冷链才能确保农产品食品安全并有效降低损耗的理念。此外，诸多专家学者认为消费者是生鲜农产品冷链物流的最终环节，消费者是实现全程冷链的关键节点，但是研究多围绕消费者的重要性展开，关于解决对策的研究较少。

消费者支付意愿研究，在我国比较成熟，但学术界对生鲜农产品冷链物流服务的接受程度还有待进一步加强。已有的研究是基于食品质量安全信息、绿色农产品、可追溯农产品对消费者购买决策影响、消费者对食品质量安全信号的认知研究。需要更进一步探讨消费者对生鲜农产品冷链物流全程冷链的接受程度，从终端消费者视角来分析农产品冷链物流断链的形成机制及影响因素。因此，本章考虑消费者个人特征及支付意愿方面的因素，通过实证分析消费者对生鲜农产品冷链物流的看重因素及支付意愿的影响因素，为生鲜农产品销售企业及冷链物流企业制定发展战略，同时为政府制定相关政策提供参考。

第三节 消费者对冷链物流的
支付意愿实证研究

一、问卷调研

根据研究目的，本次问卷内容设计为四个部分。第一部分为消费者基本情况；第二部分为消费者关于农产品的相关感知；第三部分为消费者的习惯与偏好；第四部分为强化信息，提升消费者对冷链物流认知，了解消费者的偏好及支付意愿。由于调研受到 2020 年新冠疫情影响，问卷调查采取网络调研，通过问卷星发放问卷，收回有效问卷 204 份。

二、描述性统计

1. 消费者基本特征

通过对 204 份调查问卷进行整理，得到消费者的基本特征。

首先，关于消费者的基本特征（见表 7-1）。在性别方面，女性比男性稍多，有 121 人，占样本的 59.31%。在年龄方面，被调查者主要集中在 35 岁以下，以青年和中年消费者为主。在学历方面，本科消费者占绝大多数，达到 69.12%。从调查消费者所在城市来看，有 46.08% 的消费者来自北京。

表 7-1　　　　　样本消费者的基本特征（N＝204，100%）

特征	统计指标	整体	占比（%）
性别	男	83	40.69
	女	121	59.31
年龄	25 岁以下	129	63.24
	25~35 岁	40	19.61
	36~45 岁	17	8.33
	46~55 岁	15	7.35
	56~65 岁	3	1.47
	65 岁以上	0	0

特征	统计指标	整体	占比（%）
学历	初中及以下	10	4.90
	高中/中专	10	4.90
	大专	9	4.41
	本科	141	69.12
	研究生	22	10.78
	博士及以上	12	5.88
所在城市	北京	94	46.08
	河北	6	2.94
	天津	2	0.98
	其他	102	50.00

其次，有关消费者的家庭特征（见表7-2）。一般来说，家庭人数、健康状况和经济收入会对消费者的支付意愿产生影响，因此，调查问卷考察了消费者用餐人口数、健康状况和收入水平等。在用餐人口数方面，有65.69%的消费者是3~4人一起用餐。在家庭平均税后月收入方面，被调查者家庭平均月收入水平分布比较均匀，主要集中5 999元以下，占了59.32%。在健康状况方面，82.84%的被调查者表示自己及家人是健康的。

表7-2　　　　样本消费者的家庭特征（N=204，100%）

特征	统计指标	整体	占比（%）
用餐人口数	2人及以下	35	17.16
	3~4人	134	65.69
	5人及以上	35	17.16
家庭平均月收入	2 000元以下	43	21.08
	2 000~3 999元	42	20.59
	4 000~5 999元	36	17.65
	6 000~7 999元	19	9.31
	8 000~9 999元	14	6.86
	10 000~15 000元	18	8.82
	15 000元以上	32	15.69

特征	统计指标	整体	占比（%）
健康状况	很健康	65	31.86
	健康	104	50.98
	一般	31	15.20
	较差	4	1.96
	不健康	0	0

2. 消费者对农产品的相关认识

一般而言，消费者更加注重农产品的质量安全，在本次调查中有49.51%的被调查者对当前农产品的质量安全总体评价为"一般"，只有1.47%的被调查者认为当前的农产品是非常安全的，有27.94%的人觉得比较安全（见图7-1）。

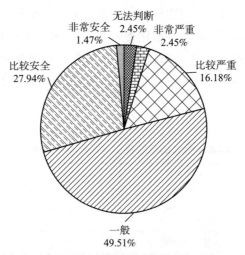

图7-1 被调查者对当前农产品质量安全的整体评价

消费者对农产品的放心程度对研究消费者的支付意愿也是至关重要的。在本次调查中，只有28.98%的被调查者表示是一直放心的，不放心的占比39.22%。这个数值还是挺高的，表明大部分消费者对农产品抱有不信任态度（见图7-2）。

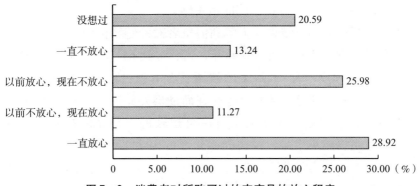

图7-2 消费者对所购买过的农产品的放心程度

在本次调查中，被调查者对农产品品质即品相破损、腐烂、水分流失、营养价值流失的了解情况为：有关农产品品相破损，有42.16%的消费者知道一点，只有13.73%的消费者知道且关注，4.90%的消费者完全不知道；有关农产品腐烂的情况，4.90%的消费者完全不知道，有22.55%的消费者知道且关注；有关水分流失的情况，6.86%的消费者完全不知道，只有11.76%知道且关注；有关营养价值流失的情况，有15.20%的消费者完全不知道，7.35%的消费者知道且关注（见图7-3）。

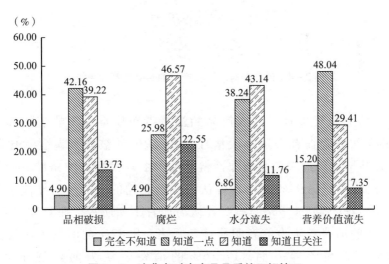

图7-3 消费者对农产品品质的了解情况

为了了解消费者是否会溢价购买冷链运输的农产品，假设有一种冷链运输方式能够解决农产品的品质问题，被调查者中有150人表示愿意购买，占比73.53%。

3. 消费者对农产品冷链物流的相关感知

通过分析问卷调查结果,了解到消费者对冷链物流的了解程度低下,有131位被调查者并不了解冷链物流,占比高达64.22%。而关于对冷链农产品的了解程度,有31.21%的被调查者听说过但并未了解过,只有8.22%的被调查者知道冷链农产品并查询过相关资料,有36.99%的人了解并在购买时留意过。关于购买过冷链运输的农产品的被调查者占比45.1%,其主要购买水果以及肉类,分别占比58.56%和41.44%。消费者对冷链农产品的实际消费行为的统计中,有29.91%的消费者尝试性消费,55.14%的消费者少量消费,而只有0.93%的消费者完全消费,14.02%的消费者大量消费(见图7-4)。

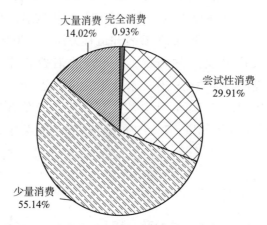

图7-4 消费者对冷链农产品的实际消费行为统计

市场上购买生鲜冷链农产品的消费者对质量安全的信任程度有68.63%的被调查者表示一般信任,20.59%的被调查者表示比较信任。在冷链运输的农产品与非冷链运输的农产品相比的条件下,关于外观方面,有27.94%的消费者认为冷链运输的农产品明显优于非冷链运输的农产品,4.9%的消费者认为前者不如后者;在新鲜度方面,37.25%的消费者认为前者明显优于后者,8.82%的消费者认为前者不如后者;在营养方面,17.16%的消费者认为前者优于后者,8.82%的消费者认为前者不如后者;在口味方面,18.14%的消费者认为前者明显优于后者,15.69%的消费者认为前者不如后者;在安全方面,有25%的消费者认为前者明显优于后者,7.35%的消费者认为前者不如后者(见图7-5)。

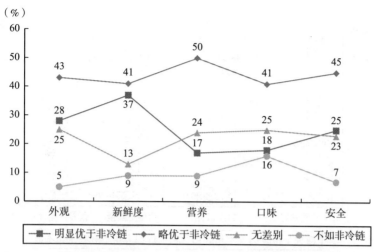

图 7 - 5　冷链运输的农产品与非冷链运输的农产品相比下消费者的态度

关于消费者接下来半年中是否有意向购买冷链运输的农产品的调查中，有 141 人表示有购买意向，占比 69.12%。关于选择去哪儿买冷链农产品，有 76.96% 的消费者表示去大型超市购买，有 29.41% 的消费者愿意在电商平台购买。

4. 信息强化后消费者对冷链物流的态度

在对信息进行强化后，调查了消费者对冷链物流的态度及支付意愿，以此了解消费者的需求。关于消费者对冷链物流相关工作人员是否会认真执行冷链运输标准的问题，有 5.39% 的消费者认为完全达到标准，38.24% 表示基本达到，而又 53.92% 表示不清楚。体现出消费者对冷链物流缺乏认知，冷链意识低。在信息强化后消费者对冷链农产品品质的信任水平的调查中，有关品相良好的问题，有 17.16% 的消费者表示完全相信，54.41% 的消费者表示基本相信，而有 4.9% 的消费者表示基本不信；有关口感极佳方面，有 14.22% 的消费者完全相信，48.04% 的消费者基本相信，4.9% 的消费者基本不信；有关食用更安全方面，13.24% 的消费者表示完全相信，47.55% 的消费者表示基本相信，4.9% 的消费者表示基本不相信；有关营养价值保留 98%，10.78% 的消费者表示完全相信，38.24% 的消费者表示基本相信，9.8% 的消费者表示基本不信（见图 7 - 6）。

有关信息强化后消费者对冷链农产品支付意愿的统计，在溢价比例低于 20% 以下的情况下大多数消费者会进行大量消费，在溢价比例高于 20% 之后，大多数消费者选择尝试性购买（见图 7 - 7）。

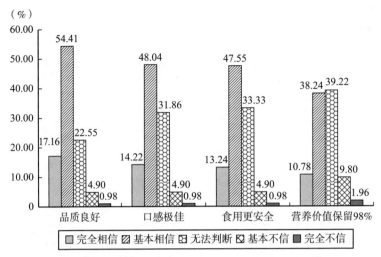

图7-6 信息强化后消费者对冷链农产品品质的信任程度

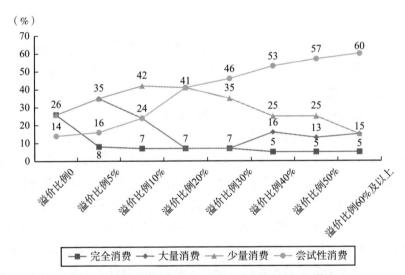

图7-7 信息强化后消费者对冷链农产品支付意愿统计

有关消费者认为，目前关于通过冷链运输的农产品存在什么问题的调查中，有141人被调查者认为价格偏高，90人认为质量安全监管不到位以及冷链农产品种类偏少，还有89位认为行业不规范，冷链设备差（见表7-3）。

表7-3　　　　　消费者认为目前冷链市场上出现的问题

选项	小计	比例（%）
价格偏高	141	69.12

选项	小计	比例（%）
与非冷藏运输的农产品质量没差别	49	24.02
种类偏少	90	44.12
行业不规范，冷链设备差	89	43.63
质量安全监管不到位	90	44.12
购买渠道不方便	75	36.76
其他	24	11.76
有效填写人数	204	

在近五年内，消费者对冷链运输的农产品的购买情况会有怎样的变化趋势的调查中，43.14%的消费者认为会大量增加，41.18%的消费者认为会少量增加，13.24%的消费者认为会基本不变，1.47%的消费者认为会大量减少。消费者认为总的趋势表现为增加，表明消费者对冷链生鲜农产品的需求还是很大的，企业应当抓住机遇。

三、消费者对冷链物流支付意愿的影响因素分析

本章通过问卷调查中搜集到的信息以及综合前人研究成果，将"消费者对冷链物流的农产品是否具有支付意愿"设为被解释变量（不是 = 0，是 = 1），将影响消费者对冷链物流农产品支付意愿的影响因素划分为消费者自身特征、消费者对冷链运输的农产品的认知、信息强化三个方面。相关解释变量如下（见表 7 - 4）。

表 7 - 4　　　　　　　　　　**对模型解释变量的说明**

解释变量		变量
消费者自身特征	性别	男、女
	年龄	25 岁以下、25～35 岁、36～45 岁、46～55 岁、56～65 岁、65 岁以上
	学历	初中及以下、高中/中专、大专、本科、研究生、博士及以上
	职业	在校学生、公务员、文教卫生事业单位人员、企业技术管理人员、公司员工、个体经营户、农村进城务工人员、退休人员、自由职业者

解释变量		变量
消费者对冷链运输的农产品的认知	对当前农产品的质量安全的整体评价	非常严重、比较严重、一般、比较安全、非常安全、无法判断
	对冷链农产品的了解程度	听说过但从未了解过、了解并购物时留意过、了解并知道相关冷链运输、知道冷链农产品并查询过相关资料
	是否曾经购买过冷链运输的农产品	是、否
	对市场上冷链农产品质量安全的信任程度	非常不信任、比较不信任、一般、比较信任、非常信任
	冷链物流相关工作人员是否会认真执行冷链运输标准	完全达到、基本达到、不清楚、基本没有达到、完全没有达到

由于消费者支付意愿属于二分类定性变量。因此，本研究将构建二元Logit 回归模型，通过 SPSSAU 在线系统对问卷数据进行处理，分析得出影响消费者支付意愿的因素。

模型公式：
$$\theta(p) = Logit(p) = \text{Ln}\left(\frac{p}{1-p}\right) \qquad (7-1)$$

其中，假设 p 代表消费者是否有意向购买冷链运输的农产品为 1 的概率，$1-p$ 代表消费者是否有意向购买冷链运输的农产品为 0 的概率。（$y=0$ 表示无支付意愿，$y=1$ 表示有支付意愿）将 p 看作影响因素的多元线性函数，并引入 p 的 Logit 变换。

建立的模型分析结果如表 7-6 及表 7-7 所示，其中 OR 值为优势比，表示自变量 X 变化一个单位，因变量 Y 的变化幅度。

1. 消费者自身特征对支付意愿的影响

将消费者的自身特征性别、年龄（周岁）、学历、职业作为自变量，将"消费者是否有意向购买冷链运输的农产品"作为因变量，进行二元Logit 回归分析，设定显著性水平为 0.05，回归结果如下（见表 7-5）。

表 7-5 　　　　　　　　二元 Logit 回归分析结果汇总

项目	回归系数	标准误	z 值	p 值	OR 值	OR 值95% CI（LL）	OR 值95% CI（UL）
性别	-0.491	0.313	-1.568	0.117	0.612	0.332	1.131

项目	回归系数	标准误	z 值	p 值	OR 值	OR 值 95% CI（LL）	OR 值 95% CI（UL）
年龄（周岁）	0.476	0.210	2.261	0.024	1.609	1.065	2.431
学历	0.066	0.168	0.391	0.696	1.068	0.769	1.483
职业	−0.239	0.167	−1.435	0.151	0.787	0.568	1.091
截距	1.509	1.379	1.095	0.274	4.524	0.303	67.457

因变量：消费者是否有意向购买冷链运输的农产品

McFadden R^2：0.039

Cox & Snell R^2：0.047

Nagelkerke R^2：0.066

由表 7−5 可知，消费者性别的回归系数值为 −0.491，没有呈现出显著性（$p = 0.117 > 0.05$）；学历的回归系数值为 0.066，没有呈现出显著性（$p = 0.696 > 0.05$）；职业的回归系数值为 −0.239，但是并没有呈现出显著性（$p = 0.151 > 0.05$），意味着消费者性别、学历、职业变量均未通过显著性水平检验，不能认为这几项对消费者支付意愿有影响。

年龄（周岁）的回归系数值为 0.476，并且呈现出 0.05 水平的显著性（$z = 2.261$，$p = 0.024 < 0.05$），意味着年龄（周岁）会对消费者支付意愿产生显著的正向影响关系。优势比 OR 值为 1.609，意味着年龄增加一个单位时，Y 的变化（增加）幅度为 1.609 倍。

综上所述，在消费者自身特征中，随着年龄的增加，对冷链农产品的支付意愿也随之增加，意味着年龄越大的消费者其支付意愿也就更高，原因可能是年龄大的消费者其购买经验丰富，对农产品的关注更多。性别、学历、职业并不会产生影响关系，可能原因在于消费者对冷链运输的农产品的支付意愿不只是取决于以上几个因素，而是多种因素综合作用的结果，如消费者的自身因素、健康状况、家庭情况、近期规划等。

2. 消费者对冷链运输农产品的认知对支付意愿的影响

消费者目前对农产品质量安全的整体评价、对冷链农产品的了解程度、是否曾经购买过冷链运输的农产品、对市场上冷链农产品质量安全的信任程度、冷链物流相关工作人员是否会认真执行冷链运输标准作为自变

量 (X)，将"消费者是否有意向购买冷链运输的农产品"作为因变量 (Y) 进行二元 Logit 回归分析。这里 p 值小于 0.05，因而说明拒绝原定假设，即说明本次构建模型时，放入的自变量具有有效性，本次模型构建有意义（见表 7-6）。

表 7-6 二元 Logit 回归分析结果汇总

项目	回归系数	标准误	z 值	p 值	OR 值	OR 值95% CI（LL）	OR 值95% CI（UL）
对当前农产品的质量安全的整体评价	-0.027	0.126	-0.214	0.830	0.973	0.760	1.247
对冷链农产品了解程度	0.264	0.216	1.218	0.223	1.302	0.852	1.989
是否曾经购买过冷链运输的农产品	1.930	0.471	4.100	0.000	6.890	2.739	17.333
对市场上冷链农产品质量安全的信任程度	-0.067	0.229	-0.290	0.772	0.936	0.597	1.467
冷链物流相关工作人员是否会认真执行冷链运输标准	0.669	0.192	3.478	0.001	1.953	1.339	2.848
截距	-3.205	0.688	-4.657	0.000	0.041	0.011	0.156

因变量：消费者是否有意向购买冷链运输的农产品

McFadden R^2：0.236

Cox & Snell R^2：0.253

Nagelkerke R^2：0.357

从表 7-6 可知，消费者对当前农产品质量安全的整体评价的回归系数值为 -0.027，并没有呈现出显著性（$p=0.830>0.05$）；对冷链农产品的了解程度的回归系数值为 0.264，没有呈现出显著性（$p=0.223>0.05$）；对冷链农产品的了解程度的回归系数值为 0.264，没有呈现出显著性（$p=0.223>0.05$）；对市场上冷链农产品质量安全的信任程度的回归系数值为 -0.067，也并没有呈现出显著性（$p=0.772>0.05$）。这意味着消费者对当前农产品质量安全的整体评价、对冷链农产品的了解程度、对市场上冷链农产品安全的信任程度均未通过显著性水平检验，不能认为对消费者支付意愿有影响。

消费者是否曾经购买过冷链运输的农产品的回归系数值为 1.930，并且呈现出 0.01 水平的显著性（$p = 0.000 < 0.01$），以及优势比（OR 值）为 6.890，意味着是否曾经购买过冷链运输的农产品增加一个单位时，Y 的变化（增加）幅度为 6.890 倍；冷链物流相关工作人员是否会认真执行冷链运输标准的回归系数值为 0.669，并且呈现出 0.01 水平的显著性（$p = 0.001 < 0.01$），以及优势比（OR 值）为 1.953，意味着冷链物流相关工作人员认真执行冷链运输标准增加一个单位时，Y 的变化（增加）幅度为 1.953 倍。意味着这两项对消费者支付意愿产生显著的正向影响关系。

因此，是否曾经购买过冷链运输的农产品、冷链物流相关工作人员认真执行冷链运输标准会对消费者支付意愿产生显著的正向影响关系。这一方面意味着体验过冷链运输的农产品的消费者更加了解冷链物流的优势，有着强烈的购买意愿；另一方面，意味着消费者关注冷链物流运输标准，认为达标的消费者是更有意愿去购买冷链运输的农产品的。但是对当前农产品的质量安全的整体评价、冷链农产品的了解程度、对市场上冷链农产品质量安全的信任程度并不会直接影响消费者购买冷链农产品的消费意愿。原因可能是在各种因素，如消费者对冷链生鲜农产品的认知程度、对农产品的关注程度等因素综合影响消费者的支付意愿。

3. 信息对消费者支付意愿的影响

在信息强化前了解到消费者对农产品的相关感知，消费者对目前农产品的质量安全总体评价不高，说明消费者依然存在疑虑，不放心农产品的质量。因此，冷链运输确保农产品的品质是必需的。另外，消费者对农产品品质的相关问题的关注较少，对冷链物流的了解程度不够高，因此，大多数消费者实际购买行为仅仅为少量消费以及尝试性消费。

在信息强化后，通过问卷调查，了解到消费者的相关感知。消费者对冷链农产品的信任程度有所提升，这关键在于消费者了解并掌握了冷链物流的基本知识，加强了冷链物流意识。另外，消费者对冷链运输的生鲜农产品品相良好、口感极佳、食用更安全以及营养价值保留98%的观点表示同意。对冷链农产品的支付意愿有了大幅度提升，愿意溢价购买冷链农产品。与此同时，多数消费者表示近年内购买冷链运输的农产品的人数会大量增加。

四、主要结论

根据前文消费者自身特征以及消费者对冷链运输农产品的认知进行

Logit 回归分析的实证结果，进行小结（见表 7 - 7）。

表 7 - 7   实证统计结果小结

自变量	p 值	预测影响方向	实证结果
性别	0.117		不显著
年龄（周岁）	0.024	+	显著
学历	0.696		不显著
职业	0.151		不显著
对当前农产品的质量安全的整体评价	0.830		不显著
对冷链农产品的了解程度	0.223		不显著
是否曾经购买过冷链运输的农产品	0.000	+	显著
对市场冷链农产品质量安全的信任程度	0.772		不显著
冷链物流相关工作人员是否会认真执行冷链运输标准	0.001	+	显著

第一，根据以上分析可以看出年龄是影响消费者对冷链物流运输农产品支付意愿的重要因素，对支付意愿产生正向的影响。年龄大一些的人群对冷链物流运输的生鲜农产品的支付意愿更大。

第二，消费者曾购买过冷链运输农产品的这种经历促使其有进一步的支付意愿，有着显著的正向影响，说明消费者体验过、了解了冷链农产品之后，对冷链农产品是具有信心的，有意愿购买。而关于冷链运输标准问题，分析结果显示也对消费者支付意愿产生显著的正向影响。冷链运输是否达标会对消费者的心理产生一定的影响，冷链运输的达标会促使消费者更加放心地购买冷链运输的生鲜农产品。

为了消除消费者的疑虑，加强消费者对冷链生鲜农产品的支付意愿，对冷链物流企业以及政府提出相关建议及对策。建议企业重视冷链运输标准的建设；降低冷链物流成本，合理定价；完善冷链物流生鲜农产品的种类，拓宽消费者购买渠道。建议政府加强宏观管理；加强冷链物流基础设施建设；加大对冷链物流知识的宣传，加强消费者的冷链意识。由此，政府、企业共同努力实现消费者支付意愿的提高，推动冷链物流行业的高速发展。

第四节　新冠疫情对消费者冷冻食品购买行为影响因素研究

近年来，随着我国经济社会的快速发展，人民群众的消费水准升级提升，冷冻食品的需求数量不断地增加。据我国统计局公开发布的数据：2018年，我国规模以上冷冻食品企业超1万家，实现企业主营业务收入约为2万亿元，同比增长5.1%。我国海关总署公布的数据显示：2019年，中国冻产品进口总量约为354万吨，同比增长约为30%。2019年，中国冻产品进口总额约为102万吨，同比增长约为45%。2020年，全球经济遭到新冠疫情重创，但随着我国"六稳、六保"及在国内疫情稳中向好趋势，经济形势不断好转，2020年上半年我国肉类进口总量约为480万吨，较同期增长约为75%，远超2019年同期水平。

我国各地曾经很多次在冷冻食品外包装中检测出新冠病毒，由此还曾数次引发过局部聚集性疫情的暴发。例如，2020年12月29日，广东省中山市一冷冻食品（鸡翅）外包装核酸检测呈阳性，意味着该批次冷冻食品已经被新型冠状病毒污染。事实上，之前的北京新发地、济南盖世物流园、辽宁鑫丰园肉制品加工厂等多地冷冻食品都检测出过新型冠状病毒。北京市疾病预防控制中心等单位共同研究并发表在《国家科学评论》上的文章指出，北京新发地市场聚集性疫情的病毒极有可能由境外疫情高发区的冷链进口食品引起，并指出冷链运输的冷冻食品或是新冠病毒传播的新途径。新冠疫情通过冷链进行传播极大影响了消费者购买冻品的行为。那么面对新冠疫情冲击，冷冻食品数次检测出新冠病毒是否对影响消费者的购买行为造成影响？消费者的购买行为在后疫情时代有哪些特征？购买行为是否发生变化？究竟有哪些因素会对消费者的购买行为产生影响？基于对消费者行为的调研，旨在为冷冻食品企业提供一些切实可行的对策。

一、疫情下消费者购买冷冻食品的行为分析

1. 基本情况调查

本章的全部数据来源于2021年3月采用微信线上调研与实地发放问卷相结合的方式。线上通过问卷星的形式进行调研，线下调研通过到北京市的农贸市场、超市发放电子版问卷的形式进行调查。本次调研共发放问

卷 210 份，得到有效问卷 193 份，有效回收率是 91.9%。

2. 受访者基本情况

由表 7 - 8 可知，193 份有效问卷中，男性占 44.04%，女性占 55.96%，与北京市人口性别比例基本持平。从年龄分析，26 ~ 45 岁比例最高，各年龄段分布较为均衡。受教育情况分析，绝大多数受访者拥有大专及以上学历。从家庭食品支出看，有 63.21% 的受访者月均支出在 10% ~ 25%，符合北京市居民消费情况。从职业分布看，受访者中有学生、企事业单位职工、进城务工人员等，各个群体均有覆盖。总的来说，本次调查数据有比较高的可信度。

表 7 - 8　　2021 年 3 月，北京消费者购买冷冻食品受访者情况统计

项目	选项	受访者（人）	比例（%）
性别	男	85	44.04
	女	108	55.96
年龄（周岁）	25 及以下	57	29.53
	26 ~ 45	71	36.78
	46 ~ 60	54	27.97
	60 以上	11	5.69
文化程度	初中及以下	7	3.63
	高中/中专	33	17.10
	大专	45	23.32
	本科	77	39.90
	研究生	31	16.06
职业	学生	16	8.29
	公务员	5	2.59
	事业单位工作人员	34	17.62
	企业管理人员、技术人员	31	16.06
	企业职工	66	34.19
	个体商户	17	8.81
	进城务工人员	9	4.66
	离退休人员	6	3.11
	自由职业者	9	4.66

项目	选项	受访者（人）	比例（%）
家庭人均月收入（元）	2 000 以下	7	3.63
	2 000 ~ 3 999	25	12.95
	4 000 ~ 5 999	43	22.28
	6 000 ~ 7 999	46	13.83
	8 000 以上	72	37.03
家庭食品支出比例	10% 以下	21	10.88
	10% ~ 25%	122	63.21
	26% ~ 50%	42	21.76
	51% ~ 75%	7	3.63
	76% 以上	1	0.52

3. 消费者对冷冻食品安全认知情况

消费者的购买行为是一种结果，该购买行为会经历一个信息处理的过程。新冠疫情下，消费者对冷冻食品的购买行为受到对冷冻食品安全认知情况的影响。

第一，消费者对新冠疫情下冷冻食品安全情况总体评价。

自冷冻食品涉疫后，通过分析数据可知，有近70%的消费者购买冷冻食品的数量有所减少。消费者对购买冷冻食品有顾虑，对冷冻食品的需求量有所减少（见表7-9），直接影响冷冻食品行业的健康发展。有近90%的消费者对冷冻食品的安全问题表示关注（见表7-10）。数据结果表明，90%左右的消费者认为我国冷冻食品安全性较高，这是由于我国在全国范围内有效地控制了疫情的传播，随着各行各业复工复产速度的提高，我国消费者对冷冻食品行业关注度非常高（见表7-11）。

表7-9　　　　　　冷冻食品涉疫后消费者购买数量情况

选项	受访者人数	百分比（%）	累计百分比（%）
基本没有变化	57	29.53	29.53
减少20%左右	63	32.64	62.18
减少50%左右	34	17.62	79.79
减少80%左右	32	16.58	96.37
减少100%左右	7	3.63	100.00
合计	193	100.00	

表 7 – 10   冷冻食品安全情况

选项	受访者人数	百分比（%）	累计百分比（%）
非常安全	30	15.54	15.54
安全	68	35.23	50.78
比较安全	80	41.45	92.23
不安全	9	4.66	96.89
不关注	6	3.11	100.00
合计	193	100.00	

表 7 – 11   消费者对冷冻食品行业关注程度

选项	受访者人数	百分比（%）	累计百分比（%）
非常关注	28	14.51	14.51
关注	74	38.34	52.85
比较关注	68	35.23	88.08
不关注	20	10.36	98.45
从未听说	3	1.55	100.00
合计	193	100.00	

第二，消费者对新冠疫情下冷冻食品涉疫的认知情况。

2020 年新冠疫情发生以来，我国内曾多次出现冷冻食品检测出新冠病毒并引起局部聚集性疫情的情况。近 90% 的消费者表示关注到这一情况，有 5.7% 的受访者曾关注 6 条以上相关新闻（见表 7 – 12）。

表 7 – 12   消费者关注新冠疫情相关新闻数量

选项	受访者人数	百分比（%）	累计百分比（%）
没有关注	21	10.88	10.88
关注过，但忘记数量	74	38.34	49.22
关注 1～2 条	33	17.10	66.32
关注 3～4 条	37	19.17	85.49
关注 5～6 条	17	8.81	94.30
关注 6 条及以上	11	5.70	100.00
合计	193	100.00	

第三，新冠疫情下消费者对冷冻食品购买行为分析。

购买行为的概念是指消费者为获得某种产品或服务所采取的一切行为。由于冷冻食品涉疫导致了消费者对冷冻食品购买数量的减少，有近70%的消费者减少了购买，有17.62%的消费者减少了50%左右的购买量；超过30%的消费者购买量减少80%。疫情对消费者购买冷冻食品的影响非常大，对行业产生了一定影响（见表7-13）。

表7-13　　　　　　　疫情之后，消费者购买冷冻食品数量情况

选项	小计	比例
基本没有变化	57	29.53%
减少20%左右	63	32.64%
减少50%	34	17.62%
减少80%左右	32	16.58%
减少80%以上	7	3.63%

对于"疫情下您购买冷冻食品是否关注冷冻食品价格"的问题，近40%的消费者表示不关注冷冻食品价格，消费者对价格的敏感程度明显降低，消费者的关注点更多转向冷冻食品的安全性，进一步说明了疫情对冷冻食品行业产生了一定影响（见表7-14）。

表7-14　　　　　　　疫情之后，消费者对冷冻食品价格关注度

选项	小计	比例
非常关注	13	6.74%
关注	45	23.32%
比较关注	64	33.16%
不关注	71	36.79%

疫情发生后，冷冻食品的产地对于消费者购买冷冻食品也有一定的影响。数据显示，有92.75%的消费者选择国内生产的冷冻食品（见表7-15），原因是国内疫情情况平稳，对冷冻食品的管理较为严格，国内冷冻食品的安全性较高（见表7-16）。

表 7 – 15　　　　疫情之后，消费者对冷冻食品产地的关注情况

选项	小计	比例
国内生产	179	92.75%
国外生产	14	7.25%

表 7 – 16　　　　疫情之后，消费者对冷冻食品的满意度情况

选项	受访者人数	百分比（%）	累计百分比（%）
非常满意	30	15.54	15.54
满意	135	69.95	85.49
不满意	21	10.88	96.37
非常不满意	1	0.52	96.89
不关注	6	3.11	100.00
合计	193	100.00	

根据表中数据，有90%左右的消费者对疫情下冷冻食品的质量安全信息十分关注，表明消费者对冷冻食品行业关注度较高，进一步论证了该领域研究的必要性（见表7 – 17）。

表 7 – 17　　　　疫情之后，消费者对冷冻食品信息安全的关注度情况

选项	受访者人数	百分比（%）	累计百分比（%）
非常关注	36	18.65	18.65
关注	87	45.08	63.73
比较关注	54	27.98	91.71
不关注	11	5.70	97.41
从未听说	5	2.59	100.00
合计	193	100.00	

本章通过193份有效问卷，依次分析了疫情下冷冻食品安全情况总体评价、消费者对冷冻食品涉疫的认知情况、消费者对冷冻食品购买行为。通过分析问卷数据，初步解释了疫情下消费者购买冷冻食品的行为，为开展计量分析奠定基础。

二、消费者冷冻食品购买行为的实证分析

本章在对 193 份有效问卷进行描述性分析的基础上，参考部分学者运用 Logit 模型探究消费者购买行为，采用二分类（购买或不购买）的 Logit 线性回归分析，目的是探究疫情下影响消费者对冷冻食品购买行为的因素，为冷冻食品行业发展提供参考。

1. 模型构建

新冠疫情下，消费者对冷冻食品购买行为存在两种情况：购买或者不购买。将消费者依然选择购买冷冻食品的行为设置为 $Y = 0$；将消费者选择不购买冷冻食品的行为设置为 $Y = 1$，建立关系如下：

$Y = f(x) = f$（个人及家庭基本特征、消费者的安全认知、冷冻食品基本情况、消费者购买环境）

故新冠疫情下消费者对冷冻食品购买行为的二分类（购买或不购买）Logit 模型为：

$$Y = \text{Ln}\left(\frac{p}{1-p}\right) = \alpha + \sum_{i=1}^{n} \beta_i X_i$$

$$p = P\{Y = 1 \mid X = x\} \qquad (7-2)$$

其中，Y 是消费者对冷冻食品购买行为，X_i 是影响因素。

2. 模型结果与讨论

根据上述研究模型，文章构建变量时选取了 4 类变量，模型中有关变量如表 7 - 18 所示。

表 7 - 18　　　　　　　　模型中变量的含义与描述性统计

模型变量	变量含义	均值	方差	预测方向
性别（X_1）	男性 = 0；女性 = 1	1.017	0.315	正向
年龄（X_2）	25 岁以下 = 1；26 ~ 45 岁 = 2；46 ~ 60 岁 = 3；60 岁以上 = 4	0.016	0.901	正向
受教育程度（X_3）	初中及以下 = 1；高中、中专 = 2；大专 = 3；本科 = 4；研究生 = 5	5.687	0.018	正向
家庭用餐人数（X_4）	2 人及以下 = 1；3 ~ 4 人 = 2，5 人及以上 = 3	2.313	0.130	正向
冷冻食品安全认知程度（X_5）	非常满意 = 1；满意 = 2；不满意 = 3；非常不满意 = 4；从未听说 = 5	9.542	0.002	正向

模型变量	变量含义	均值	方差	预测方向
对冷冻食品安全信息关注程度（X_6）	从不关注 = 1；不关注 = 2；一般 = 3；关注 = 4；非常关注 = 5	6.248	0.130	负向
疫情下对冷冻食品风险感知程度（X_7）	非常低 = 1；比较低 = 2；一般 = 3；比较高 = 4；非常高 = 5	4.676	0.032	正向
对冷冻食品品牌关注度（X_8）	从不关注 = 1；不关注 = 2；一般 = 3；关注 = 4；非常关注 = 5	4.973	0.027	正向
包装破损、污渍等情况（X_9）	从不关注 = 1；不关注 = 2；一般 = 3；关注 = 4；非常关注 = 5	19.262	0.001	正向
购买冷冻食品是否关注其产品核酸阴性证明（X_{10}）	从不关注 = 1；不关注 = 2；一般 = 3；关注 = 4；非常关注 = 5	7.761	0.006	正向
购买冷冻食品是否关注其产地、运输、销售过程情况（X_{11}）	从不关注 = 1；不关注 = 2；一般 = 3；关注 = 4；非常关注 = 5	4.823	0.029	正向
"可追溯二维码"对冷冻食品实现全程可追溯对您购买冷冻食品是否有影响（X_{12}）	从不关注 = 1；不关注 = 2；一般 = 3；关注 = 4；非常关注 = 5	6.057	0.015	正向
销售人员核酸检测报告情况（X_{13}）	从不关注 = 1；不关注 = 2；一般 = 3；关注 = 4；非常关注 = 5	14.666	0.001	正向

因问卷中预设的可能影响因素较多，在对 193 份有效问卷进行二分类（购买或不购买）的 Logit 分析过程中，为避免消费者对冷冻食品购买行为各影响因素间相互作用，使模型尽可能简化、科学，利用 SPSS20 进行方差分析，对各候选影响因素进行筛选，筛选标准是突出显著性（p 值小于 0.05 或 0.01），并根据研究模型假设预测方向情况。

3. 模型数据分析

如表 7 - 19 所示，该 p 值小于 0.05，说明本次构建二分类（购买或不购买）的 Logit 回归模型中，放入的自变量具有有效性，本次模型构建有意义。

表 7 - 19　　　　　二元 **Logit** 回归模型似然比检验结果

模型	- 2 倍对数似然值	卡方值	df	p	AIC 值	BIC 值
最终模型	170.832	96.303	31	0	234.832	339.238

第一，个人及家庭基本特征对冷冻食品购买行为的影响。

由表 7 – 20 的回归分析结果可知，反映个体及家庭特征的"性别""年龄"和"家庭用餐人数"三个因素都没有通过显著性检验，说明以上3 项对疫情下消费者对冷冻食品购买行为基本没有影响。可能的解释为：一是性别对疫情下消费者购买冷冻食品并没有显著影响，与假设不一致，不论男女在购买冷冻食品时差异不大；二是年龄对消费者在疫情下购买冷冻食品的影响不大，年龄大或者年龄较小的消费者在购买冷冻食品时的差异不明显；三是家庭用餐人数对疫情下消费者购买冷冻的影响较小，没有通过显著性检验，说明用餐人数的多少也影响不大。"受教育程度"影响因素通过显著性检验，与原假说一致。受教育程度越高，可能越愿意购买冷冻食品，说明受教育程度对消费者购买冷冻食品的影响较大，解释为受教育程度高的人，对事物有一定的认知经验，比较容易分辨信息的真伪，更能妥善处理各项事务，能正确对待冷冻食品检测出新冠病毒这一事件。

表 7 – 20　　　　　　　　　　回归分析结果

项目	回归系数	标准误	z 值	Wald χ^2	p 值
您的性别	0.206	0.436	0.472	0.223	0.637
您的年龄（周岁）	0.066	0.234	0.280	0.079	0.779
您经常一起用餐的家庭人口数	0.729	0.459	1.590	2.527	0.112
您的学历	0.634	0.339	1.520	1.315	0.038
对疫情下冷冻食品的安全是否满意	0.779	0.376	2.072	4.293	0.038
疫情下冷冻食品质量安全信息关注程度	0.239	0.303	0.790	0.625	0.429
疫情下冷冻食品安全风险感知程度	0.545	0.257	2.120	4.493	0.034
疫情下您购买冷冻食品是否关注其品牌	0.261	0.259	1.010	1.020	0.312
疫情下您购买冷冻食品是否关注其包装是否有破损、污渍等情况	0.409	0.285	1.434	2.056	0.152
疫情下您购买冷冻食品是否关注其产品核酸阴性证明	0.114	0.278	0.412	0.170	0.680
疫情下您购买冷冻食品是否关注其产地、运输、销售过程情况	– 0.197	0.280	– 0.703	0.494	0.482
疫情下您购买冷冻食品您会选择购买哪类冷冻食品（产地）	1.016	1.030	0.986	0.972	0.324

项目	回归系数	标准误	z 值	Wald χ^2	p 值
政府运用"可追溯二维码"对冷冻食品实现全程可追溯,对您购买冷冻食品是否有影响	-0.350	0.295	-1.186	1.406	0.236
疫情下您购买冷冻食品是否关注销售场所消杀及卫生情况	0.218	0.316	0.688	0.473	0.492
疫情下您购买冷冻食品是否关注销售人员具有核酸阴性证明	0.890	0.297	3.000	9.002	0.003

因变量:新冠疫情下您是否还购买冷冻食品

McFadden R^2:0.361

Cox & Snell R^2:0.393

Nagelkerke R^2:0.524

第二,消费者的安全认知对冷冻食品购买行为的影响。

在反映安全认知的三个因素"冷冻食品安全认知程度""对冷冻食品安全信息关注程度"和"疫情下对冷冻食品风险感知程度"中,第一个因素通过显著性检验,消费者的安全认知程度越高,疫情下继续购买冷冻食品的消费行为就会越多,与原假说一致。安全认知程度高的消费者对冷冻食品传播新冠病毒有较深刻的理解,只要做好防护、认真清洗,就不会出现问题。因此,该影响因素通过显著性检验。第二个因素没有通过检验,与原假说不一致,说明消费者是否关注冷冻食品安全相关信息,或是关注得多少并不会对购买冷冻食品产生明显的影响。第三个因素也未通过检验,与原假说不同,说明消费者对冷冻食品风险感知程度不会对购买冷冻食品有明显影响。

第三,冷冻食品基本情况对消费者购买行为的影响。

在"冷冻食品品牌关注度""包装破损、污渍等情况""购买冷冻食品是否关注其产品核酸阴性证明""购买冷冻食品是否关注其产地、运输、销售过程情况"及"可追溯二维码"五个因素中,以上 5 项对疫情下消费者购买冷冻食品行为基本没有影响,说明以上 5 项因素在疫情前后的消费者购买行为影响因素中没有显著性。

第四,消费者购买环境对冷冻食品购买行为的影响。

在反映购买环境对消费者冷冻食品购买行为的影响中,"销售人员核酸检测报告情况"通过显著性检验。说明销售人员的核酸检测情况会影响购买冷冻食品，与原假说一致。表明销售人员和核酸病毒携带情况会对消费者购买冷冻食品有直接影响，如果销售人员有核酸检测阴性报告，消费者会购买冷冻食品。

第五，该模型预测准确率情况。

由表7－21可知，模型预测准确比率大于80%，说明模型有意义。

表7－21 二元 Logit 回归预测准确率汇总

内容		预测值		预测准确率（%）	预测错误率（%）
		0	1		
真实值	0	84	17	83.17	16.83
	1	21	71	77.17	22.83
汇总				80.31	19.69

综上所述，根据调研结果，疫情发生后，特别是出现冷冻食品核酸阳性引起的局部聚集性疫情后，近90%的消费者减少了对冷冻食品的购买。但大部分消费者认为目前冷冻食品基本安全。政府及冷冻食品行业企业尤其要塑造安全可感知的购买环境，提高对冷冻食品安全的把控能力。另外，要充分了解消费者需求的变化，改变销售策略及方式方法，提高与消费者的沟通效率，确保能在第一时间了解到消费者需求的相关变化。

第八章　生鲜农产品冷链物流
断链的案例研究

本章将选择多案例研究，调研本来生活网的生鲜农产品供应链和永辉超市冷链供应链。选择山东寿光到北京的蔬菜、天津到北京的"水产品、猪肉"产业链等农产品供应链来明确印证冷链物流断链的关键环节及影响因素。本来生活网是生鲜电商企业冷链物流的典型代表，永辉超市是超市生鲜供应链的典型，山东寿光是供北京蔬菜的重要来源，也是区域供应链冷链物流的典型代表。猪肉供应链受到非洲猪瘟疫情的影响，是具有代表性的行业冷链物流行业。本研究通过对典型农产品冷链物流的调研，分析验证生鲜农产品冷链物流断链的主要环节及影响因素。

第一节　本来生活网生鲜农产品
冷链供应链及断链分析

以本来生活网的生鲜农产品冷链为研究对象，对其发展现状进行探究，剖析其冷链物流各环节，包含产地环节、运输环节、仓储环节、配送环节等，分析各环节的断链原因，制定合理的控制措施，并根据其所存在的问题提出相关对策。从而提高本来生活网在冷链物流方面的竞争力，一方面对促进本来生活网的整体发展，另一方面对改善我国冷链物流行业发展现状，推进冷链物流行业的现代化进程，充分发挥冷链物流的作用，对我国经济健康发展具有重要意义。

一、本来生活网的整体发展及其供应链现状

1. 本来生活网的整体发展现状

本来生活网于 2012 年 7 月在北京成立。致力于提升中国食品安全现状，打造优质食品生态链，是中国生鲜新零售的开拓者与领导者。它的主

营业务是为消费者提供质量安全、价格实惠、种类多样的食物，包括水果、蔬菜、肉禽、水产、熟食、粮油、母婴、零食、酒水、厨房产品等（见表8-1和图8-1）。现生鲜配送覆盖全国109个城市，常温配送多达550个城市。本来生活网运营着诸多知名食品品牌，包括褚橙、佳沛奇异果、李玉双大米、俞三男状元蟹、不知火柑、智利黄金车厘子、翡翠生虾仁等，是国内目前具有全程化供应链管理服务，拥有自我品牌与冷链服务能力的垂直生鲜食品电商。目前，本来生活网准许经营范围包含零售预包装食品、散装食品、乳制品、销售农产品等，是一家优质的生鲜食品购买平台。全球买手直采，特色食品定制，自有品牌开发。自建物流，全程冷链配送，生鲜覆盖京津、长三角、珠三角。O2O平台是本来鲜，本来鲜是定位大众用户的社区生鲜加盟连锁。采用的是门店加网点，线上加线下融合的方式。2019年1月，上海首家"本来鲜"正式开业。2020年，本来生活网在北京开设线下店。

表8-1 本来生活网的产品销售品类

品类	蔬菜水果	肉禽蛋品	水产海鲜	奶制品	粮油副食	休闲食品	酒水茶饮	熟食面点	婴幼儿食品	总数
品类数量	382	226	321	336	796	911	429	212	104	3 717

资料来源：作者根据本来生活网网站整理。

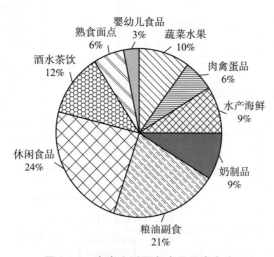

图8-1 本来生活网各产品品类占比

资料来源：作者根据本来生活网网站整理。

2. 本来生活网的发展历程

2012 年，本来生活网于北京起航，2013 年在北上广建仓，生鲜配送覆盖了全国 22 个城市。2014 年获得 A 轮融资，常温配送覆盖全国 300 个城市，生鲜次日达配送覆盖 42 个城市，公司收入比 2013 年翻了 4 倍。2015 年获得 B 轮融资，布局产业链，向产业链上下游延伸，自建冷库扩大了一倍。2016 年完成了 C、C + 轮融资，不断地壮大实力。2017 年，本来生活网 9 月单月盈利 1 290 万元，同时本来鲜开始起步。2018 年，新零售全面布局 B2C + O2O，这一年，本来生活网实现全年盈利，本来鲜店铺超过 300 家。2019 年完成 D 轮融资，本来控股集团争取全面盈利。

3. 本来生活网的生鲜农产品供应链现状

目前，本来生活网的供应链模式主要为 B2C + O2O 模式。其运作流程主要是企业派买手到生鲜农产品的产地实地考察，通过精心地挑选，把最优质的农产品推送到公司进行探讨，然后确定需要上线的生鲜农产品。当上线的生鲜农产品确定之后，就开始商品的宣传预售。企业也开始从所选择的原产地、农业企业、农场以及产地政府来进行生鲜农产品的采购，最后再根据商品的性质进行相应的冷库保鲜。当消费者下单后，企业从相应的仓库调配商品进行冷链配送。本来生活网的供应链模式（见图 8-2）。

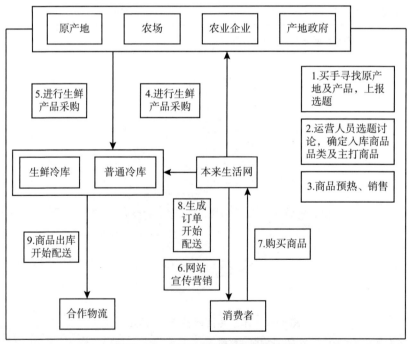

图 8-2　本来生活网的供应链模式

资料来源：作者根据本来生活网调研整理。

4. 本来生活网的生鲜农产品供应链断链环节

产地环节断链。本来生活网的产品由产地运送至北京，需要经过全程冷链体系才能顺利到达北京，而生鲜农产品在产地采摘后，进行田间运输、储藏等环节，然后才进入运输过程，而产地环节的断链情况，主要集中在采摘、田间运输、储藏等环节。本来生活网采用的是生鲜买手制，在全球范围内通过买手寻找特色商品，进行定制化基地直采，由买手亲自挑选优质的生鲜农产品。刚采摘的生鲜农产品需要在30分钟内进行有效的预冷处理，这样才能更有效地降低生鲜农产品的质量耗损。在采摘的过程中需要搬运时间，由于在搬运过程中未进行预冷或者预冷技术低，导致了生鲜农产品在这个过程中出现品质上的耗损。本来生活网对买手的要求非常严格，因此，买手检查生鲜农产品品质的流程非常严苛，每一次发货，买手必须在现场，检查农产品品质是否合格，也因此需要消耗一定的时间，从而会对农产品的品质造成一定的耗损。

运输环节断链。本来生活网经营的荔枝从田间采摘后需要进入冷库储藏，然后通过飞机或公路来进行运输。以荔枝为例，作为对温度要求比较高的一种水果，在运输前需要将荔枝搬送至运输冷库箱。由于在搬运的过程中，缺乏低温封闭月台来转移采摘的荔枝，加之很多工人的冷链物流意识差、操作不规范等问题，都会导致荔枝在这个过程中产生损耗和质量不安全。在运输过程中，未能充分考虑到物流过程中挤压、温度和湿度变化情况，未能做好防撞准备，未能对冷藏车的温度进行实时监测，无法实时传递信息等因素，都会导致运输环节出现断链问题。

仓储环节断链。生鲜农产品从产地运送至北京时，需要在北京的仓库完成分装，并在冷库中进行储存，以免生鲜农产品变质。本来生活网是自建仓库，在这个过程中又需要进行搬运，而本来生活网精细化管理不到位，搬运时间过长，不可避免地会对生鲜农产品造成一定的质量耗损。在顾客下单之前，生鲜农产品需要保存在冷库中，冷库中环境要求非常严格，冷库中产品的分类问题和风险控制问题一旦处理不好，就会导致断链。生鲜农产品在仓储过程中需要消耗大量的人力、物力和财力，如果储存密度和仓容利用率未掌握一个标准的度，就会导致断链。

配送环节断链。冷链物流的最后一步，也是最关键的一步。如果配送没做好，则前面的努力就会白费。第一，本来生活网采用的是可循环冷链保温物流箱，冷藏与冷冻环节均在低温环境下运行，包括分拣、独立包装、采用干冰与冰盒以及安全、无污染的蓄冷剂。由于干冰和冰盒的不稳定性，很难使冷链保温物流箱保持在固定的温度水平，从而导致断链。第二，本来生活网在部分产地直采而来的商品，原箱大规格可能会在商品页面上标注冷链配送，但实际上为常温配送，如佳沛金果、泰国椰青等，虽然本来生活网对此做出了解释：原箱大规格水果常温出库减少了加工环节，有利于加速周转，能将水果更快地送至顾客手中，常温配送相比冷链配送并不会影响商品品质。但是在夏天，天气较为炎热，很难保证生鲜农产品不出现质量耗损的问题，因而导致断链。

二、本来生活网生鲜农产品冷链物流断链原因分析

通过对本来生活网冷链物流的研究发现，从本来生活网产地到北京的整个过程中，生鲜农产品断链的环节主要是在产地环节、运输环节、仓储环节、配送环节。完整的生鲜农产品冷链物流包括产地预冷、冷藏车运输、冷库储存和保温箱配送等环节，一旦某一个环节出现问题，就会影响生鲜农产品的质量。因此，造成本来生活网生鲜农产品冷链物流断链的因素有很多，如农产品供应链断链环节。在产地需要进行冷藏措施，而先进的冷链物流设备是保证生鲜农产品的质量不被耗损的重要条件。先进的冷链物流设备能够有效地确保生鲜农产品的质量。

在采摘环节，生鲜农产品采摘后需要在 30 分钟内进行预冷，以便有效地保证生鲜农产品的质量。而本来生活网在采摘的很多节点上缺乏预冷，存在预冷环节的部分预冷技术较低，不能达到生鲜农产品保质所需的温度，缺少封闭低温月台。

在装配环节，生鲜农产品需要搬运至冷藏车中，而产地基本没有封闭低温月台，装配搬运都由人工完成，生鲜农产品的数量较多时，需要花费大量的时间来完成，因此极易造成生鲜农产品的质量下降。

在配送环节，生鲜冷链到户配送是冷链物流的"最后一公里"延伸，通常指将生鲜农产品从商家配送到消费者手中，其各个环节一直处于产品所必需的低温环境下，以确保食物质量安全。目前，本来生活网采用的冷链配送主要用保温设备（如保温箱）运送。保温箱配送的成本低，但是泡沫箱加冰的缺点是续航的时间相对来说比较短，温度的可操控性差，一旦配送时间较长，极易引起生鲜农产品的质量下降。

1. 全程冷链配送成本高

本来生活网华北物流中心业务覆盖京津，业务范围包括冀陕晋鲁地区，与"微特派"公司共同建设冷链配送体系，同时也与第三方物流进行合作。冷链物流体系的建设相对于常规的物流体系建设来说要求更高、资金需求更大、管理更加复杂，是一项投资大、回报期长的工程。完整的冷

链物流供应链能够更好地保证生鲜农产品的质量，减少耗损。但是建立一个完整的冷链物流供应链，本来生活网需要购买很多必要的专业制冷设备，还要对冷藏车和冷库进行定期维护，冷库租金贵等都是其成本高的原因。

不仅如此，为了保证生鲜农产品的品质，本来生活网建立了一套自己的生鲜农产品品质标准，对生鲜农产品进行定量检测以及第三方送检。据本来生活网透露，检测所使用的试剂花费大概就需要80万元，这还不包括检测的设备花费。中国产业信息网的数据显示，冷链物流的成本比普通物流的成本高出40%~60%，并逐年走高。而生鲜农产品卖不上价格，也使企业冷链物流出现很多断链问题。

此外，北京市的通行政策是非京牌车辆进入六环路（不含）以内道路和通州区全域范围道路行驶的，须办理进京通行证；每辆车每年最多办理进京通行证12次，每次办理的进京通行证有效期最长为7天。这也给本来生活网在北京市的运输增加了成本。

2. 消费者冷链物流意识差

目前，大部分消费者在消费时非常看重价格，冷链物流由于成本较高，通过冷链物流运输的生鲜农产品会比由普通物流运输的产品的价格高出许多。中国的消费者还没有足够的为生鲜冷链支付高价的意愿。生鲜农产品的价值本身不是特别高，因此农产品卖不上价格，消费者不买账的情况经常发生，这也是冷链物流企业净利润率普遍低下，盈利企业少的重要原因。生鲜农产品周转期必须非常快，否则，积压的、卖不出去的产品就容易因为库存时间过长而出现质量下降的问题。这些问题在一定程度上导致了冷链物流断链。

3. 入库出库时间长

生鲜农产品在整个过程中需要经过多次入库操作，而本来生活网的生鲜农产品的入库和出库基本上都是由人工完成的，数量很多的时候，入库和出库需要花很长的时间才能完成。入库前未能及时进行预冷处理、预冷技术低，都会影响生鲜农产品的质量。本来生活网会在商品入库后，根据用户订单，经过拣选、包装、检验打包，便会出库进行配送。出库前，打包会根据不同商品特性，按照包装标准进行包装。这些都是由人工来完成的，精细化管理不到位，工人操作不规范，等等，都使本来生活网冷链物流在入库出库方面花费很长的时间，从而很容易导致生鲜农产品出现质量的耗损。

4. 缺乏完整的冷链物流追溯监管体系

生鲜产品流通过程的中间环节众多，其中任意一个环节的疏忽，都会影响生鲜农产品的质量，因此，对各个环节的把控尤为重要。目前，本来生活网生鲜农产品还无法做到冷链信息公开化，整个供应链的冷链监控体系还未形成，无法对所有环节中生鲜产品的流通进行实时的把控。而冷链是从产地到消费者手中一系列环节的整体，仅仅在运输过程中对冷藏车中的温度以及冷库进行监控是不够的，只有做到对冷链物流所有环节都实时监控，才能保证万无一失。本来生活网目前还缺乏完整的冷链物流追溯监管体系，出现问题后很难发现根源来自哪一环节，给食品安全带来了很大的隐患，使生鲜农产品的耗损率加大。

5. 缺乏冷链物流人才

目前，冷链物流行业缺乏高端管理运营和技能人才，本来生活网更是非常缺乏冷链物流人才。与企业其他岗位相比，冷链物流人才工作环境艰苦，工资以及福利待遇没有满足要求。例如，本来生活网采用的"买手制"，买手需要收集各地的独特产品，并深入原产地，由买手进行采购，还需要买手挖掘产品的卖点，采销合一，这对于买手来说工作量是极大的，非常辛苦。其次，本来生活网的选址一般都离市区较远，员工在大城市解决不了户口，这也使高级人才、大学生进入该行业的壁垒加大。当然这也与物流专业学生对于冷链方面缺少认识，对于职业生涯缺少长期规划有关。

三、本来生活冷链供应链提升的对策建议

1. 完善基础的冷链物流设施，增加先进的冷链物流设备投入

实现冷链物流的快速发展需要有完善的基础设施，对于本来生活网目前的运营状况，提出以下几点建议。

首先，本来生活网要针对市场需求进行调研，对数据进行科学分析，把握未来的投资方向，根据市场制订方案，投入资金进行基础设施建设。做好应急处理，制定应急预案，避免突发意外情况导致生鲜农产品质量受损，如电力系统故障引起冷库失效等。

其次，制冷技术的发展是冷链行业发展的前提，技术升级首当其冲。第一，加强国内外先进科技的研究学习，实现冷链物流稳步发展，提高竞争力，避免被市场淘汰。第二，做好研发等科技创新工作。毕竟借鉴国外经验和核心技术是有限的，只有自我强大，才能在根源上消除阻碍我国冷链物流服务发展的因素。国内的有关机构和大学应该相互合作，进行先进

科学技术的研发，增加我国的自主知识产权数量，解决技术上的难题，节约技术成本。

2. 降低物流成本

由于本来生活网采用全程冷链来保证生鲜农产品的质量，因此冷链物流的成本非常高。运输时间越长，费用越高，生鲜农产品的耗损可能性也会越大。所以，降低本来生活网冷链物流成本可以从三个方面来进行：第一，通过优化运输路线来减少运输时间，生鲜农产品尽早运输到目的地，就能减少质量下降的风险。第二，加强节能建设，降低制冷方面的能耗。目前，本来生活网所使用的设备的制冷效率相对来说是比较低的，需要消耗巨大的能量。因此，本来生活网进行技术创新是非常有必要的。第三，对现有的保温箱、冷藏车，冷库进行充分的利用，杜绝资源浪费，规范日常操作，爱惜冷链物流设备，从而降低物流成本。

3. 提高消费者冷链物流意识，培养冷链物流专业人才

本来生活网可以通过媒体来宣传冷链物流知识，提高相关人员对冷链的认识，通过品牌溢价、品质溢价来提高生鲜农产品的价格。采取举措来吸引和培养冷链物流人才：第一，健全薪酬福利制度，在大城市争取一些户口的指标，加大产学研合作。第二，营造良好的工作氛围，满足工人的社会欲望。第三，加强在职员工培训，建立自己的人才培养方案，通过老员工的经验交流活动增加新员工的专业素养，在企业内部培养高级人才。将企业发展与员工个人的成长目标相结合，让员工清楚地看到自己的晋升途径，从而形成一项有效的激励机制。

4. 加强精细化管理，完善冷链物流追溯监管体系

第一，制定科学的操作方法，并用文件的形式固定下来，避免由于操作不当造成出入库时间过长。第二，提高员工的责任感，避免因暴力装卸而造成浪费。第三，合理利用冷藏设备，增加冷藏设备的使用率，注重操作规范，爱惜设备。本来生活网可以应用物联网技术，建立温控系统，提高冷链物流仓储管理水平，出现异常时系统能够发出报警，降低货损率。建立全程可视化监控和信息反馈系统，减少信息失真现象，实现全程的可视化、冷链物流资源利用的最大化，把温度信息同位置信息相结合。若食品在运输过程中产生不必要的腐烂变质，可以通过这项技术顺利找到负责人。从而避免腐烂变质的食品被消费者食用，影响冷链物流行业的口碑。

5. 政府给予政策支持和资金扶持

政府应该对冷链物流行业提供政策支持，优化冷链物流配送中心，并且打造一个供需两地的生鲜农产品绿色通道，对该通道实施路费减免等一系列的优惠政策。对先进的冷链物流设备的投入提供资金扶持，加强冷链物流设备设施的建设。在商场集中地点制定公共配送中转站，使低温储存车辆能够直接进入中转站，通过中转站专用通道进入经销商的低温经营场所，或者可以直接进入与营销场所连通的冷库。还应加大对道路运输方面的资金投入力度，并加大多种运输方式的中转地基础设施建设，为实现冷链无间断对接提供保障，从而为生鲜电商减少一些成本上的压力（王泰宝，2018）。

目前来看，本来生活网作为生鲜电商中的龙头企业，应该秉承以消费者的满意度为核心的经营理念，为顾客提供更优质的服务。本来生活网生鲜农产品冷链物流方面还存在很多不足，在运营过程中应当根据实际情况进行改善和调整，只有彻底解决断链问题，才能使企业的竞争力越来越强。

第二节　北京永辉超市生鲜冷链物流发展分析

一、北京永辉超市基本情况

永辉超市是福建省在推进传统农贸市场转型发展背景下培育起的一家大型民营股份制企业，也是中国第一家将生鲜农产品引入超市的流通企业，被国家七部委誉为中国"农改超"的典型，在老百姓心目中有着"民生超市、百姓永辉"的美誉。永辉超市北京六里桥店于2009年正式开张，这是永辉集团首次进军北京，其重要性不言而喻。截至2022年，永辉超市在北京开设了51家大型连锁生鲜超市门店。永辉集团从2015年开始，除了传统的"Bravo YH"之外，还将重点从红标品牌提升到了Bravo绿标品牌。"红改绿"是制度上的一次大改革，重点在于产品的销售、经营、品类结构和服务的全面革新。永辉在北京地区所有的店面都已经实现"红改绿"的历史性转型，而北京永辉则是永辉集团在闽、渝发展后的另一成功案例（见表8-2）。

表8-2　　　　　　　　　　北京永辉门店各区分布数量

地区	朝阳	丰台	大兴	房山	昌平	通州	海淀	门头沟	石景山	顺义	东城
数量（家）	11	8	6	5	5	4	4	2	2	2	2

永辉超市在生鲜农产品经营方面独具特色：在北京地区所有的超市均拥有超过40%的生鲜经营面积，果、蔬、禽、肉、蛋、鱼等商品丰富多样。在公司的销售总额中，生鲜农产品的销售额占据了总额的50%。永辉超市自从在北京开业以来，一直秉持着"民生超市、百姓永辉"的理念，把民生放在第一位，努力解决农户"卖难""买贵"问题；积极响应国家号召，利用主要的流通渠道，保证市场供给，维持物价稳定；致力于提高新鲜产品的质量，突出了高鲜、高质、低价特色。

首先，北京永辉的生鲜农产品与北京各大农贸市场相比具有突出的性价比，售价通常比市场价便宜10%~20%，为消费者提供了更多的实惠。其次，永辉的生鲜农产品种类繁多，在北京各大门店的生鲜农产品种类超过3 000种，为消费者带来了更多的选择。再者，门店内干净、整洁，为消费者提供了更好的购物环境与体验。最后，北京永辉拥有自己的采购模式，保证了消费者所需商品的质量，使消费者感到安全、安心，因而深受广大消费者喜爱。

永辉素以低价售卖生鲜农产品而闻名。永辉超市以生鲜农产品为导向，将传统超市与生鲜超市相融合，其市场竞争能力比传统商超和一般的生鲜集市更具有优势。总的来说，永辉的经营方式是"可复制，但他人难以模仿"，永辉可以在国内开设自己的分店，门店易复制易扩张，销售也会随之增加，但永辉的冷链物流体系和冷藏配送系统都要花费较多的时间、精力和财力投入，其竞争对手在短期之内难以模仿。永辉再用其他零售商品进行销售变现，提高公司整体的收入水平。

二、北京永辉超市冷链供应链发展分析

永辉超市在北京经营的十余年中，立足北京地区的生鲜农产品，构建了一条适合北京地区的完整的冷链物流系统，实现了对生鲜农产品的采购、仓储、销售、物流等各个方面的控制，将生鲜产品的损耗降低至业内最低，这是一种"永辉模式"。"永辉模式"是永辉连锁超市特有的生鲜农产品运营模式，以传统的农贸市场为竞争者和替代目标，对销售环境、产品价格、产品质量、卖场结构、消费体验等多方面进行了优化。采取直采直营方式，建立强大的生鲜采购团队和基地采购网络，成为国内零售行业的翘楚。

北京永辉超市通过大力投入建设冷链仓储与物流配送中心，目前已经建立起了从产地到配送再到销售的"采购段—基地—物流中心—门店"的扁平一体化供应链体系，最大限度地提高了配送环节的效率（见图8-3）。

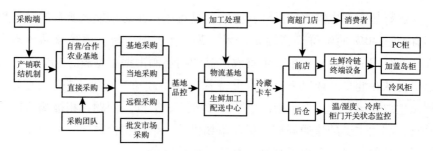

图 8-3　北京永辉超市生鲜农产品供应链架构

1. 采购环节

对生鲜零售企业来说，生鲜农产品就像是一柄"双刃剑"：一方面，生鲜产品是需求最大、最能吸引消费者的商品，也是超市经营中不可缺少的重要环节；另一方面，由于生鲜农产品采购困难、损耗严重、难以把控品质等问题，使得在超市中的运营遇到了困难。永辉超市之所以能在生鲜电商领域占据一席之地，是因为拥有自己的生鲜农产品采购模式。与同类企业不同，永辉超市的生鲜农产品供应链以原材料为核心，围绕"品质、品牌、源头"三大经营理念，采取统采、直采、本地农贸市场、供应商采购、海外直采五大采购方式，构建全国范围内的统采、区域直采体制，减少传统模式冗长的流通环节，多种采购模式齐头并进，满足不同地区业态需求。永辉在北京的各大卖场都坚持自主经营采购所有生鲜产品，并且在本市设立了大量的采购点。

以北京永辉超市马家堡店为例，在蔬菜保鲜柜中陈列的小汤山蔬菜、美味加蔬菜等都是门店的直供商品。在采购环节，供应商上门是一种方式，但是生鲜农产品的价格、品种变化较大，需要采购员积极主动地掌握市场信息，由不同的采购员负责接待不同的供货商。在接到供应商的产品报价后，采购员会查询同类商品的市场价格，做到"货比三家"。另外，在洽谈业务之前，采购者要进行前期调研，预先设定一个可以承受的上限，决定是否能够接受供货商品。

2. 产品打造及冷链运输环节

永辉超市在北京不仅拥有生鲜农产品采购基地，还有自己的农产品种植生产基地，同时还开设了自有的批发市场，这些都是永辉超市在北京地区打造供应链延伸的重要因素，因而占据了产品的质量和成本优势，拥有了巨大的市场空间，在与传统农贸市场的竞争中，在经营生鲜农产品的行业中，都处于领先地位。

在冷链运输环节，集中布局、高频率配货，也是永辉寻求降低生产成本的途径。对于一个区域内的多个门店，永辉每天可以安排 3 次以上送货。因为送货频繁，产品供应有保证，行动背后是一支其他超市所没有的生鲜运营队伍，有着许多出色的生鲜管理、采购和水产养殖专家。

3. 商超门店中生鲜农产品的储存和保鲜

永辉超市利用冷链技术，使生鲜产品的品质在采收、加工、包装、储存、运输、销售的全流程中得到最大限度的保障。永辉于 2017 年度制定了"冷链配送末端规范化建设工程"。从标准化建设、信息化建设和推广冷链系统三大环节入手，按照全国冷链设施建设要求，全面实施生鲜冷链物流终端冷链设备提升，以实现对温度的智能化实时监控和科学管理。

在标准化建设上，北京永辉连锁超市的各大卖场按照商品陈列和展示的要求，积极推广 PC 柜、加盖岛柜、冷风柜等设备，并将其作为产品用在物流末端的存储和保鲜地点。在信息系统上，永辉公司已对冷库和冷藏车辆等进行了系统升级和监控，对冷库温度、冷库门开关状况等重要指标的智能化实时监控，科学管理，并连接第三方监测平台，加大监控力度。另外，永辉集团还聘请了标准化专业人士进行了有针对性的检查，制定和颁布了《超市生鲜冷链物流操作规范》《冷链销售管理制度》。

三、永辉超市北京地区生鲜冷链物流问题

1. 冷链物流专业化人才不足

由于冷链物流业务涉及多个专业领域，存在显著的专业特殊性，因此冷链物流业务的运作要求具备高技术、能力过硬的学科专业人员。当前，国内的冷链运输专业教育还很薄弱，虽然很多大学都有相关的学科，但是关于冷链物流和物流模式的教学方法却是以基础知识为主要内容，与现实生活脱节，很难给学生提供有效的学习和训练，也无法满足企业对冷链物流人才的需求。另外，我国生鲜电商业务发展迅速，从事冷链物流相关工作的员工人数众多，但目前还没有统一的工作规范和相关资格认证，员工的能力参差不齐，无法适应冷链物流在当下信息化社会中的发展。

根据永辉公司上市年报，2021 年底，永辉共有 123 797 名员工，其中高中及以下学历 99 090 人，大专学历 18 766 人，本科学历 5 679 人，本科以上学历 262 人。永辉在人才库的建立上依然缺少高精尖的人才，并且大多数员工未经过正规的训练和教育。目前，国内虽然建立了比较完善的冷链运输系统，但由于物流产业发展相对滞后，缺乏对物流管理人员的培养，导致永辉超市在体系内能够达到专业标准的员工寥寥无几。

2. 消费者体验感差

消费者的需求难以在线上满足。在选购生鲜农产品时，消费者更习惯于眼见为实，实地挑选，仔细观察商品是否新鲜，大小、形状等是否符合要求。但如果消费者的购物方式转向手机等移动终端，商品真实的细节就无法向顾客完全地展示。由于生鲜农产品在配送过程中会出现包装损坏、产品挤压、水分流失等问题，会导致部分消费者网购的产品质量低于预期，消费者体验感较差。永辉超市一直将"销售物美价廉的生鲜农产品"作为自己的经营卖点，但在近几年，永辉超市所销售的生鲜农产品却屡屡被检出食品安全问题。根据北京市市场监督局食品安全监督信息公告，2020 年 5 月 18 日，北京永辉超市天宫院门店的妃子笑荔枝中出现了蛆虫，同时此门店销售的猪排骨存在过期问题，肉已经变质；2021 年 10 月 31 日，北京永辉房山长阳分店销售的蔬菜，经北京市质量监督与危险评价中心检测，该产品未达到国家规定要求；2022 年 1 月 19 日，北京市石景山地区工商局对北京永辉超市所提供的牛蛙进行抽检，未达到《食用农产品市场销售质量安全监督管理办法》第 25 条（2）款要求。

3. 自建冷链物流体系成本偏高

物流配送效率较低。北京永辉超市在线上配送方面，有自建物流和京东到家两种配送服务方式。永辉生活门店主打 1 千米周边配送服务，Bravo 绿标门店支持半径 3 千米内最快半小时送达。但当消费者下单订购后，配送时间往往超出了预计送达的时间，导致有的消费者已经在下单前计算好时间准备做饭，但订购的商品却迟迟不能送到，门店客服不能及时答复，引起了很多消费者的不满，导致线上顾客流失。

永辉超市在北京地区的物流配送中心还承担着采购、结算、退换、配送等多种职能。如果其他工作太多，就会忽略最基础的职能——配送，从而导致物流的费用成本上升。由于永辉自身的物流管理体系还不健全，导致企业无法及时掌握各个店铺的销售状况，出现无法及时获取采购资料、制订采购方案等一系列问题。

人工和产品成本高。北京永辉超市采用"买手"模式进行采购，使永辉拥有大量的生鲜采购员，庞大臃肿的采购体系使人工成本大幅度上升。再者，生鲜产品容易变质、腐烂，而且有地域性、季节性特征，增加了超市的损耗成本。由于采用了直接采购的方式，生鲜农产品的配送是由供货商和超市自己完成的，因此很难对生鲜产品的损失进行有效管理。同时，对生鲜产品的成本进行有效控制和管理也颇有难度，如何决定商品的利润率也是一个很重要的问题。

4. 在生鲜农产品市场竞争中优势不再

因为生鲜农产品的用户黏性高、重复购买率高、客源引流等诸多优点，以及发展生鲜农产品的高毛利特点，越来越多的大型企业进入生鲜电商行业。北京地区有着许多经营生鲜农产品的电商企业与线下商超，这种趋势将会在市场竞争中日益凸显。线下有阿里巴巴的盒马鲜生、京东的7 FRESH生鲜超市、百果园和天天果园等传统的连锁卖场；线上有天天优鲜、叮咚买菜等竞争对手；永辉超市还面临着来自世界各地的竞争者，诸如沃尔玛和家乐福等超市巨头纷纷进入市场。由此可见，生鲜市场的竞争越来越激烈。

伴随着互联网行业的兴起，永辉连锁以"云创"为孵化基地，在北京相继引进了永辉生活、超级物种、永辉到家、迷你店等品牌。但公司业绩报告称，永辉在2021年关闭北京9家Bravo商店，10家mini商店，1家超级物种，总共20家分店。近十年来，永辉以其低廉的价格，在生鲜农产品零售业形成了一条"护城河"。但近两年来，由于受疫情的冲击，永辉超市在社区的价格竞争中已经渐渐丧失了往日的强势。

四、永辉超市改进北京地区生鲜农产品冷链物流的对策建议

1. 积极引进与培养专业化人才

北京永辉超市可以通过建立完善的薪资和津贴体系来鼓励员工，比如，有竞争力的薪酬，解决北京户籍落地的指标等。也可以强化公司的企业文化建设，给予员工更多人文关怀，激发他们的工作热情，让他们在工作中保持良好的心态与工作状态。

强化现有人员的培训，制订符合公司实际情况的人员培训计划，让他们有更多的时间接受专业技能训练。

强化高校与企业的协作，为了弥补理论与实践脱节的不足，高校应该采取校企合作、工学结合的方式，为冷链物流体系的建设提供实用型和专业型人才。要充分发挥学校和公司的力量，加强校本课程基本原理和方法论建设，加强对学生职业素养的培养。提高发现问题、分析问题和解决问题的能力。增加实习课程，使学生能够更好地学习并掌握专业知识。通过理论和实践的结合，为北京永辉超市提供更多专业化的冷链物流管理人员。

2. 注重生鲜农产品质量，提升消费者体验感

加快超市中生鲜农产品的周转，提升整体结构的合理性，能保证消费者下单的数据准确，及时反映在库存系统上。后续要对商品的销售情况进

行分析，及时对生鲜农产品进行出货和补货，若遇到库存积压，要用促销方式及时清理库存。生鲜产品以品质为生命。"好品质"和"好卖相"决定着消费者是否满意，更代表着公司的销售情况。超市要建立一套严密的进货验收体系，门店的生鲜运作部门要有质量反馈机制，保证超市存货和保鲜工作的专业化，保证新鲜商品的品质。有了专业化的采购，才能保证产品的质量；能够做好保鲜和储存，便是上乘质量的保证；做好门店的陈列，是质量上乘的体现。为了给顾客更好的在线服务体验，建立良好的用户体验环境，公司要积极运用大数据、互联网、云计算等信息技术，收集大量的消费者信息，并通过分析挖掘出消费者深层的需求，真正做到了解消费者的意愿，构建"想其所想、投其所好"的经营模式。同时，超市还需要通过物流企业获得科学的冷链物流计划，并通过腾讯云计算技术的接入与大数据技术相结合，只有保证生鲜食品是新鲜的，顾客才能真正满意。

3. 加强食品安全管理

首先，进行源头检验，由购买产品的人承担责任。超市进货后，应当对新鲜食品进行检验，将不安全因素从根源上消除。其次，需要检验的食品，必须有定期的检验和公告，有蔬菜的农药检验，新鲜食品的定期检验、冻品、家禽、牛、羊、猪肉的检疫。某些刀具在使用之后要进行清洗，并对所用的刀具进行定期杀菌，定时清洁库房和卖场，以防苍蝇和老鼠的滋生。最后，针对连锁超市生鲜产品的经营特征，由各大卖场的主管人员开展对新鲜农产品的食品安全检查，区域主管人员对各部门进行检查，并责令不符合食品安全标准的超市立即整改。

4. 降低冷链物流体系成本

精简采购人员。永辉可以精简一部分采购人员，以增加用人效率，加强对采购部的专门训练，提高员工的技术水平。合理控制各环节的损耗。生鲜食品的特点决定了食品生产过程中要严格控制损耗。在采购环节，要建立起严谨的采购规范，并对其进行严密的控制。在订货时，应按销订购，各分店对次日的订单要按照实际销量进行。在验收阶段，员工必须接受专门的技术培训，以确保产品的验收。在库存方面，要尽可能地降低库存，要一次定购适当数量的货物，提高订货频率，并运用科学的方法储存生鲜农产品。同时，超市也要有效地组合商品，通过促销活动来控制库存。建立完善信息管理系统。随着大数据和网络技术的不断发展，北京地区对生鲜农产品有着巨大的需求量和订单量，永辉也需进一步强化其应用，运用大数据技术，实时掌握各个店铺的销售情况和采购情况，并对费用进行合理的管理。在采购、订货、配送等过程中，要强化物流中心的信息化，以减少物流费用，提高企业的核心竞争能力。

第三节 非洲猪瘟对猪肉冷链产业链
断链的影响及应对机制

自 2018 年 8 月初我国首次发现非洲猪瘟以来，非洲猪瘟疫情呈现多点散发、趋于平稳、防控有效、总体可控的态势。但必须看到，当前我国非洲猪瘟疫情防控形势仍然十分严峻。从当前的发展态势来看，疫情很有可能较长时间存在。农业农村部的新闻通报和有关研究表明，活畜禽长途调运是引发动物疫情传播的重要原因。因此，限制生猪长途调运是防止非洲猪瘟疫病传播的重要手段①。对此，农业农村部关注生猪的运输环节，监管与政策更加严厉。为了避免非洲猪瘟的再次蔓延，对生猪运输环节出台多个管控文件。2018 年《关于防治非洲猪瘟加强生猪移动监管的通知》，严防因生猪移动导致疫情扩散蔓延；2018 年《农业农村部关于切实加强生猪及其产品调运监管工作的通知》，明确了发生疫情省份生猪及其产品调运要求，严格限制生猪及其产品由高风险区向低风险区调运；2018 年《农业农村部关于进一步加强生猪及其产品跨省调运监管的通知》，明确要求与发生非洲猪瘟疫情省相邻的省份暂停生猪跨省调运。由于非洲猪瘟疫情的长期性和反复性，我国生猪由北向南的运输线路几乎被全部封锁。2020 年，农业农村部发布了第 285 号公告，加强非洲猪瘟的防疫控制措施，健全完善生猪全产业链防控责任制。通过线性管理向"点对点"的定向管理，细化疫情防控机制。

生猪在主产区和主销区之间供应链的长途运输是市场经济条件下市场机制作用的结果。这种供应链是在生猪产区和销区之间空间距离不断增加的基础上产生的，一方面，适应了养殖空间格局的剧烈变化，满足了我国居民偏好热鲜肉的消费喜好；另一方面，也必须看到生猪大量长途贩运带来一些很值得重视的问题，如疾病传播、损耗、成本加大和食品安全问题

---

① 首起疫情发生以来，截至 2020 年 7 月农业农村部已查明疫源的 68 起家猪疫情，传播途径主要有三种：一是生猪及其产品跨区域调运。因异地调运引发的疫情共有 13 起，占全部疫情约 19%。二是餐厨剩余物喂猪。因餐厨剩余物喂猪引发的疫情共有 23 起，占全部疫情约 34%。三是人员与车辆带毒传播。生猪调运车辆和贩运人员携带病毒后，不经彻底消毒进入其他猪场，也可传播疫情。这是当前疫情扩散的最主要方式，占全部疫情的 46%。

等。非洲猪瘟改变了传统生猪调运的方式。传统的生猪外销大省如河南、东北三省、山东、河北等地皆限制生猪出省，这些省份的下游需求地区（北京、上海、浙江、江苏、四川等地）相应出现了生猪供应不足的局面。国内猪市由调猪变为调肉，生猪市场调运发生了变化，长距离的生猪调运被限制，生猪供应链由"调猪"向"调肉"转变，在新形势下如何重塑生猪供应链，生猪供应链整合的关键节点有哪些，企业如何抓住难得的历史机遇快速发展，政府如何制定政策扶持生猪供应链转型升级。

一、从调猪到调肉供应链重塑的关键节点

生猪供应链的转型

生猪供应链是指以提供猪肉供应为目标，以猪肉加工贸易企业为核心，由仔猪、饲料、兽药等生产资料供应，生猪养殖、屠宰、加工，猪肉物流配送、流通销售等组成的网链结构。传统的生猪供应链基本是"猪贩子—屠宰场—屠宰加工—猪肉批发商—集贸市场—消费者"，具体模式为：农户把生猪卖给猪贩或屠宰加工企业进行加工，然后把猪肉及其制品送到自由市场，卖给消费者。2020年，我国出栏生猪5.27亿头，生猪存栏量4.07亿头，较上年增加0.97亿头，同比增长31.29%，恢复到2017年末的92.1%。据流行病学调查，我国95%的布氏杆菌病疫情、90%的口蹄疫疫情都是由活畜长途调运引起。每年我国省际调运猪肉1 260万吨，占全国产量的24%，其中调出省份13个，主要集中华中、华北和东北地区，调入省份18个，分布于华东、西南和华南地区。广东、福建、浙江、上海及江苏南部是重要的生猪调入区。华东及华南地区调入的生猪主要来自河南、山西、陕西、甘肃，而东北三省及内蒙古东部地区的大量产能释放，保证了京津地区生猪需求。东北三省和内蒙古东北部，利用政策环保压力倒逼养猪企业改革，抓住契机巩固其生猪主调运区域的地位；长江中下游地区的生猪供应，比如安徽、江西、湖南，有少量富裕或供需平衡，随着调出潜力的持续下降，转为供应偏紧，需要少量调入；河南需求持续增加，可供调出数量将减少；浙江的生猪缺口将进一步扩大，稳居全国最大的生猪调入省份；广东的猪肉需求放缓，大量生猪产能迁徙或关闭，缺口增大。

生猪在主产区和主销区之间的长途运输是市场经济条件下市场机制作用的结果，是为了适应我国居民对热鲜肉和冷鲜肉的消费偏好，这种流通供应链，一方面为生猪主产区扩大了销路，解决了生猪产销矛盾，

同时在应对生猪市场价格波动风险，稳定生猪产业方面发挥了重要作用，为生猪销区居民吃上新鲜肉、屠宰企业扩大经营创造了条件；另一方面，生猪大量长途贩运带来一些问题，如疾病传染、损耗、成本加大和食品安全等。

从产区到销区长距离大范围运输的生猪供应链是传统的供应链形态，其起点是生猪经纪人的收购和运输。从养殖者手中购得生猪，销售给屠宰加工企业，并且负责两地间的生猪运输。生猪收购来源可能是散养农户，也可能是规模化养殖场，收购之后，经纪人一般会负责长途运输：直接运送到当地的屠宰场，或者运送到异地屠宰场，然后进入批发和零售渠道。由于运输成本较高，流通过程损耗严重，中间商为了获取较高的利润，使流通中介费用偏高，这就加大养殖户的交易成本，由于缺乏标准化和严格的管控，容易产生疫病和卫生风险。我国生猪供应链的主要环节如图8-4所示。

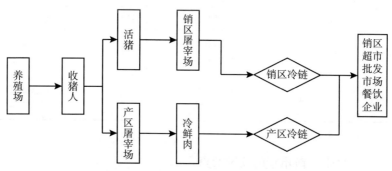

图8-4　我国生猪供应链的主要环节

非洲猪瘟疫情发生后，农业农村部进一步加强生猪调运的限制。作为生猪主产区，生猪调运基本停滞，造成了大量生猪被动压栏，供应过剩，价格走低。而京津等大城市和东部的浙江、上海，由于需要从其他省份大量调入生猪，调入量往往占总供应量的40%以上，生猪调运禁止后，生猪供应缺口明显，价格快速上涨。鉴于当前中国大量的生猪产能集中在东北三省、河南、湖南等地，产能的过度集中，在出现疫情之后，容易出现南北猪价分化和畜牧产业的波动局面。受非洲猪瘟疫情、畜禽运输政策、环保以及中美贸易摩擦等多重因素叠加的影响，生猪供应链将面临重塑：一是屠宰场主导供应链的权力增加，屠宰场将掌握流通领域更大的话语权。二是肉类冷链将迎来新的发展机遇，跨省的冷鲜肉运输将大幅度增加。目前的冷链还远远不能满足需求。三是将由集约化、现代化的养猪场，或者专业化的养殖小区提供猪源，生猪收购和运输环节将会更加规范。新型供应链将直接以猪肉物流为核心，采取集中屠宰、冷链运输、冷鲜上市模式。新型供应链由现代化的养殖场为起点，经过大型现代化的屠宰加工，通过全程冷链，最后由超市、专卖店进行销售、直接供给消费者（见表8-3）。与传统供应链相比，新型供应链更重视猪肉质量，通过全程冷链，在猪肉的流通环节上能够把握和控制。

表8-3　　　　　　　　　传统供应链与新型供应链比较

供应链环节	新型猪肉供应链		传统猪肉供应链	
	形式	特点	形式	特点
养殖	规模化、专业化标准化、安全化	设施、设备、饲料投资大成本高	小规模散养	农户副业性质成本低
屠宰	工厂化/定点屠宰	设备先进卫生状况好	代宰、自宰	设备简陋卫生状况较差
运输	冷链运输	设备要求高	活猪运输	普通运输
销售	超市、专卖店	设备先进销售成本高	农贸市场等	设备简陋销售成本低
组织模式	合同、一体化	组织成本高交易成本低	市场交易	组织成本低交易成本高

二、生猪供应链重塑的关键节点

1. 生猪收购与运输环节

生猪收购与运输是生猪市场流通的第一环节，是促进产销衔接的重要纽带。其行为主体是生猪经纪人和收猪人。目前，全国各地都活跃着一批从事生猪收购交易的收猪人和经纪人。通过调查发现，我国生猪养殖户饲养的生猪几乎全部通过贩运商进入流通领域。大中型规模养殖场这一占比为50%左右，一些屠户会选择直接与企业化程度较高的组织签订合同，如江苏雨润集团采购生猪60%来自贩运商，40%来自合同户。生猪收购与运输环节是猪肉供应链重塑的一个重要环节，需要强化管理，建立登记备案制度、黑名单制度、车辆登记制度等，强化监督管理。从长期来讲，要加强生猪合作社和专业化第三方物流体系建设。

尽管受到新冠疫情影响，但进口食品需求逆势增长，海关总署数据显示，2020年中国肉类（含杂碎）累计进口991万吨，同比增长60.4%，其中猪肉进口量 439.22 万吨，同比增长 108.34%。

2. 屠宰环节

在生猪供应链的屠宰环节，我国每年生猪屠宰量大约 6 亿头以上。2019～2020 年，农业农村部公布的两批全国生猪屠宰企业共计 5 005 家，2020 年，中国规模以上生猪定点屠宰企业生猪屠宰量为 1.63 亿头。目前，屠宰行业依然存在企业规模小、分布不合理、监管制度不完善等问题。非洲猪瘟疫情频发的背景下，由于活猪禁运，生猪销区屠宰加工能力短期内尚不能完全满足屠宰需求。按照 2020 年 1.63 亿头生猪屠宰量，毛猪主产区（调出省份）应该抓紧时机适当加快现代化屠宰厂建设，按照目前 30% 左右的开工率，屠宰厂数量提高到原来的 3 倍，才基本上能够满足目前活猪的屠宰量，也就是需要新建大约 3 000 万头的屠宰能力的屠宰场。关键是大幅度提升机械化程度和现代化水平。目前，主销区约有 30% 的屠宰企业，受非洲猪瘟疫情影响，因禁止活猪运输，产能严重过剩，可能面临"无米之炊"，主产区屠宰企业屠宰能力有待强化，技术装备亟待提升。销区的屠宰企业需要转型升级为专门化的冷链物流中心，保留少量的屠宰能力即可。

3. 冷库仓储环节

中物联冷链委数据显示，近 5 年来，冷链业务发展迅速，百强企业营收规模不断扩大，年复合增长率达 29.96%。2019 年，冷链物流百强企业冷链业务营业收入合计达 549.76 亿元，同比增长 38.05%，占 2019 年冷链物流市场规模的 16.21%，百强企业的市场占有率相较于 2016 年的 9.22%、2017 年的 10.19%、2018 年的 13.79%，呈逐年增长态势，冷链市场集中度不断提高如图 8－5 所示。

中物联冷链委数据显示，2019 年，冷链物流百强企业中，业务着重布局的前三名分别是：冷链仓储、城市配送和干线运输。伴随行业对冷链末端配送环节关注度增加，提供冷链宅配服务的冷链物流百强企业数量较上年有明显增长；开展供应链业务、冷链园区业务的企业也有明显增加，越来越多的冷链物流企业开始增强对产业链的综合赋能。大部分冷链物流企业在扩展业务多元化的同时，也在不断地进行资源的集中与优化，更加注重核心业务的专业化与精细化打造，实现业务的横、纵扩展。将地区按入围企业数量排序：华东＞华北＞华中＞华南＞东北＞西南＞西北，华东地区入围企业数量最多，是冷链物流企业开展业务最多的区域。将地区按冷链物流百强企业营收排序：华东＞华南＞华北＞华中＞东北＞西南＞

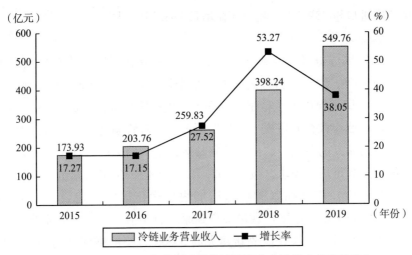

图 8 – 5　2015～2019 年我国冷链物流百强企业冷链业务营业收入

资料来源：中物联冷链委员会《中国冷链物流发展报告（2020）》。

西北，华东地区入围企业总营收最高，占总营收的比例为 51.3%，2018
年此数据为 44.2%，华东区域性优势进一步显现；东北排名较上年上升一
名、区域整体行业营收能力提升较为显著。将地区按百强企业营收均值排
序：华南＞华东＞华北＞华中＞西南＞东北＞西北，华南地区企业平均营
收最高，华北排名较上年上升一名，企业营收水平进一步提升如图 8 – 6
所示。

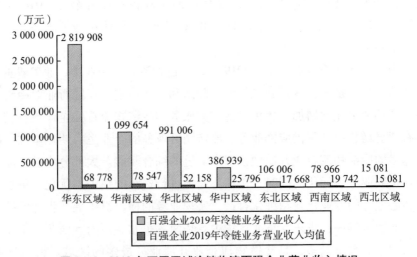

图 8 – 6　2019 年不同区域冷链物流百强企业营业收入情况

资料来源：中物联冷链委员会《中国冷链物流发展报告（2020）》。

中物联冷链委数据显示，冷链物流百强企业冷藏车资源方面，近5年来冷藏车总量逐年攀升。2019年，冷链物流百强企业投入使用的冷藏车共计120 508辆，较上年增长6.7%，约占全国冷藏车保有量的56.13%，与上一年数据相比自有车辆减少、外协车辆增加。根据调研，一方面是在国家政策影响下，企业在2019年淘汰了一批国Ⅲ标准冷藏车，并逐步补充国Ⅴ标准、国Ⅵ标准冷藏车；另一方面，由于行业竞争加剧，企业对资源投入更为谨慎。更多通过外协车辆来进行运力补充。同时由于城配、宅配等业务增加，企业偏向于购置轻型、中型冷藏车。2019年，冷链物流百强企业冷链运输平均月公里数为10 094.68公里/车，与上年相比增长19.63%，表明企业运输效率进一步提升。2015~2019年冷链物流百强企业冷藏车保有量情况如图8-7所示。

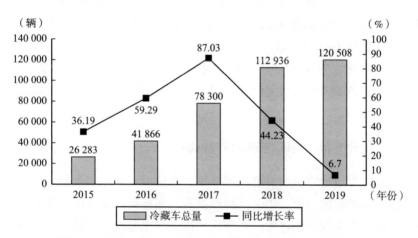

图8-7　2015~2019年冷链物流百强企业冷藏车保有量情况

资料来源：中物联冷链委员会《中国冷链物流发展报告（2020）》。

北京、上海、浙江、广东等地作为猪肉主销区，冷库总量大，冷链企业强，物流网络设施相对完善。作为猪肉主产区的河南、湖北、湖南、四川等地冷库总量不足，在由调猪向调肉的供应链转变过程中难以适应需求量在短期内的快速增长。江西、陕西、黑龙江、山西、新疆、贵州、吉林、天津，这些地区冷链物流网络较为薄弱，难以满足猪肉调运的需求。

由此可见，我国猪肉冷链物流发展区域性矛盾突出。一是产区和销区的不平衡。猪肉主产区冷链物流发展难以满足需要，河南、湖北、湖南、东北地区等地的冷链物流供给难以满足需求。二是东部地区和西部地区的不平衡。北京、上海等地冷链物流供给过剩，甘肃、宁夏等西部地区则严重不足。三是冷链物流地区性分布和冷链网络互联互通不平衡。目前，冷链物流主要是地区性分布，而冷链物流发展本身要求全链条、全国性布局，导致冷链企业散、小、乱，难以统筹规划。在运输过程采取的生物保障冷链运输措施不足（车辆消毒不彻底，不同猪场把生猪混装，不同收猪人把生猪分装），行业运行规范长期不透明，外界对此环节规范化呼声日益高涨，非洲猪瘟事件过后，生猪供应链将进一步规范化。

参考农业农村部、农科院等有关专家的访谈和对生猪企业的调研，按照73%的出肉率，2020年1.63亿头生猪，每头生猪按照120公斤计算，总共转化为猪肉195.6亿公斤，则需要新增893.52万吨冷库容量。目前，东北三省冷库容量229万吨，河南192万吨，湖南100万吨。也就是说，现有冷库的数量远远满足不了新增冷鲜肉需要的冷库数量。目前，冷库结构不合理，以冷冻库为主，缺乏多温带的设计，冷库设施设备落后。因此，重塑生猪供应链的重要任务是新建冷库和改造原有冷库。相应的冷藏车需求也会大幅提升，根据估算，大致需要新增3万辆冷藏运输车。

三、提升生猪冷链供应链的应对机制

一是优先启动冷鲜肉冷链物流体系工程建设。强化财政投入中对肉类冷链冷藏车的补助力度。由公共财政投资，在重要产地、销地建设一批公益性冷库，作为战略储备库。对产区的肉类冷库建设、销区屠宰场转型升级为肉类冷链物流中心建设、购置冷藏车等，给予专项财政补贴。鼓励银行、产业基金等社会资金优先支持冷库建设和冷藏车购置。

二是支持肉类屠宰加工企业和第三方肉类冷链物流建设。肉类冷链是专业性物流，对温区控制、车辆规范等有独特的要求。目前，缺少对肉类冷藏供应链进行温度控制的物流供应商。应当明确扶持大型肉类产业化龙头企业、养殖合作社、第三方物流企业大力促进冷鲜肉发展，打造一批资金实力雄厚、有着先进的管理理念与运营方式、具有核心竞争力强的大型肉类冷链物流企业，进一步转化为地域性的区域冷链物流中心。

三是逐步建立肉类供应链认证供应体系。努力推进包括生产、运输、存储在内的多个冷链环节，建立起无"断链"的冷链物流供应链体系。应推动主销区与主产区有效衔接，建立主产区＋屠宰加工冷链和主销区＋零

售对接机制，探索建立双向认证，点对点调运措施。

四是严格肉类流通环节监管体系。加快交易信息、客户服务、运输管理和交易管理等应用系统软件开发，促进冷链物流供应链体系的数据收集、处理和发布系统，全面提升冷链物流业务管理的信息化水平。明确冷链物流信息报送和交换机制，提高政府监管部门的冷链信息采集和处理能力以及行业监管力度。从供应链入手，建立肉品监管制度体系，严格执行日常检查、重点排查、随机抽查等各项监管制度，建立供应链核心企业主体责任，强化全程记录制度和档案管理制度，做到来源可溯、去向可查、责任可追究。

第四节　寿光至北京生鲜农产品链条及断链环节

为了减少农产品流通损失，增加农民收入，降低蔬菜价格，必须加速发展我国的冷链物流，找出冷链物流存在的问题、断链的成因。北京是超大城市，生鲜农产品种类多、消费量大。山东寿光是全国最大的蔬菜生产和集散基地，拥有比较完备的蔬菜产销链（李崇光等，2015），也是北京市蔬菜市场的重要供应地之一。因此，本章选择寿光至北京生鲜农产品冷链物流进行研究，找出冷链物流断链的成因。从企业、政府、第三方联合的角度提出治理机制来解决冷链物流断链这一难题。

一、寿光至北京生鲜农产品链条

据北京农业信息中心公布的数据，2021 年，北京市主要批发市场日均蔬菜上市量稳定在 2.3 万～2.4 万吨，在减免进厂费用实施之后，北京蔬菜上市总量已处于高位。北京市批发市场蔬菜主要来自河北和山东，其中山东蔬菜很大一部分来自寿光市，每天从寿光蔬菜批发市场运往北京的蔬菜有 100 多个品种、150 万公斤。寿光是我国冬暖式大棚的发源地，被誉为"中国蔬菜之乡"，主要种植冬季反季节蔬菜。寿光蔬菜由农户和园区基地生产，其中农户约占 75%。此外，寿光先后开辟了三条蔬菜运输"绿色通道"，占全国纵向绿色通道的 60%。由此可见，寿光蔬菜在全国蔬菜中占据了重要地位。因此，选择寿光至北京的生鲜农产品冷链物流断链研究，具有代表性、示范性、推广性等现实意义。寿光蔬菜从寿光生产者至北京最终消费者，依次经过农户到寿光农产品物流园、寿光至北京的长途运输、北京批发与零售四个环节。寿光至北京蔬菜流程如图8-8所示。

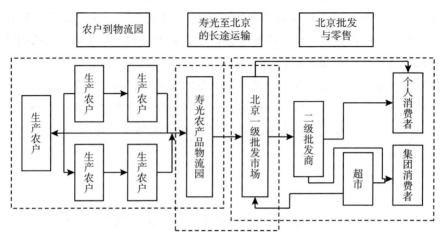

图8-8　寿光至北京蔬菜流程

资料来源：作者课题团队的调研整理。

（1）农户到寿光农产品物流园。农户至寿光农产品物流园有三条路线可以选择。第一条路线，农户通过自家的三轮车或者其他运输工具将采摘后的蔬菜直接运往寿光农产品物流园；第二条路线，批发商直接上门采购，在谈妥价格之后由批发商装车运走（这里的装车指的是批发商采购用的小车，而非运往北京的长途运输车），到当地冷库进行预冷后运往寿光农产品物流园；第三条路线，农户将采摘后的蔬菜通过自家三轮车或者其他运输工具运至田头市场，批发商将在田头市场采购的蔬菜运往当地冷库进行预冷，而后运往物流园。

（2）寿光至北京的长途运输。寿光至北京的长途运输主要是由批发商自己组织运输或外包给第三方物流公司，各占一半左右。寿光至北京的长途运输线路是寿光至北京的绿色通道，所谓的绿色通道是设在收费站的专用通道，对符合要求的农产品车辆给予减免通行费的优惠政策。运输车辆从寿光农产品物流园出发，经物流大道、文圣街、圣城西街到S323（在S323约行驶12千米），到长深高速（在长深高速行驶约23千米），到荣乌高速（在荣乌高速行驶约308千米），到京沪高速（在京沪高速行驶约100千米），最后从十八里店桥进入北京城，依次经过南四环中路、马家楼桥、京开辅路，最终达到新发地蔬菜市场（数据来源于百度地图）。具体运输路线如图8-9所示。

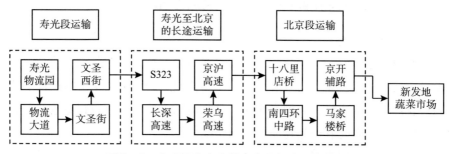

图 8 - 9　寿光至北京生鲜农产品长途运输线路

资料来源：作者课题团队的调研整理。

（3）北京批发与零售。寿光生鲜农产品到达批发市场之后，下游的客户将前来采购，下游的客户包括二级批发商、超市、集团消费者、个人消费者。其中，超市由超市配送中心配货，二级批发商通过自有运输工具（如面包车）进行批发，集团消费者和个人消费者既可以去批发市场采购，也可以去农贸市场和超市采购。以北京新发地青椒批发为例，只要单笔交易在 6 公斤以上就可以出售。

本章对寿光至北京生鲜农产品冷链物流流通全过程进行了详细分析，找出了冷链物流断链的点，并分析了断链原因，具体分析结果如图 8 - 10 所示。

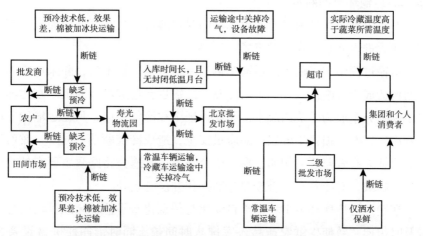

图 8 - 10　寿光至北京生鲜农产品冷链物流断链问题分析

资料来源：作者课题团队的调研整理。

二、寿光至北京生鲜农产品冷链物流断链问题分析

1. 产地环节断链

农户至寿光农产品物流园有三条路线可以选择，分别是农户直接到寿光农产品物流园；批发商上门采购，然后由批发商运往寿光农产品物流园；农户到田头市场，再到寿光农产品物流园。这里，重点讨论农户到田头市场，再到寿光农产品物流园这条路线。

一是农户到田头市场。农户将采摘后的生鲜农产品，通过自家的三轮车或其他运输工具运往田头市场出售给批发商。资料显示，采摘后的生鲜农产品只有在30分钟内进行预冷处理，才能有效地保证生鲜农产品的质量安全。由于农户缺乏预冷意识，采摘后的生鲜农产品直接运往田头市场，生鲜农产品未能及时预冷，造成生鲜农产品质量安全，导致冷链断链。

二是田头市场到寿光农产品物流园。批发商将田头市场收购的蔬菜通过收购小车运往当地冷库进行预冷，然后运往寿光农产品物流园。由于产地预冷库不足且布局不合理，冷库管理水平低，制冷技术与制冷设备落后，且多采用自然预冷或冰预冷方式，预冷效果得不到保障。在运输途中，多采用棉被加冰块的形式，造成生鲜农产品质量损失，导致冷链断链。

2. 运输环节的断链

寿光生鲜农产品通过寿光至北京的绿色通道，从北京的南面进入北京城，而后进入北京各大批发市场。

运输过程中多采用常温运输车辆，冷藏运输车辆不足，除采用常温车辆运输造成冷链断链以外，采用冷藏车运输也会造成冷链断链。在运输过程中，部分企业为了节约成本，无法保证全程冷气供应，只在运输始末两端开冷气，严重损害生鲜农产品质量安全，造成冷链断链。同时，政府监管部门缺乏有效监管。例如，在高速公路上，高速公路路政主要查处冷藏车是否超载，对冷藏车是否按照标准操作并没有查处。

在销地进出库环节上，由于自动化与信息化水平低，导致运输信息未能及时传递，致使生鲜农产品入库排队时间长。同时，各种机械设备配合率低，人工作业繁重，导致出库时间长，且无封闭低温月台，致使生鲜农产品长时间暴露在常温下，造成生鲜农产品质量损失，导致冷链物流断链。

3. 批发环节的断链

寿光作为北京市批发市场生鲜农产品重要产地之一，在农产品到达北京之后，供应链下游的批发市场等主体随之而来，下游客户主要是二级批发商、超市、集团消费者和个人消费者。

二级批发商主要通过自有运输工具（如面包车）进行批发采购。从批发市场运往农贸市场摊位过程中，缺乏有效的冷藏措施，导致冷链断链。超市农产品配送途中，由于设备故障或交通堵塞等原因造成冷链断链。此外，部分配送组织在配送途中，为了节约成本而关掉冷气，造成冷链断链。另外，在超市入库环节中，排队入库时间长，且无封闭低温月台，易造成冷链断链。

4. 零售环节的断链

生鲜农产品零售环节主要在农贸市场和超市进行。在零售环节中，二级批发商在农贸市场摊位售卖蔬菜，仅以洒水的方式进行保鲜，导致蔬菜损失率高，致使冷链断链。超市，在敞开式冰柜或冷藏冷冻柜里销售生鲜农产品，但生鲜农产品实际冷藏温度远高于生鲜农产品所需冷藏温度，致使冷链断链。

第五节　天津至北京生鲜水产品
流通链条及断链环节

2019 年，天津市水产品生产总量 26.22 万吨，主要供给河北和北京，其中北京市的水产品，很大部分来源于天津市。天津港是中国北方最大港口，天津市凭借天津港和自贸区优势，可以源源不断地为北京市提供鲜活的水产品。近年来，居民消费水平不断提升，冷链需求持续增加，带动冷链物流规模扩大。根据调研，截至 2021 年底，冷链物流总产值达 400 亿元，冷库容量达 200 万吨，万吨级以上冷库 51 座，拟规划建设的冷库 11 座，库容规模约 29 万吨；在建冷库 7 座，库容 19.2 万吨；天津的冷库容量在江苏、山东、上海、广东之后，位居全国第五，万吨级以上大型库占 86%，人均冷库保有量达到 905 千克，位居全国第二。如此强大的冷链运输条件的支撑，才使得从天津至北京的生鲜水产品流通起来。根据农业农村部数据显示，2025 年全国主要冷链产品年人均消费水平将达 399 千克，天津市发改委预计到 2025 年，天津人口将达到 1 905 万人，冷链物流需求量将达到 762 万吨。

因此，天津市规划目标表明：到 2025 年，天津基本建成"全链条、网络化、严标准、可追溯、新模式、高效率"服务京津冀的现代冷链物流体系，在农产品冷链与医药冷链方面位于前列，使我国北方的冷链物流体系中心初步建成。

一、天津至北京生鲜水产品供应链条

从天津到北京水产品流通主要分为四个阶段。第一阶段是将生产出来的水产品从生鲜产品供应地以冷藏运输的方式运送至工厂加工。第二阶段是在工厂经过预冷、速冻、冷藏、加工等工序后，通过冷藏车送往物流中心冷库。第三阶段是经由物流中心冷库配货、冷藏、冷冻后。经过冷藏运输的方式送往分销商冷库。第四阶段是分销商冷库通过分拣、配货、冷藏、冷冻等方式由冷藏车送至大型商超、批发市场。最后由消费者购买（见图 8 – 11）。

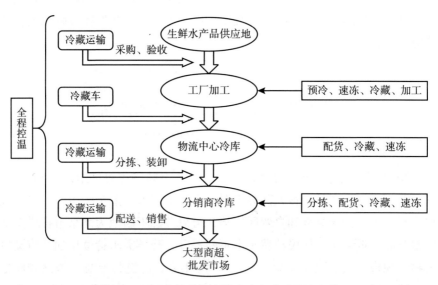

图 8 – 11　天津至北京生鲜水产品冷链物流环节

资料来源：作者课题团队的调研整理。

水产品具有易腐性，无论是活体运输还是冷藏品运输，都对生鲜水产品冷链物流提出了非常高的要求，本章对天津至北京生鲜水产品冷链物流流通全过程进行了详细分析，找出了冷链物流断链的点，并分析了原因，具体分析结果（见图 8 – 12）。

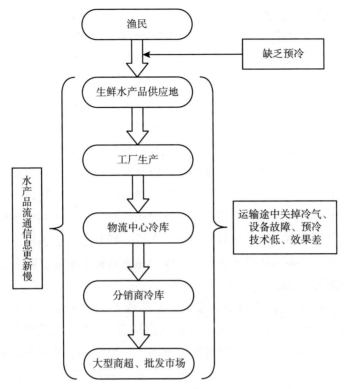

图 8 - 12　天津至北京生鲜水产品冷链物流断链环节

资料来源：作者课题团队的调研整理。

二、天津至北京生鲜水产品冷链物流断链环节

1. 供应地环节断链

天津冷链物流优势足，潜力大，基础好，但仍然存在一些亟待改善的问题。一是冷库总量尚有缺口，结构布局有待改善。大多为冷藏、冷冻型仓库，而流通型的保鲜仓库较少，一些比较薄弱的地区尚难以满足居民的基本需求。

渔民自己出海捕捞，或者水产公司规模化捕捞后，除了自发去当地批发市场摆摊售卖以外，通常会直接送到生鲜农产品供应地，在这一环节出现的断链问题往往是因为缺乏预冷。由于生鲜水产品非常依赖新鲜度，有些水产品生存对环境的要求较高。所以这一环节易出现断链问题。许多渔民没有专用冷库和冷藏车，只能依赖自己现有的条件进行储存和运输，很难实现冷库预冷，所以几乎不可能实现全程冷链运输和冷藏储存，因而造成断链。

2. 运输环节的断链

运输过程中冷藏运输车辆不足，采用冷藏车运输会造成冷链断链。在运输过程中，部分企业为了节约成本，无法保证全程冷气供应，只在运输始末两端开冷气，严重损害生鲜水产品质量安全，造成冷链断链。同时，政府监管部门缺乏有效监管。例如，在高速公路上，高速公路路政主要查处冷藏车是否超载，对冷藏车是否按照标准操作并没有查处。

在销地进出库环节上，由于自动化与信息化水平低，导致运输信息未能及时传递，致使生鲜水产品入库排队时间长。同时，各种机械设备配合率低，人工作业繁重，导致出库时间长，设备故障等断链问题。

我国水产品流通水产品信息体系建设仍然滞后，水产品市场信息的收集和交流覆盖面小，加之信息交换手段落后，环节之间交换周期长，市场信息的时效性和准确性得不到保障。水产品冷链物流断链也就不足为奇。

3. 批发环节的断链

截至 2017 年底，北京市有市级批发市场 1 个，区级批发市场 15 个，社区菜市场 400 个。其中，水产品批发市场有 10 个，包括西南交批发市场、京港水产品商城、京深海鲜批发市场等。2022 年，北京开始流通中心项目，目标是形成基于鲜活水产、冻品开发"一站式购齐"的整体格局，保证全市水产供应，对于生鲜满足周边三五百公里的物资供应格局（双核之一）。2022 年 3 月 2 日开始招商至 2022 年底招商 750 个，其中有 60% 来自西南交冷库，也包括京生海鲜批发市场等。天津水产品到达北京批发市场后，下游客户将前来批发，下游客户主要是二级批发商、超市、集团消费者和个人消费者。

4. 零售环节的断链

水产品零售环节主要在农贸市场和超市进行。在零售环节中，二级批发商在农贸市场摊位售卖水产品，缺乏保鲜的设施设备，致使冷链断链。超市在敞开式冰柜或冷藏冷冻柜里销售水产品，但水产品实际冷藏温度远高于所需冷藏温度，致使冷链断链。

综上，本章通过对企业供应链、区域供应链、行业供应链的冷链物流进行全链条描述，分析了断链的各个环节，通过案例研究，验证了冷链物流断链的薄弱环节及影响因素。

第九章　冷链物流断链的政府—市场—社会协同治理机制研究

第一节　冷链物流断链的治理困境

一方面，我国冷链物流发展迅速，市场潜力大，但产业链条长、环节复杂、市场主体多，面临由于信息不对称、外部性、资产专用性等导致的市场失灵问题。另一方面，冷链物流涉及部门多，存在职能交叉、冲突和缺失，管理机制和流程不完善。生鲜农产品冷链物流从生产到消费者手中，涉及国家发展和改革委、市场监管总局、交通运输部、商务部、农业农村部等部门。冷链物流环节与各个部门的简略关系如图9-1所示。冷链物流涉及部门多，存在职能交叉、冲突和缺失。以生鲜农产品冷链物流为例，从生产到消费者的全产业链条中涉及国家发展和改革委、国家市场监管总局、自然资源部、生态环境部、交通运输部、商务部、工信部、科技部、农业农村部、住建部、公安部等部门，在生产环节、加工环节、贮藏环节、运输环节、销售环节、流通环节等均出现多部门职能交叉或冲突现象。如国家发展和改革委与商务部都有对冷链流通发展未来规划的职能；国家市场监管总局和农业农村部、商务部关于市场监管、发展规划等职能重叠；交通运输部和公安部对冷链车辆监管方面的安全、车辆许可方面无统一标准。国家市场监管总局冷链物流的仓储、运输并无明确标准依据。科学技术部、工业和信息化部相比其他部门，对冷链参与较少。大数据时代，应该利用科技和信息使冷链更加现代化、信息透明化，使冷链有据可依。在冷库安全问题上，公安部、应急管理部并无明确规定，也未单独记录关于冷库的信息档案。自然资源部和城建部在土地等自然资源利用审批方面存在不同标准，在厂房、冷库、市场等建设上程序烦琐甚至冲突。

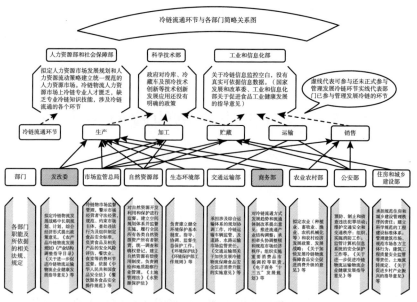

图 9 – 1　冷链物流环节相关部门职能

资料来源：作者课题团队根据各部门公开资料整理。

　　根据作者课题团队对北京市冷链物流发展的调研，北京人口众多，生鲜产品需求量巨大，应急保障要求高。一方面，冷链物流在提高城市居民生活质量、带动都市现代农业、完善本地化菜篮子供应链体系等方面发挥积极作用。近年来，发展迅速但基础较为薄弱，市场秩序不规范，"棉被车"依然存在，规则和标准还没有跟上。新冠疫情暴露出冷链物流面临许多问题亟待解决。另一方面，新零售快速发展，疫情引发线上生鲜消费爆发式增长，各方不断加大对冷链运输、仓储等方面投入。疫苗、生物制品、药品、化学试剂等对温控要求极为严格，医药冷链进入爆发期。由于新冠疫情因素，"冷链"等关键词获得社会空前关注。

　　北京市冷库行业涉及部门众多，没有具体行业管理部门，存在多头管理的问题。例如：根据部门"三定"方案，市发展和改革委承担本市重大建设项目的规划；市规自委负责消防设计审查以及土地、建筑的审批；市住建委负责建设工程施工许可和在建工程消防验收工作；市农业农村局负责水产业等的发展和行业监督管理；市商务局负责推动物流配送等流通方式的发展；市场监督管理局负责市场综合监督管理、组织和指导市场和监督综合执法等；市消防救援总队负责消防安全检查；市应急管理局负责灾害防御、消防安全、紧急避险、紧急抢险救灾等。由于该行业没有具体的行业管理部门，使得"管行业必须管安全"的要求悬空，这也是冷库行业存在较多问题的原因之一。

第二节　从监管到治理："政府—市场—社会"
协同治理机制

一、农产品冷链物流机制典型模式

对农产品冷链物流机制而言，有两种典型的模式（见表9－1）。一种是基于大农场市场演化型农产品冷链物流体系，该模式多见于以美国、加拿大为代表的市场经济高度发达的国家；另一种是以小农为基础的政府推进型现代冷链物流体系，这种模式多见于以日本、韩国为代表的东亚国家（周海霞，2016；黄宗智，2018）。这两种模式都形成了一个紧密连接的全程、快速、高效的无断链冷链，即包装、加工、储藏、运输到销售和配送的全产业链（周海霞，2016；黄宗智，2018）。围绕中国现代冷链物流断链的核心问题，通过国际比较和实地调查，完善了适合中国国情的现代农产品冷链物流体系的治理机制。

表9－1　　　　　　　　冷链物流模式的国际比较

类型	角色分配	适用情景	典型代表	特点
市场演化型	政府：法规、监管、技术和信息服务 市场：决定性作用 社会：研究咨询、标准等引导性服务	1. 大农场 2. 市场经济高度发达	美国、加拿大	专业化企业化
政府推进型	政府：主导、投资 市场：运营 社会：支持	1. 小规模农户 2. 政府主导经济	日本、韩国	农业合作组织（农协）

资料来源：依据冷链物流的国际文献梳理。

二、政府、市场和社会有效合作的新机制

已有对产业治理的研究主要集中在政府管理方面，出发点在西方经济学理论。治理机制就是摆脱传统的单个产业环节管理的弊端，摆脱传统的市场和政府二维的思维模式，在市场调节的基础上，加上政府规制、产业链主体的责任道德体系和第三方的支持体系。形成"政府—市场—社会第三方"等各种力量相互制衡，共同促进产业的可持续发展。不仅如此，产

业治理更强调政府依据市场的规制，更加强调产业主体的利益分配机制和责任约束机制，更加强调第三方的约束监督机制。这种治理模式完全根植在我国的政治经济体制之上，适应经济社会可持续发展的趋势，尤其是对于冷链物流这样具有一定公益性的产业领域。

在体制机制上，政府、市场和社会有效合作，是发达国家冷链物流发展的重要经验。需要对"三只手"（政府——看得见的手，市场——看不见的手，社会——作为机体的第三只手）的有效合作进行经验分析，以刻画其运行机制（见图9-2）。通过政府、市场和社会有效合作的国际经验分析，可以对中国冷链物流断链治理体系的三方合作，进一步概念化和操作化。作为市场，应该发挥信息收集、整理、分享的核心功能，通过价格信号，有效配置冷链物流发展过程中所需要的各类资源，确保冷链物流全过程不断链。作为社会，应该发挥组织的活力，通过社会自我管理机制，有效组织生产者和消费者的联合，让全程冷链价值反馈的效率更高。农产品流通牵涉的发改委、商务局、交通局、农业农村局、工商局、质检局等部门，应当协同合作，以更好地解决问题。

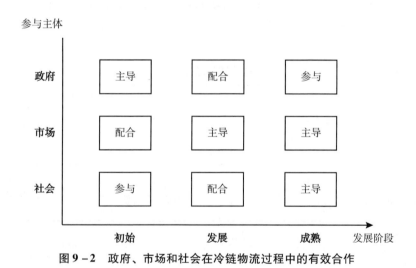

图9-2　政府、市场和社会在冷链物流过程中的有效合作

三、政府、市场和社会合作博弈分析

本研究将使用合作博弈的方法，讨论政府、市场和社会的协同治理。产业链中，冷链物流各个利益主体互相依赖，互为支撑，缺一不可。因此，建立非合作博弈模型讨论冷链物流过程中主体行为具有局限性。非合作博弈模型的目标函数是利益相关者的个体效益函数，单目标优化保证个

体决策最优。但由于冷链物流过程中存在的外部性，使该模型的解不能达到帕累托最优，因此利益相关者应该在政府的引导下从传统的静态冲突转变为动态合作（付湘，2016）。

为此，选择使用合作博弈的框架，分析冷链物流过程中政府、市场和社会主体之间直接的交互行为决策，论证冷链物流过程中有效合作具有意义。具有合作关系的断链过程中的主体博弈模型依靠利益主体合作的需求。以利益相关者的集体效益函数最大为目标函数，合作博弈带来的是效益绝对量的增加，这无法依靠一部分实现。由此，在讨论冷链物流过程中主体之间进行有效合作的必要性时，可将政府的策略集合设为：

$$G = \{ G_1, \ G_2 \} \tag{9-1}$$

其中，G_1 表示政府在促进冷链物流过程中的投入程度高，G_2 表示政府在促进冷链物流过程中的投入程度低。这里面的投入程度涵盖了组织资源、人力资源、社会资源、资金资源等资源的投入水平，投入程度越高，资源投入越多。类似地，市场和社会的策略集合分别可以写为：

$$M = \{ M_1, \ M_2 \} \tag{9-2}$$

$$S = \{ S_1, \ S_2 \} \tag{9-3}$$

考虑到在冷链物流初期过程中，政府处于主导地位，其出于政策制定、引导和基础设施建设等方面的考虑，往往会先于市场和社会展开行动。故可以在政府高投入程度和低投入程度两种情境下，对市场和社会的行为决策展开分析。在分析之前，做如下设定：

（1）在合作初期，政府处于主导地位，默认其投入程度较高，即政府采取 G_1 策略。

（2）虽然政府投入程度较高，但市场和社会出于自身利益考虑，并不一定采取投入程度较高的 M_1 和 S_1 策略。

（3）在三方（政府、社会和市场）的投入水平都很高的情况下，其投资回报率较高，整体收益表述为：$\alpha(G_1 + M_1 + S_1)$，其中 α 表示较高的回报率；当三方（政府、社会和市场）中只有两方的投入水平较高时，其投资回报率一般，整体收益表述为：$\beta(G_1 + M_1 + S_2)$ 或者 $\beta(G_1 + M_2 + S_1)$；当三方（政府、社会和市场）中只有政府付出投入时，其投资回报率较差，整体收益表述为：$\gamma(G_1 + M_2 + S_2)$。

（4）共同投入的主体越多，其投资回报率越高，具体关系为：$\alpha > 2\beta > 3\gamma$。

基于上述设定，可以写出如下整体收益矩阵（见表9-2）。

表 9 - 2 博弈收益矩阵

		市场	
		M_1	M_2
社会	S_1	$\alpha(G_1 + M_1 + S_1)$	$\beta(G_1 + M_2 + S_1)$
	S_2	$\beta(G_1 + M_1 + S_2)$	$\gamma(G_1 + M_2 + S_2)$

为简化起见，$\alpha(G_1 + M_1 + S_1)$ 记为 R_1，$\beta(G_1 + M_2 + S_1)$ 记为 R_2，$\gamma(G_1 + M_1 + S_2)$ 记为 R_3，$\beta(G_1 + M_2 + S_2)$ 记为 R_4。

沙普利（1953）提出的 n 人合作博弈的全新解概念，对 n 人合作博弈中合作所得的一种公平分配（fair allocation），其核心思想是按照局中人投入进行利益分配。各局中的主体在联盟合作中的投入不同。当主体投入越大时，其所得越多。根据沙普利值测算方法，可以推导出各方的公平分配：

$$\varphi_i[v] = \sum_{T:i \in T} \frac{(t-1)!(n-t)!}{n!} \Delta_i T \qquad (9-4)$$

其中，t 代表主体联盟，n 代表博弈主体数量，$v[t]$ 代表博弈联盟的价值。基于此，可以分别写出市场和社会的具体收益，写出如下收益矩阵（见表 9 - 3）。

表 9 - 3 博弈公平分配收益矩阵

		市场	
		M_1	M_2
社会	S_1	(R_{s11}, R_{M11})	(R_{s12}, R_{M21})
	S_2	(R_{s21}, R_{M12})	(R_{s22}, R_{M22})

借助沙普利值测算方法，可以算出收益矩阵中各个数值的具体表达式并确定数量上的大小关系，以此讨论在博弈过程中，政府、社会的相应投入和具体的收益策略（见表 9 - 4）。

表 9 - 4 博弈收益矩阵

		市场	
		M_1	M_2
社会	S_1	(R_{s11}, R_{M11})	(R_{s12}, R_{M21})
	S_2	(R_{s21}, R_{M12})	(R_{s22}, R_{M22})

在政府付出投入较多的背景下，市场和社会依然出于自身利益的考量而选择 $\{M_2, S_2\}$ 这种低投入程度的策略。因此，只有当政府将更多的投入放在实现市场和社会的主动联盟，提高市场和社会的投入水平时，才能最终实现有效合作，将市场和社会博弈均衡引导至 (R_{s11}, R_{M11}) 上。由此，整体收益可以表示为：

$$R_1 = \alpha(G_1 + M_1 + S_1) > R_4 = \beta(G_1 + M_2 + S_2) \qquad (9-5)$$

由此可见，在冷链物流的过程中，政府只有表现出强烈的政治意愿和行动能力，才能顺利推进其与市场和社会实现有效合作，进而完成整体上的帕累托改进，更好地促进全程冷链物流可持续发展。

断链会使整个冷链物流功亏一篑，影响食品安全，造成食物损耗，进而影响农民收入和农产品价值链增值效果。通过"政府—市场—社会"协同治理，可以对中国冷链物流断链的三方合作进一步概念化和操作化。在体制机制上，政府、市场和社会有效合作，是国际上冷链物流发展的重要经验。需要对"三只手"（政府——看得见的手，市场——看不见的手，社会——作为机体的第三只手）的有效合作进行经验分析，以刻画其运行机制（见图9-3）。作为市场，应该发挥信息收集、整理、分享的核心功能，通过价格信号，有效配置冷链物流发展过程中所需要的各类资源，推进冷链物流全过程不断链；作为社会，应该发挥组织的活力，通过社会自我管理机制，有效组织生产者和消费者的联合，让全程冷链价值反馈的效率更高；作为政府，农产品流通涉及农业农村、商务、市场监督、交通等多个部门，只有真正跨越部门联合，系统地考察问题，才能更好地促进冷链物流可持续发展。在冷链供应链的各环节中，产地、仓储环节由于投资大，回收期长，利润率不高，可能导致投资不足，特别是产地预冷环节，具有公益性。因此，政府主导、市场配合和社会参与，缺一不可。政府通过在土地、资金、政策等方面予以扶持，市场主体配合，保证产地预冷仓储环节不断链，第三方协会等社会组织则负责标准制定、监督等职能。运输、配送、零售环节，市场化程度高，企业数量多，形成了较为规范的市场体系，需要市场主导、政府配合和社会参与。市场充分发挥决定性作用，政府发挥监管、引导作用。在终端环节，由于消费者冷链意识较为薄弱，因此，需要社会主导，充分发挥社会组织、新闻媒体等宣传传播作用，增强冷链物流意识。同时，市场配合，增加冷链物流追溯体系投入，政府则积极引导支持。

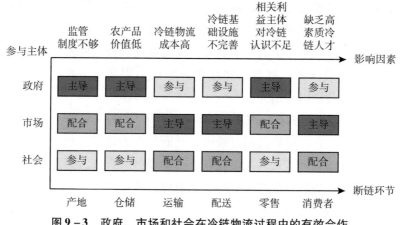

图 9 – 3　政府、市场和社会在冷链物流过程中的有效合作

第三节　生鲜农产品冷链物流
断链治理的政策方案

制定冷链物流断链治理的公共政策，需要一整套公共政策工具。在公共政策制定上，霍莱特和拉梅什（M. Howlett，M. Ramesh）依据强制性程度而做的政策工具分类框架，是一种很好的分析工具。本课题将按照协同治理机制扩展使用他们的政策工具，将需要采用的政策工具细分为三类，如表 9 – 5 所示。一是自愿性政策工具：个人、家庭、社会组织或市场发挥作用，是在自愿基础上解决公共问题的手段、途径和方法（曲洁，2011）。二是强制性政策工具或直接政策工具：借助国家政府的权威与强制力，迫使目标群体及个人（不）采取某种行为，以实施公共政策解社会问题。三是混合型政策工具：兼具自愿性和强制性特征，允许政府将最终决定权留给私人部门的同时，还可以介入非政府部门的决策。

表 9 – 5　　　　　生鲜农产品冷链物流断链治理的政策工具图谱

自愿性政策工具	混合型政策工具	强制性政策工具
家庭和社区	信息与劝诫	管制与禁令
私人网络与社会规范	税收与使用费	核准制
市场	激励与约束	直接提供
低	国家干预程度	高

资料来源：根据霍莱特和拉梅什的政策分析框架扩展。

一、从市场角度出发

1. 加强冷链物流营运企业的协调和整合，促进第三方冷链企业发展

要缩短"断链"时间，从目前我国的发展现状看，比较好的方法削减送货企业的数量，降低等待时间。但是减少送货企业的数量，需要整合已有的冷链物流营运企业资源，形成生鲜农产品冷链物流企业联盟，这不但能充分利用设施，还能形成物流网络，达到覆盖面更广，能力更强的目的，且减少物流环节的数目。由冷链物流行业协会主导，商务部、交通运输部、农业农村部进行支持，建立相关企业联盟。首先，支持农产品冷链物流企业建立标准联盟，包括产地预冷标准、冷藏运输标准、经营管理标准等；其次，支持农产品冷链物流企业建立供应商联盟，确保农产品运输得到持续供应；最后，支持农产品冷链物流企业建立冷链技术研发联盟，不断提高企业冷链技术水平。农产品冷链物流企业进行联盟可以提升整个冷链物流行业的发展水平，以达到全程冷链的目的。

2. 加强冷链技术，加固建设冷链物流基础设施

冷冻冷藏仓库、车辆等冷链设备的投资需要增加，对供给的食品实行低温全程保障。提高信息技术和数据共享水平，获取更多货源信息，让供给和需求能够平衡，保障统一配送和全程冷链的利益驱动。另外，实施电子化作业，使用物联网、RFID 温度标签等相关技术实现物品位置跟踪、原料溯源、库存盘点、出入库与拣货，尤其应对物流全过程做到温湿度监控，建设信息化共享平台，追踪全程冷链。

二、从政府监管角度出发

1. 明确冷链物流发展的顶层设计

支持贫困地区、重要农产品冷链设施投入。对西部地区尤其是深度贫困地区，可以结合当地农产品特色优势，由财政出资建设冷库、购买冷藏车，支持供销社、邮政等构建冷链物流网络。促进贫困地区产业可持续发展。建设一批粮食、肉类等战略性农产品冷链设施。对于中部的农产品重要产区和加工区，可采取补贴形式，支持现代化集约化冷链物流发展，建设一批国家和省级重要肉类、重要水产品冷链物流基地。对于东部和大城市地区则规范冷链物流发展，在土地、车辆通行、新能源等方面予以扶持，实现健康可持续发展。鼓励发展一体化冷链物流，建立跨地区长途调

运的冷链物流体系。

2. 规范冷链物流市场秩序，加强市场监管

完善冷链物流标准体系，注重标准引领。统一冷藏车、温度控制等行业物流标准，加强冷库安全、车辆停靠、超载处理等法规建设。规划设施规模，吸引投资，精准生产，达到产销平衡。规范冷链物流市场结构，完善市场管理机制，建立冷链物流白名单制度。进一步规范冷链市场秩序，保证营造一个公平公正的营商环境。只有政府及各个监管部门加强引导，制定出相关标准，规范行业发展，严格市场准入机制，引入市场竞争机制，保证全程有效的监管，才能有效解决冷链"断链"问题。

3. 整合资金注重扶持冷链物流薄弱环节

鼓励产地预冷多元化发展，加大产地预冷设施建设的扶持力度。鼓励新型农业经营主体村集体、合作社、家庭农场、超市、批发市场、生鲜电商等建设产地冷库等预冷设施，鼓励有条件的企业建立产地预冷的信息平台。对产地农户、合作社进行不同品种农产品适用预冷技术的教育，强化对冷链利益共同体的认知。产地冷库应该多元化发展。中央和地方财政资金可以建设一批公益性产地集配中心。对村集体、合作社、家庭农场可以扶持租赁型冷库。对超市、电商企业等主体，主要扶持产地集配中心和移动冷库。

三、从社会组织作用出发

1. 相关利益主体提升对冷链物流认知

要从根本上解决断链，必须提高利益相关者对生鲜农产品冷链物流的认知，降低耗损、减少隐性浪费。首先，加大对我国生鲜农产品冷链物流发展进行周期性跟踪报道，要涵盖中央媒体和地方媒体。其次，政府和企事业单位要积极牵头组织或主办与冷链物流行业相关的会议，搭建各生鲜农产品冷链物流利益相关者的认知交流平台。最后，生鲜农产品冷链物流龙头企业应打造生鲜农产品品牌，通过品牌广告、宣传资料以及相关工作人员的讲解，让消费者认识到冷链物流对生鲜农产品品质的保证和促进作用，推动生鲜农产品冷链物流的健康发展。

2. 加快引进、培养高素质冷链物流人才

大力培养冷链物流方面高素质专业化的人才，特别是管理、咨询、策划方面的人才，加强企业内部员工的知识和信息技术培训。加强专业人才引进战略，实现技术突破。受产品特性的影响，生鲜农产品电商冷

链物流人才属于复合型人才（如技术人才、管理人才），需要储备综合性的知识，如生物知识、化学知识、物理知识、管理知识等。冷链物流企业应多举办企业兼并整合、公司资本运营等培训学习，提高员工的综合素质，培养新型全方位发展的冷链物流企业管理人才，促进冷链物流行业的科学管理。

第十章 生鲜农产品冷链物流断链的政府管理机制研究

第一节 生鲜冷链物流的相关政策梳理

一、中央各部门出台的冷链物流相关文件

从 2008 年开始，政府通过推出一系列政策，加强我国冷链体系建设。2008 年 4 月，商务部关于加快我国流通领域现代物流发展的指导意见指出，要加强我国生鲜食品冷链物流的整体规划，加强基础设施建设。2008 年出台的《关于进一步做好流通领域国债项目储备工作的通知》明确指出，国债的战略投资方向之一就是生鲜农产品冷链物流；此外，商务部在《关于进一步扩大消费的若干意见》中表示，政府会发挥支持作用，增加对冷链物流企业的财政投入，打造更加系统全面的生产、运输、销售一体化服务体系。2010 年 7 月 28 日，国家发展和改革委将扩充 1 000 万吨冷藏库写入《农产品冷链物流发展规划》，按照规划落实推进，冷藏库的扩建计划将会吸引约 2 000 亿元的投资。2016 年，财政部拨款数亿元助力冷链发展，10 省市的冷链物流获得资金扶持。2019 年 7 月 30 日，中共中央政治局召开会议，将城乡冷链物流设施作为补短板的重要内容，反映政府对冷链物流建设关注继续提高，对近 5 年中央政府部门的冷链物流政策进行统计（见表 10 - 1）。

表 10 - 1 近 5 年中央政府及部门关于冷链物流的政策文件

部门	时间	名称	主要内容
国务院办公厅	2017 - 04 - 13	《关于加快发展冷链物流保障食品安全促进消费升级的意见》	带动上下游产业协同发展，构建"全链条、网络化、严标准、可追溯、新模式、高效率"的现代化冷链物流体系

部门	时间	名称	主要内容
交通运输部	2017 - 08 - 24	《加快发展冷链物流保障食品安全促进消费升级的实施意见》	2020 年，从根本上提高冷链物流服务，冷链中断的现象不再出现，预计形成高效运转、规范统一、全程把控、环保安全的服务系统
国务院办公厅	2017 - 10 - 13	《关于积极推进供应链创新与应用的指导意见》	构建农业供应链体系，针对肉类、蔬菜、水产品等将供应链上下游企业全部纳入追溯体系，推进农村一二三产业融合发展
中共中央	2018 - 01 - 02	《关于实施乡村振兴战略意见》	建设现代化农产品冷链仓储物流体系
商务部国家标准委	2018 - 04	《联合推广农产品冷链流通标准化示范工作》	推进农产品全程冷链
财政部商务部	2018 - 05 - 28	《关于开展 2018 年流通领域现代供应链体系建设的通知》	丰富生鲜农产品的合作模式，降低冷链物流的"短板效应"，发展具有综合服务高水平的冷链企业
市场监管总局	2018 - 09	《关于加强冷冻冷藏食品经营监督管理的通知》	强化对冷藏冷冻食品和食用农产品经营、贮存等场所监督检查
商务部等8 部门	2018 - 04 - 10	《关于开展供应链创新与应用试点的通知》	构建完善全产业链各环节相互衔接配套的绿色可追溯农业供应链体系
国务院办公厅	2018 - 10 - 09	《推进运输结构调整三年行动计划》	支持各地开展全程冷链运输等多式联运试点示范创建
中共中央国务院	2019 - 01 - 03	《关于坚持农业农村优先发展做好"三农"工作的若干意见》	重点关注现代农产品的加工环节，战略部署农产品重要节点场所的布局建设，推动农产品物流骨干网络和冷链服务系统的发展
交通运输部	2019 - 01 - 14	《道路冷链运输规则》	规定了道路冷链运输服务的企业、人员、设施设备、作业、文件和记录等要求，适用于道路运输企业从事的普通货物道路冷链运输业务
国家发展与改革委等24 部委	2019 - 02 - 26	《关于推动物流高质量发展促进形成强大国内市场的意见》	加强农产品物流骨干网络和冷链物流体系建设。探索开行国内冷链货运班列和"点对点"铁路冷链运输
中共中央、国务院	2019 - 05 - 09	《关于深化改革加强食品安全工作的意见》	严把流通销售质量安全关。建立覆盖基地贮藏、物流配送、市场批发、销售终端全链条的冷链配送系统
国家发展与改革委等7 部委	2019 - 06 - 13	《绿色高效制冷行动方案》	大幅度提高制冷产品能效标准水平，强制淘汰低效制冷产品

部门	时间	名称	主要内容
交通运输部等3部委	2019-07-18	《关于进一步优化鲜活农产品运输"绿色通道"政策的通知》	要求严格规范免收车辆通行费范围，优化鲜活农产品运输车辆通行服务
国务院	2019-10-11	《中华人民共和国食品安全法实施条例》	明确食品安全全程追溯基本要求，食品贮存、运输条件符合食品安全的要求，加强食品贮存、运输过程管理
农业农村部等4部委	2019-12-16	《关于实施"互联网+"农产品出村进城工程的指导意见》	加强产地基础设施建设；加强农产品物流体系建设。加大政策支持力度，积极推动农产品产地基础设施建设
中共中央国务院	2020-02-05	《中共中央、国务院印发关于抓好"三农"领域重点工作确保如期实现全面小康的意见》	将启动农产品仓储保鲜冷链物流设施建设工程。加强农产品冷链物流统筹规划、分级布局和标准制定。安排中央预算内投资，支持建设一批骨干冷链物流基地
国家发展与改革委办公厅	2020-03-16	《关于开展首批国家骨干冷链物流基地建设工作的通知》	依托存量冷链物流基础设施群建设一批国家骨干冷链物流基地，构建国家层面的骨干冷链基础设施网络
农业农村部	2020-06-13	《关于进一步加强农产品仓储保鲜冷链设施建设工作的通知》	加快产地冷链设施建设
中共中央国务院	2021-02-21	《关于全面推进乡村振兴加快农业农村现代化的意见》	加强对小型田间冷链保险仓储设备、产地预冷配送中心、国家骨干冷链物流基地等冷链基础设施的管理和建设，打造一体化的仓储保鲜冷链物流服务体系
国务院	2021-12-12	《关于印发"十四五"冷链物流发展规划的通知》	冷链物流的第一个五年规划，顶层设计

二、各部门在冷链物流不同环节的措施

1. 生产环节

国家发展和改革委牵头推进农业供给侧结构性改革，对农业生产进行指导，提出相关改革建议，负责冷链物流重大基础设施投资；国家市场监督管理总局负责完善物流标准化相关政策的制定，加强对冷链物流建设的关注，促进互联网新业态的创新发展，提高对应产业的服务质量，提高物流全链条服务质量，增强物流服务时效，对初级农产品的生产负责监管；

国家卫生健康委员会对冷链物流的发展给予了高度关注，鼓励消费者和企业经营者发挥自身作用，共同促进冷链物流基础设施建设，加强食品冷链物流标准体系建设，制定了通过提升冷链服务质量来促进消费升级的意见，负责食品安全风险评估工作，制订、实施食品安全风险监测计划；生态环境部根据《环境保护法》和《环境保护部工作规则》负责修订完善有关环境保护的基本政策，在环境保护和生态修复工作中发挥指导、协调、监督作用，并且积极参与环保规划的制定和完善，对生态环境建设、自然资源的开发和利用以及生态破坏修复工作起到有效的监督作用；商务部采取一系列措施提高农产品冷链服务水平，在原有物流基础设施的基础上安装监控装置，实现冷链物流全过程温度的实时监控，从而保证农产品物流全程冷链，为现代流通方式的发展趋势和流通体制改革并提出建议；农业农村部拟定农业和农村发展政策，指导农业行业安全生产工作，指导农业综合执法；财政部积极促进农产品供应链的完善工作，拨出专门款项用于冷链设备的标准化建设，重点关注农产品冷链的源头把控，加强产地预冷措施，并且给予冷链物流基础设施和农业生产补贴。

2. 流通环节

国家发展和改革委拟订冷链物流发展战略，中长期规划、计划，综合经济形势提出政策建议；国家卫生健康委员会研究制定加快发展冷链物流保障食品安全，对通过食品安全风险监测或者接到举报发现食品可能存在安全隐患的，应当立即组织进行检验和食品安全风险评估，并及时向国家市场监督管理总局等部门通报食品安全风险评估结果；国家市场监督管理总局下属的质监部门负责生鲜农产品流通加工环节的监管；商务部从商贸企业出发，进行结构调整，对相关企业的改革与发展给出指导意见，对物流企业、社区商业、商贸服务业进行重点关注并提出有针对性的政策建议，促进连锁企业、电子商务、标准化物流、特许经营以及商业社区等新兴业态的发展；财政部增强对农产品冷链物流的支持力度，推动农产品流通体系的完善，集中力量发展生鲜农产品预冷、初加工、包装、分拣等配套设施，对农产品产地初加工进行财政补助。交通运输部承担涉及综合运输体系的规划协调工作，冷链运输车辆监管、道路、水路运输市场监管；公安部维护交通安全和交通秩序。

3. 储藏环节

国家卫生健康委员会恪守岗位职责，监测食品安全隐患，为食品安全把关，定期进行食品安全风险检测，鼓励群众积极参与监督，对存在隐患的农产品，立刻采取行动，组织检查小组进行风险评估，并且按照法定程序向国家市场监督管理总局等部门通报检测结果；公安部组织实施冷链物流消防安全工作；住房和城乡建设部承担规范住房和城乡建设管理秩序的责任，管理建筑市场、规范市场各方主体行为；建筑工程质量安全监管等责任；国家市场监督管理总局下属的工商部门负责冷链物流流通环节的农产品安全监管。

4. 销售环节

国家市场监督管理总局负责农产品流通、销售监测和质量安全的统一监管；国家卫生健康委员会负责冷链物流销售卫生检查；公安部组织实施农产品销售的消防安全工作。

第二节 冷链物流管理机制的问题

一、冷链物流涉及部门多，职能交叉、冲突和缺失

冷链物流涉及部门多，存在职能交叉的状况。以生鲜农产品冷链物流为例，从生产到消费者手中，涉及多级部门共同负责，按照环节进行分别统计如表 10 - 2 所示。

表 10 - 2　　　　生鲜农产品冷链物流不同环节与责任部门

冷链物流环节	责任部门
生产环节	国家发展和改革委、市场监督管理总局、卫生健康委员会、生态环境部、商务部、农业农村部、财政部
流通加工环节	国家发展和改革委、国家卫生健康委员会、国家市场监督管理总局、商务部、财政部
储藏环节	国家卫生健康委员会、公安部、住房和城乡建设部、国家市场监督管理总局
运输环节	交通运输部、公安部
销售环节	国家市场监督管理总局、国家卫生健康委员会、公安部

由于多个责任部门的共同管理状态，在冷链物流的生产环节、加工环节、贮藏环节、运输环节、销售环节、流通环节等均出现多部门职能交叉，各自视角下管理意见难免冲突。如国家发展和改革委与商务部都有对冷链流通发展未来规划的职能。国家市场监管总局和农业农村部、商务部关于市场监管、发展规划等职能重叠。公安部和交通运输部都对冷链运输

车辆进行监管，公安部出台了《关于进一步促进冷链物流运输物流企业健康发展指导意见》，交通运输部出台了《交通运输部关于加快发展冷链物流保障食品安全促进消费升级的实施意见》。自然资源部和城建部在土地等自然资源利用审批等方面存在不同标准，在厂房、冷库、市场等建设上程序烦琐甚至冲突。

冷链物流流程繁杂，各级政府部门在管理方面存在缺失部分需要补短板。交通运输部和公安部对冷链车辆监管方面的安全、车辆许可方面无统一标准。国家市场监管总局冷链物流的仓储、运输并无明确标准依据。工业和信息化部的主要职能之一就是承担电信和互联网行业网络安全审查相关工作，承担电信网、互联网网络与信息安全监测预警、威胁治理、信息通报和应急管理与处置。相比其他部门，工业和信息化部对冷链参与较少，目前，冷链物流信息监控处于空白状态，没有真实可依据的信息数据。大数据时代，应该利用科技和信息使冷链的现代化和信息透明化，使冷链有据可依。在冷库安全问题上，公安部、应急管理部并无明确规定，也并未单独记录关于冷库的信息档案。现阶段，政府对冷库、冷藏车及预冷技术创新等方面的发展应用还没有明确的政策。而科学技术部的主要职能之一就是制定相关规划、政策和制度来促进高科技产业应用和技术更新迭代，并且对行业需求进行有效预测，找出未来发展的战略重点并对企业的实施过程进行控制监督。因此，科学技术部应该尽早出台相关政策，弥补空白。

二、冷链物流管理机制和流程不完善

冷链物流还没有形成全流程标准规范及管理体系。从调研情况看多数被调查者认为政府应该制定统一的冷藏车辆检测标准、冷藏车辆制造标准、冷链全程操作规范、温控设备检测标准等，这样才能避免由于缺乏统一规范带来的冷链物流"断链"现象频发。此外，土地使用权难以获得、行业准入手续烦琐以及物流企业税率高等问题，一直都是困扰冷链物流公司高质量发展的重要外部原因。同时，冷链物流车辆的管理也存在问题，很多地区冷藏车处于难以进城、无处停靠的尴尬境地，大大影响了冷链的配送效率，提高了物流成本。跟物流业发展较好的国家相比，我国的交通制度政策存在重视"客流"而轻视"货流"的倾向，使得货物冷藏车处处受限，这也是阻碍物流行业高质量发展的痛点和难点。目前，我国在冷链物流配送领域颁布了一些标准规范，如《食品安全法》《食品卫生法》《中华人民共和国农产品质量安全法》等，但缺少基础设施设备与操作控制等方面的统一标准规范。在冷链物流的实际运营环节，监管力度还远远不够。例如，在公路物流运输中，交通部门只关注运输安全问题，重点检查车辆是否超载、证件是否齐全，全然不顾运输货物的储藏条件是否符合标准，因此导致很多生鲜农产品在常温环境中进行长途运输，即使应用了冷藏车，也很有可能温度控制不达标。这些切实关乎生鲜农产品质量安全的问题一直缺乏相应的责任部门，使得农产品物流运营者存在侥幸心理，为了降低运输成本而忽视行业运输规范。

三、冷链基础要素供给结构不合理

基础要素供给结构不合理，会导致保障冷链流通安全的有效支撑不足。有些地区呈现出冷库供需两旺的现象，说明冷库建设结构性失衡，旧的冷库无法满足现代冷链物流需求。据中物联冷链委统计，2021 年底，冷库容量达 1.96 亿立方米，但由于缺乏系统规划，冷链物流结构性矛盾突出，高价值、耐储存的生鲜农产品冷库供过于求，低端的氟制冷和小冷库增长过快，冷库可持续发展机制尚未建立。在地区分布上，冷库规模呈现出东部多西部少的现象。从需求来看，虽然一二线城市的冷库占比不低，但因为需求较大，再加上场地租金等因素限制，冷库供应仍然存在较大缺口。此外，不同货物对温度要求不同，冷冻产品相比冷藏产品对常温的耐受度更差，普遍存在冷冻库数量多于冷藏库的现象，而目前的冷库大多以储存功能为主，缺乏流通加工型冷库的建设，缺乏对需求的准确定位，导致重复建设，冷库总量增长但需求仍然无法满足等问题。因为运输环节缺乏监管，冷藏车改装上路现象时有发生，例如海运集装箱改装的冷藏车制冷效果差，无法满足农产品冷链运输条件；在短途运输中，由于缺乏相应冷链设备，"冰块＋棉被"的方法经常被用来创造低温环境，这无异于掩耳盗铃，温度不恒定、温差变化大，更容易造成农产品腐烂，食品安全难以保障。

第三节 政府扶持对冷链物流资源投入影响的博弈分析

针对冷链资源投入等问题，提出影响合作社和超市决策的相关变量及基本假设，根据演化博弈理论构建冷链资源投入模型。基于有无政府调控，分析博弈结果，以观察政府介入供应链上下游企业对提升果蔬保鲜流通的效果。以期找到博弈双方合作的稳定策略，从而保障果蔬供应链质量安全和流通效率。

一、博弈模式基本假设与变量

本模型中，合作社和超市两个博弈群体均为有限理性，且具备学习能力，博弈双方在是否投入高质量冷链资源策略选择上，不可能一次就找到最优策略，而是通过博弈双方不断互动、不断改进，逐渐演化为较好的策略，换言之，均衡不是一次就能完成的结果。

1. 博弈过程假设

博弈过程是非常复杂的。在分析是否合作投入资源提升果蔬冷链水平过程中，需要考虑冷链物流服务的特殊性与市场供需的波动性。一方面，冷链物流服务包含仓储、运输、包装等多方面，细致且高质量的服务意味着投入高成本。另一方面，投资果蔬的单品价值、销售定位、易腐程度、产品需求波动等都会影响博弈双方的决策结果。因此，对冷链资源投入的参与主体博弈呈现出一定的复杂性。

博弈过程具有长期动态性。受市场规律等多重因素影响下，合作社与超市针对冷链资源投入的博弈不是一次性博弈，而是多次、不断重复的动态博弈，具有明显的动态性。从长期来看，冷链物流共同配送参与主体的不断博弈，使冷链物流共同配送表现出一定的演化路径。

2. 模型构建背景假设

①农产品是指来源于农业的初级产品，即在农业活动中获得的植物、动物、微生物及其产品，其覆盖面广泛，而不同的果蔬建立模型所需考虑因素各不相同。

②伴随着人民生活水平的提升，消费者对选购食品的品质更为关注，新鲜优质的果蔬能吸引更多消费。

③投入高质量冷链的资源对果蔬的储存运输，可以延长其保存期和货架期。无论是在合作社的大批交易中，还是在超市的零售阶段，都可以保证从量和价这两方面提升净利润。

④在具有合作性的活动中，一方私自不做贡献却能分享另一方投入成本创造的收益，这种现象被称为"搭便车"。本章对冷链资源投入博弈问题的研究中，考虑到了"搭便车"行为的发生。

⑤高质量的冷链资源投入，可以大大降低果蔬贮存运输中的损耗率。这意味着，不论是合作社还是超市，在正确投入资源后，都可以实现阶段性的有效流通量的增加。

⑥若合作社投入高质量冷链资源，超市购入的果蔬可以获得额外延长

的销售货架期。例如气调库内储藏的果蔬，出库后先从休眠状态苏醒，果蔬出库后保鲜期（销售货架期）较普通冷藏实现延长。超市经过验货，购入新鲜果蔬后，投入高质量冷链资源，果蔬在零售环节赢得消费者喜爱，连带提升产地合作社的口碑。

3. 模型变量与含义

演化博弈模型中涉及的基本变量与其具体含义如表 10 – 3 所示。

表 10 – 3　　　　　　　　　演化博弈模型基本变量与含义

变量名称	变量含义
P_1	合作社批发果蔬单价
C_1	合作社出售果蔬的单位成本
P_{y1}	合作社如果投入高质量冷链资源后，批发成交均价提升的部分
P_2	超市零售果蔬的单价
C_2	超市零售果蔬的单位成本
P_{y2}	超市如果投入高质量冷链资源后，零售成交均价提升的部分
α	合作社投入高质量冷链资源后，成功批发出去的果蔬数量增加比率
β	超市投入高质量冷链资源后，成功零售出去的果蔬数量增加比率
θ	合作社或超市因"搭便车"而成功批发或者零售出果蔬数量增加比率
Z_1	合作社投入高质量冷链资源所需成本
Z_2	超市投入高质量冷链资源所需成本
$x \in [0, 1]$	合作社群体选择投入高质量冷链资源的比例
$y \in [0, 1]$	超市群体选择投入高质量冷链资源的比例
M	投入高质量冷链资源后将获得的政府补贴
N	政府对"搭便车"行为的罚款

二、没有政府部门调控的冷链资源投入演化博弈模型

1. 没有政府部门调控的二维动态模型

根据以上假设和变量，可以得到没有政府部门调控的演化博弈双方的支付矩阵如表 10 – 4 所示。令合作社采取投入策略时的期望收益为 E_x，采取不投入策略时的期望收益为 E_{1-x}，合作社的平均期望收益为 $\overline{E}_1$；超市采取投入策略时的期望收益为 E_y，采取不投入策略时的期望收益为 E_{1-y}，超市的平均期望收益为 $\overline{E}_2$。

表 10 – 4　　　　　　　没有政府部门调控的演化博弈支付矩阵

		超市	
		y	$1-y$
合作社	x	$(P_{y1}+P_1-C_1)(q+\alpha q)-Z_1$ $(P_{y2}+P_2+P_{y1}-P_1-C_2)(q+\beta q)-Z_2$	$(P_{y1}+P_1-C_1)(q+\alpha q)-Z_1$ $(P_2+P_{y1}-P_1-C_2)(q+\theta q)$
	$1-x$	$(P_1-C_1)(q+\theta q)$ $(P_{y2}+P_2-P_1-C_2)(q+\beta q)-Z_2$	$(P_1-C_1)q$ $(P_2-P_1-C_2)q$

通过上述博弈支付矩阵可得，采取投入策略时合作社期望收益为：

$$E(x)=y\big[(p_{y1}+p_1-c_1)(q+\alpha q)-Z_1\big]$$
$$+(1-y)\big[(p_{y1}+p_1-c_1)(q+\alpha q)-Z_1\big] \qquad (10-1)$$

采取不投入策略时合作社期望收益为：

$$E_{1-x}=y\big[(p_1-c_1)(q+\theta q)\big]+(1-y)(p_1-c_1)q \qquad (10-2)$$

合作社平均期望收益为：

$$\overline{E_1}=xE(x)+(1-x)E_{1-x} \qquad (10-3)$$

合作社的演化博弈复制动态方程：

$$F(x)=\frac{\mathrm{d}x}{\mathrm{d}t}=x\big[E(x)-\overline{E_1}\big]$$
$$=x(1-x)\big[p_{y1}(q+\alpha q)+(p_1-c_1)\alpha q-(p_1-c_1)\theta qy-Z_1\big]$$
$$(10-4)$$

采取投入策略时超市期望收益为：

$$E(y)=x\big[(p_{y2}+p_2+p_{y1}-p_1-c_2)(q+\beta q)-Z_2\big]$$
$$+(1-x)\big[(p_{y2}+p_2-p_1-c_2)(q+\beta q)-Z_2\big] \quad (10-5)$$

采取不投入策略时超市期望收益为：

$$E_{1-y}=x\big[(p_2+p_{y1}-p_1-c_2)(q+\theta q)\big]+(1-x)\big[(p_2-p_1-c_2)q\big]$$
$$(10-6)$$

超市平均期望收益为：

$$\overline{E_2}=yE(y)+(1-y)E_{1-y} \qquad (10-7)$$

超市的演化博弈复制动态方程：

$$F(y)=\frac{\mathrm{d}y}{\mathrm{d}t}=y\big[E(y)-\overline{E_2}\big]$$
$$=y(1-y)\{p_{y2}(q+\beta q)+(p_2-p_1-c_2)\beta q$$
$$-\big[(p_2-p_1-c_2)\theta q-(\beta-\theta)qp_{y1}\big]x-Z_2\} \qquad (10-8)$$

构成的演化博弈二维动态系统为：

$$F(x) = x(E_x - \overline{E}_1)$$
$$= x(1-x)\left[p_{y1}(q+\alpha q) + (p_1-c_1)\alpha q - (p_1-c_1)\theta qy - Z_1\right]$$
$$F(y) = y(1-y)\{p_{y2}(q+\beta q) + (p_2-p_1-c_2)\beta q$$
$$- \left[(p_2-p_1-c_2)\theta q - (\beta-\theta)qp_{y1}\right]x - Z_2 \qquad (10-9)$$

为了更好地观察和后续计算分析，令

$$M_a = p_{y1}(q+\alpha q) + (p_1-c_1)\alpha q - Z_1$$
$$N_a = (p_1-c_1)\theta q$$
$$M_b = p_{y2}(q+\beta q) + (p_2-p_1-c_2)\beta q - Z_2$$
$$N_b = (p_2-p_1-c_2)\theta q - (\beta-\theta)qp_{y1} \qquad (10-10)$$

经化简后的演化博弈二维动态模型为：

$$F(x) = x(1-x)(M_a - N_a y)$$
$$F(y) = y(1-y)(M_b - N_b x) \qquad (10-11)$$

2. 没有政府部门调控的演化博弈稳定性分析

复制动态方程计算的均衡点不一定是博弈系统的演化稳定策略，根据 Friedman 提出的方法，演化均衡点的稳定性可以从该系统的雅可比矩阵的局部稳定分析推导出。演化博弈理论的核心概念是演化稳定策略与选择机制动态方程（百度百科）。演化博弈理论是博弈理论不断发展演化的过程，它结合了达尔文的进化论和传统的博弈论，在时间维度上动态发展，这是它区别于传统博弈理论的重要表现，只有通过这种方式，才能真正达到均衡。

当两个群体的策略变化率等于 0 时，系统将进入稳定状态。解演化博弈二维动态模型得到五个均衡点：$A(0, 0)$、$B(1, 0)$、$C(0, 1)$、$D(1, 1)$、$E\left(\dfrac{Mb}{Nb}, \dfrac{Ma}{Na}\right)$，其中 A、B、C、D 四个均衡点一定存在于模型中，ESS 点是否存在于模型中取决于不同情况下 M_a、N_a、M_b、N_b 的具体取值。

在没有政府调控的情况下，果蔬冷链资源投入演化博弈雅克比矩阵可以表示为：

$$K = \begin{bmatrix} (1-2x)(M_a - N_a y) & x(x-1)N_a \\ y(y-1)N_b & (1-2y)(M_b - N_b x) \end{bmatrix} \qquad (10-12)$$

如表 10-5 所示，当一点的 $detK > 0$ 且 $trK < 0$ 时，该点为演化稳定策略点；当一点的 $detK > 0$ 且 $trk > 0$ 时，该点为不稳定点；当一点的 $detK < 0$ 时，该点为鞍点。

表 10 – 5　　　　　　$Mb > Nb > 0$，$Ma < 0$，$Na > 0$ 时稳定性分析

均衡点	detK	trk	稳定性
$A(0, 0)$	<0	—	鞍点
$B(1, 0)$	>0	>0	不稳定点
$C(0, 1)$	>0	<0	ESS
$D(1, 1)$	<0	—	鞍点

①合作社不投资，超市投资的状态。

当合作社投入高质量冷链资源后，在将果蔬批发给超市的环节，从成交价和成交量两方面的提升收益未能弥补投资，或者是"搭便车"获利更高时，合作社选择不投资冷链。当超市投资冷链后，如果能够从零售均价和销售量两方面获利超过投资时，超市会选择投资冷链。具体演化稳定分析如表 10 – 5 和表 10 – 6 所示。

表 10 – 6　　　　　　$Mb > Nb > 0$，$Na > Ma > 0$ 时稳定性分析

均衡点	detK	trk	稳定性
$A(0, 0)$	>0	>0	不稳定点
$B(1, 0)$	<0	—	鞍点
$C(0, 1)$	>0	<0	ESS
$D(1, 1)$	<0	—	鞍点

②合作社投资，超市不投资的状态。

当合作社投入高质量冷链资源后，在批发环节因品质好能获得更高的成交价、更高的成交量，在支付更多冷链成本后仍能带来收益，并且收益高过"搭便车"的情况，合作社必然会选择投资冷链。同时，超市在收益不足以弥补成本或"搭便车"获利更高时，超市选择不投资冷链。具体演化稳定分析如表 10 – 7 和表 10 – 8 所示。

表 10 – 7　　　　　　$Mb < 0$，$Nb > 0$，$Ma > Na > 0$ 时稳定性分析

均衡点	detK	trk	稳定性
$A(0, 0)$	<0	—	鞍点
$B(1, 0)$	>0	<0	ESS

均衡点	$detK$	trk	稳定性
$C(0, 1)$	>0	>0	不稳定点
$D(1, 1)$.	<0	—	鞍点

表 10 – 8 　　　　　　　　$Nb > Mb > 0$，$Ma > Na > 0$ 时稳定性分析

均衡点	$detK$	trk	稳定性
$A(0, 0)$	>0	>0	不稳定点
$B(1, 0)$	>0	<0	ESS
$C(0, 1)$	<0	—	鞍点
$D(1, 1)$	<0	—	鞍点

③ "搭便车"的不良状态。

如果合作社和超市选择"搭便车"的获利比投入高质量冷链资源的净收益还高时，双方都存在受利益诱惑的可能性。此时，演化博弈模型中存在 5 个均衡点。即便双方最初实现了合作投资冷链建设，一旦一方群体中有小部分企业开始"搭便车"，破坏良性竞争局面，就会逐渐在该群体中被复制蔓延，最终演化成行业道德低的一方蚕食行业道德高的一方收益的不良现象。具体演化稳定分析如表 10 –9 所示。

表 10 – 9 　　　　　　　　$Nb > Mb > 0$，$Na > Ma > 0$ 时稳定性分析

均衡点	$detK$	trk	稳定性
$A(0, 0)$	>0	>0	不稳定点
$B(1, 0)$	>0	<0	ESS
$C(0, 1)$	>0	<0	ESS
$D(1, 1)$	>0	>0	不稳定点
$E\left(\dfrac{Mb}{Nb}, \dfrac{Ma}{Na}\right)$	<0		鞍点

④合作社与超市合作共赢的理想状态。

只有在合作社和超市双方选择投入高质量冷链资源后，都可以获得更多净收益，并且该净收益比选择"搭便车"获利更多，才能够实现合作共赢。具体演化稳定分析如表 10 –10 所示。

表 10 – 10 　　　　　　　$Mb > Nb > 0$，$Ma > Na > 0$ 时稳定性分析

均衡点	$detK$	trk	稳定性
$A(0, 0)$	>0	>0	不稳定点
$B(1, 0)$	<0	—	鞍点
$C(0, 1)$	<0	—	鞍点
$D(1, 1)$	>0	<0	ESS

从以上演化稳定策略的分析中，可以观察出在没有政府调控时，"搭便车"这种现象严重危害了冷链建设。"搭便车"行为的本质是在原本合作求共赢的局面下，违背契约精神，在对方没有发现的情况下，不进行投入而获得利润。这种"搭便车"得到的利润是建立在损害相邻节点企业利益的基础上，上下游企业间信息不透明为该行为的产生创造了条件。个别的"搭便车"行为被发现，可能会导致企业间合作关系的终止，但如果因不断复制而形成了群体性的风气，则会成为一方迫于无奈继续不良运转，或是双方都舍弃更高收益下相对公平的运转。所以"搭便车"这种行为的出现，阻碍了果蔬冷链整体水平的提升。即使通过正规合作竞争，可以得到净收益，提高整体冷链水平，但在上下游因多数供应链还处于基础阶段，其中不同主体之间信息未能做到全透明，若没有政府部门作为第三方进行调控，就容易在追逐利益的情况下演变成一方投资冷链，另一方"搭便车"获取一部分利润。这种不良运转，"搭便车"方的获利实质上是对投资方的一种侵害，不能健康合作的供应链上下游企业，时刻面临关系的崩裂，企业间信息不透明，单凭各自行业道德自行约束是不够的，所以需要政府部门参与调控。

三、基于政府调控的冷链资源投入演化博弈模型

1. 基于政府调控的二维动态模型

政府不需要时时进行补贴或者惩罚，如果市场能够自发调节，政府只需要进行常规的监察即可。但如果出现自然变化等多重因素导致果蔬市场价格变动，或者供求关系变动，市场处于失控状态下不能健康合理地运转，就需要政府作为新的力量促进冷链的健康发展。基于政府调控的演化博弈双方的支付矩阵如表 10 – 11 所示。

表 10-11　　　　　　　　政府补贴加惩罚演化博弈支付矩阵

		超市	
		y	$1-y$
合作社	x	$(P_{y1}+P_1-C_1)(q+\alpha q)-Z_1+M$ $(P_{y2}+P_2+P_{y1}-P_1-C_2)(q+\beta q)-Z_2+M$	$(P_{y1}+P_1-C_1)(q+\alpha q)-Z_1+M$ $(P_2+P_{y1}-P_1-C_2)(q+\theta q)-N$
	$1-x$	$(P_1-C_1)(q+\theta q)-N$ $(P_{y2}+P_2-P_1-C_2)(q+\beta q)-Z_2+M$	$(P_1-C_1)q$ $(P_2-P_1-C_2)q$

令合作社采取投入策略时的期望收益为 E_{x0}，采取不投入策略时的期望收益为 E_{1-x0}，合作社的平均期望收益为 $\overline{E}_{10}$；超市采取投入策略时的期望收益为 E_{y0}，采取不投入策略时的期望收益为 E_{1-y0}，超市的平均期望收益为 $\overline{E}_{20}$。

通过上述博弈支付矩阵可得，采取投入策略时，合作社期望收益为：

$$E_{x0}=y\big[(P_{y1}+P_1-C_1)(q+\alpha q)-Z_1+M\big]$$
$$+(1-y)\big[(P_{y1}+P_1-C_1)(q+\alpha q)-Z_1+M\big] \qquad (10-13)$$

采取不投入策略时合作社期望收益为：

$$E_{1-x0}=y\big[(P_1-C_1)(q+\theta q)-N\big]+(1-y)(P_1-C_1)q \quad (10-14)$$

合作社平均期望收益为：

$$\overline{E}_{10}=xE_{x0}+(1-x)E_{1-x0} \qquad (10-15)$$

合作社的演化博弈复制动态方程：

$$F(x)=\frac{\mathrm{d}x}{\mathrm{d}t}=x(E_{x0}-\overline{E}_{10})$$

$$=x(1-x)\big\{[N-(P_1-C_1)\theta q]y-[Z_1-P_{y1}(q+\alpha q)-(P_1-C_1)\alpha q-M]\big\}$$

$$(10-16)$$

采取投入策略时超市期望收益为：

$$E_{y0}=x\big[(P_{y2}+P_2+P_{y1}-P_1-C_2)(q+\beta q)-Z_2+M\big]$$
$$+(1-x)\big[(P_{y2}+P_2-P_1-C_2)(q+\beta q)-Z_2+M\big]$$

$$(10-17)$$

采取不投入策略时超市期望收益为：

$$E_{1-y0}=x\big[(P_2+P_{y1}-P_1-C_2)(q+\theta q)-N\big]+(1-x)\big[(P_2-P_1-C_2)q\big]$$

$$(10-18)$$

超市平均期望收益为：

$$\overline{E}_{20}=yE_{y0}+(1-y)E_{1-y0} \qquad (10-19)$$

超市的演化博弈复制动态方程：

$$F(y) = \frac{dy}{dt} = y(E_{y0} - \bar{E}_{20})$$

$$= y(1-y)\{[N - (P_2 - P_1 - C_2)\theta q + (\beta - \theta)qP_{y1}]x$$

$$- [Z_2 - P_{y2}(q + \beta q) - (P_2 - P_1 - C_2)\beta q - M]\} \quad (10-20)$$

构成的演化博弈二维动态系统为：

$$F(x) = x(1-x)\{[N - (P_1 - C_1)\theta q]y - [Z_1 - P_{y1}(q + \alpha q) - (P_1 - C_1)\alpha q - M]\}$$

$$F(y) = y(1-y)\{[N - (P_2 - P_1 - C_2)\theta q + (\beta - \theta)qP_{y1}]x$$

$$- [Z_2 - P_{y2}(q + \beta q) - (P_2 - P_1 - C_2)\beta q - M]\} \quad (10-21)$$

为了更好地观察和后续计算分析，令

$$S_a = Z_1 - p_{y1}(q + \alpha q) - (p_1 - c_1)\alpha q - M$$

$$T_a = N - (p_1 - c_1)\theta q \quad (10-22)$$

$$S_b = Z_2 - p_{y2}(q + \beta q) - (p_2 - p_1 - c_2)\beta q - M$$

$$T_b = N - (p_2 - p_1 - c_2)\theta q + (\beta - \theta)qp_{y1} \quad (10-23)$$

经化简后政府调控下的演化博弈二维动态模型为：

$$F(x) = x(1-x)(T_a y - S_a) \quad (10-24)$$

$$F(y) = y(1-y)(T_b x - S_b) \quad (10-25)$$

在政府调控下，果蔬冷链资源投入演化博弈雅克比矩阵可以表示为：

$$K = \begin{bmatrix} (1-2x)(T_a y - S_a) & x(1-x)T_a \\ y(1-y)T_b & (1-2y)(T_b x - S_b) \end{bmatrix} \quad (10-26)$$

2. 政府调控下演化博弈稳定性分析

当演化博弈系统中有四个均衡点时，根据 Sb、Sa、Ta、Tb 各自不同的取值可能情况组合，一共有 32 种。按照上文的局部稳定分析方法，对于政府调控状态下演化博弈的均衡点进行稳定性分析，具体的列表不再赘述。经过观察分析可以得到经过重复博弈后，最终稳定在四种不同策略下各自的条件。

①合作社和超市双方都选择不投入高质量冷链资源。

经过稳定性分析得到（0，0）是 ESS，此时的模型变量可能出现的情况：$Sb > 0$, $Tb < 0$, $Ta > Sa > 0$; $Sb > Tb > 0$, $Ta > Sa > 0$; $Tb > Sb > 0$, $Sa > 0$, $Ta < 0$; $Tb > Sb > 0$, $Sa > Ta > 0$; $Sb > 0$, $Tb < 0$, $Sa > Ta > 0$; $Sb > 0$, $Tb < 0$, $Sa > 0$, $Ta < 0$; $Sb > Tb > 0$, $Sa > 0$, $Ta < 0$; $Sb > Tb > 0$, $Sa > Ta > 0$。

②合作社选择投入高质量冷链资源，而超市选择不投入。

经过稳定性分析得到（1，0）是 ESS，此时的模型变量可能出现的情况：$Sb > 0$，$Tb < 0$，$Ta < Sa < 0$；$Sb > Tb > 0$，$Ta < Sa < 0$；$Tb < Sb < 0$，$Sa < 0$，$Ta > 0$；$Tb < Sb < 0$，$Sa < Ta < 0$；$Sb > 0$，$Tb < 0$，$Sa < Ta < 0$；$Sb > 0$，$Tb < 0$，$Sa < 0$，$Ta > 0$；$Sb > Tb > 0$，$Sa < 0$，$Ta > 0$；$Sb > Tb > 0$，$Sa < Ta < 0$。

③超市选择投入高质量冷链资源，而合作社选择不投入。

经过稳定性分析得到（1，0）是 ESS，此时的模型变量可能出现的情况：$Sb < 0$，$Tb > 0$，$Ta < Sa < 0$；$Sb < Tb < 0$，$Sa < Ta < 0$；$Tb < Sb < 0$，$Sa > 0$，$Ta < 0$；$Tb < Sb < 0$，$Sa > Ta > 0$；$Sb < 0$，$Tb > 0$，$Sa > Ta > 0$；$Sb < 0$，$Tb > 0$，$Sa > 0$，$Ta < 0$；$Sb < Tb < 0$，$Sa > 0$，$Ta < 0$；$Sb < Tb < 0$，$Sa > Ta > 0$。

④合作社和超市双方都选择投入高质量冷链资源。

经过稳定性分析得到（1，1）是 ESS，此时的模型变量可能出现的情况：$Sb < 0$，$Tb > 0$，$Ta > Sa > 0$；$Sb < Tb < 0$，$Ta > Sa > 0$；$Tb > Sb > 0$，$Sa < 0$，$Ta > 0$；$Tb > Sb > 0$，$Sa < Ta < 0$；$Sb < 0$，$Tb > 0$，$Sa < Ta < 0$；$Sb < 0$，$Tb > 0$，$Sa < 0$，$Ta > 0$；$Sb < Tb < 0$，$Sa < 0$，$Ta > 0$；$Sb < Tb < 0$，$Sa < Ta < 0$。

以上四种演化博弈的稳定策略，可以对果蔬冷链建设中出现的问题进行解释。政府部门作为新的力量对冷链建设进行调控，并且采取"惩罚'搭便车'行为"和"补贴积极投资"双重措施。通过上文分析可知理想的演化稳定策略，需要政府部门进行有效的调控。当政府部门参与调控冷链建设，但是力度和方式不适宜时，可能导致投入过少而产生的无意义消耗，或者投入过多而产生的浪费。

四、基于政府部门调控的因素变化博弈结果影响分析

1. 演化博弈相位图分析

在平面 $F = \{(x, y) | 0 \leqslant x, y \leqslant 1\}$ 中，对基于政府部门调控的合作社与超市冷链资源投入的演化博弈过程进行描述，如图 10-1 所示。观察该演化博弈相位图，可以看出随着时间的变化，不稳定点 B、C 不断进行动态演化，系统最终将趋于稳定点 A 或 D。意味着在是否投入高质量冷链资源这一问题上，单独的一方投资，不能稳定存在。这说明通过政府部门采取适宜的补贴和惩罚措施后，一方投资冷链、另一方"搭便车"的不良竞争现象得到了很好的遏制。但是，政府部门调控后，合作社和超市可能都进行冷链建设，也可能都保持现状不做更多投入。

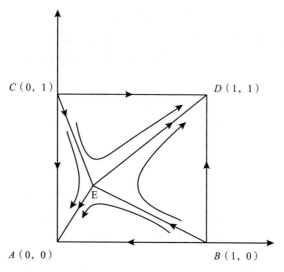

图 10 – 1　基于政府部门调控的演化博弈相位

合作投资冷链建设概率与保持现状演化的概率取决于四边形 $CEBA$ 和四边形 $CEBD$ 的面积，即 $S_{四边形CEBA}$ 和 $S_{四边形CEBD}$，分别简记为 S_1 和 S_2。想要提高合作社与超市合作投资冷链的可能性，需要尽可能地缩小 S_1 的面积。由图 10 – 1 可知：

$$S_1 = \frac{1}{2}\left(\frac{S_a}{T_a} + \frac{S_b}{T_b}\right)$$

$$= \frac{1}{2}\left(\frac{Z_1 - p_{y1}(q + \alpha q) - (p_1 - c_1)\alpha q - M}{N - (p_1 - c_1)\theta q}\right.$$

$$\left. + \frac{Z_2 - p_{y2}(q + \beta q) - (p_2 - p_1 - c_2)\beta q - M}{N - (p_2 - p_1 - c_2)\theta q + (\beta - \theta)qp_{y1}}\right)$$

$$S_2 = 1 - S_1 \tag{10 – 27}$$

鞍点 E 的横纵坐标值是系统演化路径改变的阈值，通过鞍点划分的不同区域有着不同的演化结果。结合这个演化博弈模型的相位图 10 – 1 可以看出，C、E、B 三点构成的折线是系统合作提高冷链建设和保持现状演化的分界线。如果群体初始状态落在折线的右上方，系统将收敛于点 D，即合作提高冷链建设。如果群体初始状态落在折线的左下方，系统将收敛于点 A，即保持现状，无法实现提高冷链水平的初衷。所以，系统具体会沿着哪条路径演化稳定在何种情况，是由该动态演化博弈的初始状态决定的。政府部门，不能干预合作社和超市初始的合作意向，但是可以提高双方选择冷链建设的可能性。

2. 演化投资冷链的可能性与变量因素

对影响合作社与超市选择投资冷链的变量因素进行具体分析。在上文对四个均衡点最终演化为双方合作投资冷链的分析中，可以看出政府部门在同时采用补贴和惩罚"搭便车"两种操作时，倾向加大惩罚力度的效果不如倾向加大补贴力度。从管理学的角度来说，正向激励措施较惩罚能够收到更好的管理效果。在寻求合作提高整体社会中农产品冷链建设水平的大环境下，一味地加大对"搭便车"行为的惩罚力度，处于博弈中的个体因信息不全面，不知道对方群体具体的经营数据以及会做出何种决策，就会导致个体在利润受损的情况下因对"搭便车"罚款的畏惧而做出不理智决策。这种情况下实现的合作是有违初衷的。所以下文对变量因素的分析，把惩罚变量因素与其他变量因素共同考虑，不做单独的增长分析。

①冷链投资补贴。

$$\frac{\partial S_1}{\partial M} = -\frac{1}{2} \left\{ \frac{N - (p_2 - p_1 - c_2)\theta q + (\beta - \theta)qp_{y1} + N - (p_1 - c_1)\theta q}{[N - (p_1 - c_1)\theta q][N - (p_2 - p_1 - c_2)\theta q + (\beta - \theta)qp_{y1}]} \right\}$$
(10-28)

通过求 S_1 关于 M 的偏导，可以得到在 $N > (p_2 - p_1 - c_2)\theta q + (\beta - \theta)qp_{y1}$ 且 $N > (p_1 - c_1)\theta q$ 时，S_1 是 M 的单调递减函数。意味着在罚款的情况下，合作社和超市各自的获利都高于"搭便车"的获利。随着政府补贴冷链建设的加大，双方企业选择投资高质量冷链的可能性增大。

②企业冷链投资成本。

$$\frac{\partial S_1}{\partial Z_1} = \frac{1}{2} \frac{1}{N - (p_1 - c_1)\theta q}$$
(10-29)

$$\frac{\partial S_1}{\partial Z_2} = \frac{1}{2} \frac{1}{N - (p_2 - p_1 - c_2)\theta q + (\beta - \theta)qp_{y1}}$$
(10-30)

通过求 S_1 关于 Z_1 的偏导，可以得到在 $N > (p_1 - c_1)\theta q$ 时，S_1 是 M 的单调递增函数。意味着罚款与"搭便车"相比，合作社在罚款情况下获利更高，随着合作社投入冷链建设成本的增加，合作社选择投资高质量冷链的可能性降低。

通过求 S_2 关于 Z_2 的偏导，可以得到在 $N > (p_2 - p_1 - c_2)\theta q + (\beta - \theta)qp_{y1}$ 时，S_2 是 M 的单调递增函数。意味着罚款的情况下，超市获利高于"搭便车"获利，随着超市投入冷链建设成本的提升，超市选择投资高质量冷链的可能性降低。

③冷链水平提升后成功销售量增加比率。

$$\frac{\partial S_1}{\partial \alpha} = -\frac{1}{2} \frac{(p_{y1} + p_1 - c_1)q}{N - (p_1 - c_1)\theta q}$$
(10-31)

$$\frac{\partial S_1}{\partial \beta} = -\frac{1}{2} \frac{(p_{y2}+p_2-p_1-c_2)q[N-(p_2-p_1-c_2+p_{y1})\theta q]}{[N-(p_2-p_1-c_2+p_{y1})\theta q+\beta q p_{y1}]^2}$$

$$(10-32)$$

通过求 S_1 关于 α 的偏导，可以得到在 $N>(p_1-c_1)\theta q$ 时，S_1 是 α 的单调递减函数。意味着在罚款比"搭便车"行为下合作社获利高的基础上，随着冷链的水平提高，当批发出去的果蔬的量较原先增加时，合作社选择投资高质量冷链的可能性增加。

通过求 S_1 关于 β 的偏导，可以得到在 $N>(p_2-p_1-c_2+p_{y1})\theta q$ 时，S_1 是 β 的单调递减函数。意味着在罚款比"搭便车"行为下超市的获利高的基础下，随着冷链的水平提高，当零售出去的果蔬的量较原先增加时，超市选择投资高质量冷链的可能性增加。

④冷链的水平提升后成交价的增高。

$$\frac{\partial S_1}{\partial p_{y1}} = -\frac{1}{2}\left\{\frac{q+\alpha q}{N-(p_1-c_1)\theta q}+\frac{[Z_2-p_{y2}q-M-(p_{y2}+p_2-p_1-c_2)\beta q](\beta-\theta)q}{[N-(p_2-p_1-c_2)\theta q+(\beta-\theta)q p_{y1}]^2}\right\}$$

$$(10-33)$$

$$\frac{\partial S_1}{\partial p_{y2}} = -\frac{1}{2}\frac{q+\beta q}{N-(p_2-p_1-c_2)\theta q+(\beta-\theta)q p_{y1}} \qquad (10-34)$$

通过求 S_1 关于 p_{y1} 的偏导，可以得到在 $N>(p_1-c_1)\theta q$ 且 $Z_2>p_{y2}q-M-(p_{y2}+p_2-p_1-c_2)\beta q$ 时，S_1 是 p_{y1} 的单调递减函数。意味着在罚款比"搭便车"行为下合作社的获利高。并且超市愿意投资冷链建设时，合作社间接获利可能性不高。随着冷链水平的提升，批发价提升越多，合作社选择投资高质量冷链的可能性越大。

通过求 S_1 关于 p_{y2} 的偏导，可以得到在 $N>(p_2-p_1-c_2)\theta q+(\beta-\theta)q p_{y1}$ 时，S_1 是 p_{y1} 的单调递减函数。意味着在与罚款相比，搭便车行为下超市的获利高。随着冷链水平的提升，零售价提升越多，超市选择投资高质量冷链的可能性越大。

五、基于政府部门调控的冷链资源投入演化博弈仿真分析

1. 政府补贴对演化博弈结果的影响

假定仿真的部分参数取值为：$N=70$，$p_1=600$，$C_1=400$，$P_{y1}=100$，$p_2=1\,000$，$C_2=200$，$P_{y2}=100$，$\alpha=1$，$\beta=0.5$，$\theta=0.3$，$q=100$，$Z_1=470$，$Z_2=310$。政府部门对冷链建设的补贴设定为以下两种情况时，系统的演化博弈结果如图 10-2 和图 10-3 所示。

数组 1 中：$M=50$

数组 2 中：$M = 100$

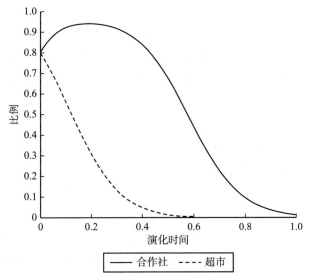

图 10 − 2　补贴数组 1 演化博弈结果

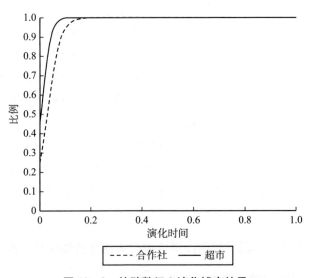

图 10 − 3　补贴数组 2 演化博弈结果

在数组 1 中，从图 10 − 2 可以看出，初始状态下，合作社与超市选择合作进行高质量冷链建设的比例都假设为 0.8。即使双方群体最初的合作投资热情高涨，但随着演化博弈时间的推移，因为政府给予的补贴不足以对群体产生正向激励，双方群体选择积极投入的比例逐渐减小，系统最终向稳定点（0，0）演化。

在数组2中，从图10-3可以看出，初始状态下，假设合作社群体选择高质量冷链建设的比例为0.25，超市群体为0.45。即使双方群体最初的合作投资热情不高，但随着演化博弈时间的推移，因为政府给予的补贴对群体产生不断的正向激励，双方群体选择积极投入的比例逐渐增大，即系统最终向稳定点（1，1）演化。

当政府对市场已经投入了合理的补贴，假如对"搭便车"行为罚款的辅助操作力度不够，系统的演化博弈结果如图10-4所示。

数组3中：$M=100$，$N=20$

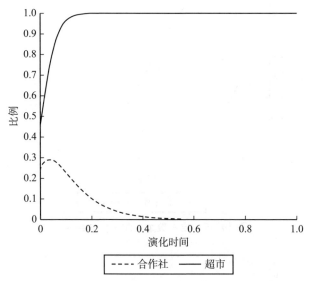

图10-4　补贴但惩罚不足数组3演化博弈结果

在数组3中，从图10-4可以看出，初始状态下，仍假设合作社群体选择进行高质量冷链建设的比例为0.25，而超市群体为0.45。与图10-3进行对比，可见在罚款力度不够时，无法对市场中的"搭便车"行为有效遏制，即使采用合理的补贴，也会有投机行为的滋生。在该数组假设情况下，超市群体最终演化为选择投资高质量冷链建设，合作社在短暂的投资比例上升后，最终群体趋向于选择不投资，且存在"搭便车"行为，即系统最终向稳定点（0，1）演化。

总之可见，在政府作为新的力量对果蔬的冷链建设进行调控时，并非对市场投入补贴就一定可以看到合作社和超市朝着理性的方向发展。需要在合理处罚"搭便车"行为下采取足够补贴才能起到正确引导作用。

2. 冷链成本对演化博弈结果的影响

假定仿真的部分参数取值为：$N=70$，$M=100$，$P_1=600$，$C_1=400$，$P_{y1}=100$，$p_2=1\,000$，$C_2=200$，$P_{y2}=100$，$\alpha=1$，$\beta=0.5$，$\theta=0.3$，$q=100$，$Z_1=470$，$Z_2=310$。合作社和超市冷链投资成本设定为以下两种情况时，系统的演化博弈结果如图10-5和图10-6所示。

数组1中：$Z_1=520$，$Z_2=360$

数组2中：$Z_1=450$，$Z_2=300$

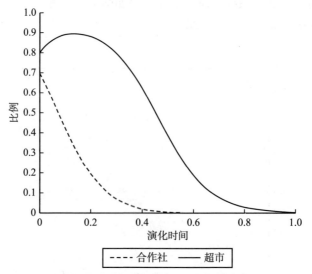

图 10-5　成本数组1演化博弈结果

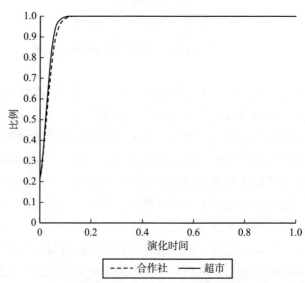

图 10-6　成本数组2演化博弈结果

在数组 1 中，从图 10 - 5 可以看出，初始状态下，假设合作社群体选择进行高质量冷链建设的比例为 0.8，超市群体为 0.7。即使双方群体最初的合作投资热情高涨，但随着演化博弈时间的推移，因冷链的成本过高，进行投资后也无法得到明显回报收益。在不断学习和重新博弈中，双方群体选择积极投入的比例逐渐减小，系统最终向稳定点（0，0）演化。

在数组 2 中，从图 10 - 6 可以看出，初始状态下，合作社与超市选择合作进行高质量冷链建设的比例都假设为 0.2。即使双方群体最初的合作投资热情不高，但随着演化博弈时间的推移，冷链的成本降低能够给投资者带来显著的收益。由此对群体做出投资决策产生正向激励，双方群体选择积极投入的比例逐渐增大，即系统最终向稳定点（1，1）演化。

随着科学技术的进步，若冷链建设成本已经降低，假如对"搭便车"行为罚款的辅助操作力度不够，系统的演化博弈结果如图 10 - 7 所示。

数组 3 中：$Z_1 = 450$，$Z_2 = 300$，$N = 20$

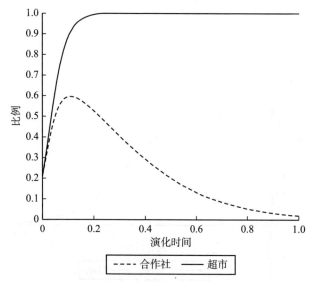

图 10 - 7　成本低但惩罚力度不够，数组 1 演化博弈结果

在数组 3 中，从图 10 - 7 可以看出，初始状态下，假设合作社与超市选择合作进行高质量冷链建设的比例都为 0.2。可见在罚款力度不够时，无法对市场中的"搭便车"行为有效遏制。如果"搭便车"被处罚后仍可以获得略高于常规的收益，这种投机行为将会蔓延。基于该数组假设的情况，超市群体最终演化为选择投资高质量冷链建设，合作社在短暂的投资比例上升后，最终群体趋向于选择不投资，且存在"搭便车"行为，即

系统最终向稳定点（0，1）演化。

总之，冷链的成本并非一成不变，随着科学技术的发展进步，冷链资源的成本下降将会促进果蔬冷链参与者的投资，而这种正向的促进只有合理处罚"搭便车"行为的配合，才可以真正发挥效用。

3. 投资冷链带来成交增量对演化博弈结果的影响

假定仿真的参数取值为：$N = 70$，$M = 100$，$P_1 = 600$，$C_1 = 400$，$P_{y1} = 100$，$p_2 = 1\,000$，$C_2 = 200$，$P_{y2} = 100$，$\alpha = 0.8$，$\beta = 0.3$，$\theta = 0.3$，$q = 100$，$Z_1 = 450$，$Z_2 = 300$。$\alpha = 1$，$\beta = 0.5$

在该种情况下，从图 10-8 可以看出，初始状态下，假设合作社群体选择高质量冷链建设的比例为 0.75，超市群体为 0.85。双方群体最初的合作投资热情高涨，随着演化博弈时间的推移，即使已经使用良好的贮藏运输手段，通过有效保鲜降低了坏损率，但如果带来的成功销售比例提升与之前相比不明显，企业就会倾向于保持现状。在不断地学习和重新博弈中，双方群体选择积极投入的比例逐渐减小，系统最终向稳定点（0，0）演化。

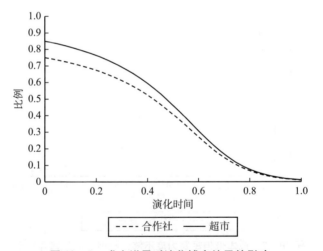

图 10-8　成交增量对演化博弈结果的影响

假定仿真的参数取值为：$N = 70$，$M = 100$，$P_1 = 600$，$C_1 = 400$，$P_{y1} = 100$，$p_2 = 1\,000$，$C_2 = 200$，$P_{y2} = 100$，$\alpha = 1$，$\beta = 0.5$，$\theta = 0.3$，$q = 100$，$Z_1 = 450$，$Z_2 = 300$。

在这种情况下，若假设合作社与超市选择合作进行高质量冷链建设的比例都为 0.2，系统的演化博弈结果如图 10-7 所示。意味着冷链成本为市场所接受，政府对冷链投资补贴足够，并且通过罚款有效遏制了"搭便车"行为的出现。如果投资冷链带来成交量的提升达到了预期水平，就可以实现合作社与超市两群体合作共赢。但如果罚款力度下降，例如 $N=20$ 时系统的演化博弈结果如图 10-8 所示。意味着即使在果蔬贮藏期货架期延长、果蔬损耗率下降、市场需求量增加等多重因素影响下，成交量达到预期，如果不能很好地压低投机行为下的不良获利，以彻底消除诱惑，就无法形成理想的冷链建设局面。

4. 初始投资比例对演化博弈结果的影响

假定仿真参数取值为：$N=80$，$M=40$，$p_1=600$，$C_1=400$，$P_{y1}=100$，$p_2=1\,000$，$C_2=200$，$P_{y2}=100$，$\alpha=1$，$\beta=0.5$，$\theta=0.3$，$q=100$，$Z_1=450$，$Z_2=300$。

根据上文五个均衡点系统的演化相位图可知，此时鞍点 $E=(0.25,0.5)$。因折线 CEB 为理论上的演化分界线，当合作社与超市初始投资比例位于折线 CEB 上方时，双方将演化至都投资冷链，位于折线 CEB 下方时，将演化为保持现状。理论计算可知：当 $0<x<0.25$ 时，在 $y_{CE}=-2x+1$ 上方的点，演化至 $(1,1)$；当 $0.25<x<1$ 时，在 $y_{EB}=-\dfrac{2}{3}x+\dfrac{2}{3}$ 上方的点，演化至 $(1,1)$。利用 MATLAB 对理论分析进行仿真验证时，需选择具有代表性的初始状态值，并且从合作社初始投资比例对超市决策影响、超市初始投资比例对合作社决策影响两个角度进行剖析。

①合作社初始投资比例对超市决策影响分析。

合作社与超市初始投资比例取值为 $(0.5,0.1)$ 和 $(0.7,0.1)$，演化博弈结果如图 10-9 所示。在第一种情况下，10%的超市初始选择投资冷链，50%的合作社初始选择投资的态度并不能吸引超市进行追随。正因为无法带动供应链下游积极参与，收益没有预期好，又出于对"搭便车"行为的回避，所以，原先合作社群体中积极的一部分也渐渐放弃了投资。第二种情况，在初始状态下，70%的合作社选择投资冷链建设。即便同样是一开始只有10%的超市愿意进行冷链的投资，在看到处于供应链上游的合作社明确的合作共赢态度后，群体中未进行投资的超市也自然会被吸引参与进来。

②超市初始投资比例对超市决策影响。

合作社与超市初始投资比例取值为 $(0.1,0.7)$ 和 $(0.1,0.8)$，演化博弈结果如图 10-10 所示。由图 10-10 可以直接看出在第一种情况下，10%的超市初始选择投资冷链，70%的超市初始选择投资的态度，两

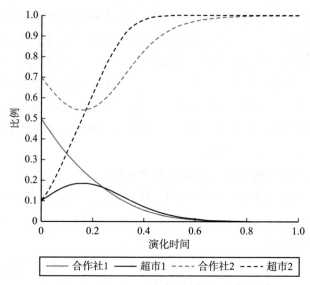

图 10 - 9　合作社初始投资对超市决策影响

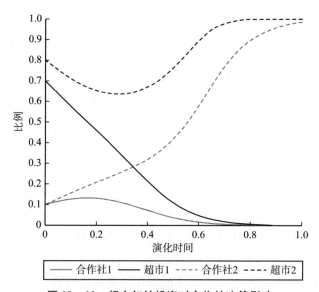

图 10 - 10　超市初始投资对合作社决策影响

方群体渐渐演化稳定于都不进行冷链投资状态。由图 10 - 10 可以发现，虽然超市以同样初始投资比例与对方合作，但却没有同样的理想结果。这是缘于冷链本身的独特性，只有上下游企业合作衔接良好，才能保证果蔬高品质，下游企业的不配合会损害上游企业的应得回报。如果超市从合作社批发新鲜果蔬后，没有冷链投资延续保持果蔬品质，在零售环节就会间接损害合作社果蔬的消费认可度。所以，在该演化博弈中，合作社出于弱势群体的顾虑，会对超市初始投资比例有更高的期望。第二种情况，当初始状态下 80% 的超市选择投资冷链建设时，虽然一开始只有 10% 的合作社愿意投资冷链，但在看到超市群体达到预期的合作比例之后，本群体中未进行投资的合作社也会逐渐加入。

通过上面利用 MATLAB 从两个角度的验证，可以明确看出演化模型变量全部一致的情况下，参与群体不同的初始投资比例会演化成不同的结果。意味着即便政府投入的冷链建设补贴与"搭便车"罚款数量都是合理的，也不能确保市场中合作社与超市两群体会朝着理想的合作方向发展。因此，政府需要做的不仅是有形的奖惩操作，还有无形的宣传鼓励。只有群体成员了解冷链建设的重要性与益处，才会在博弈中展示强烈的合作意愿，进而有效落实政府做出的调控政策，市场才会朝着提升整体冷链水平的方向健康发展。

第十一章　生鲜农产品冷链物流
骨干网络建设研究

随着人民生活水平的不断提高，以及农产品冷链物流产业的迅速发展，"北粮南运""西果东送"等工程凸显农产品运输大范围、远距离不断增加的特点。冷链物流在农产品运输过程中极其重要，大力发展以冷链物流为重点的农产品流通现代化是重中之重。农产品的价格近年来不断上涨，原因众多，其中冷链技术和设备等落后导致流通环节产生的损失，是导致价格上涨的重要因素。通过冷链设备设施、冷藏库、预冷保鲜率等指标来衡量冷链物流运营水平，反映出我国冷链运营能力不足的现状。目前，在食品安全的大背景下，我国冷链物流迎来大发展时期。政府高度重视，密集出台文件扶持冷链物流行业发展，生鲜电商迅速发展，线上线下相结合的新零售成为冷链物流爆发式增长的引爆点。供给侧结构性改革，深入推进并带动冷链物流行业；城乡居民收入快速增长，拉动冷链物流放量增加。应进一步发展现代农产品加工产业，把农产品产地、集散地、销地批发市场有机地整合起来，以促进农产品流通中枢物流系统的发展。在国内，产品物流骨干网络还没有建立起来，必须综合考虑各地的主产区、消费地、产品特色、交通环境、基础设施等多个方面，并要求国家与地方共同实施。只有农产品骨干物流网络健全，农产品的流通成本才能降低，流通效率才能进一步提升。建设农产品从原产地运往各地的通道、运输车辆、储存设备等构成的冷链物流骨干网络，成为重点研究的问题。在我国现有冷链物流现状基础上，充分发挥市场和资源优势，在各种政策利好的情况下，深入推进农产品冷链物流骨干网络的建设（朱雪彤，2022）。本章探讨农产品怎样从产地经过骨干网络运输到供应地城市，提出整个物流网络中存在的问题并给出解决办法。

第一节 农产品冷链物流骨干网络的文献综述

城市农产品流通关系城市百姓居民日常生活，连接着农产品的生产端和消费者，把市场需求信息传递到生产领域，引导农产品生产，在农业产业化中发挥着承上（生产）启下（消费）的重要功能，对整个农业产业和农村的资源配置、结构调整起着不可替代的作用（林兆艳，2012）。传统的农产品流通是指农产品从生产场所向接受地的实体流动中，农产品的生产、收购、运输、储存、加工、包装、配送、分销、信息处理、市场反馈等，其目的是通过对农产品的全渠道优化管理，最终满足消费者的需求，并实现农产品价值增值的过程（李大胜、罗必良，2002）。农产品流通通常包括农产品的收购、运输、储藏和销售，农产品流通具有季节差异明显、分布性大、技术复杂和较强的政府干预等特点。通过农产品的流通，可以实现农产品的价值，维持农业与国民经济其他部门的产品供求关系，调节产销矛盾，导向农业生产，为农业再生产和扩大再生产提供条件（马晨、王东阳，2019）。

近十年来，我国城市农产品流通发展变化呈现如下特征：一是城市农产品流通总量爆发性增长；二是城市农产品流通组织嬗变，农产品批发市场集团化发展日趋明显，农产品经销商规模化、品牌化经营已现雏形，农产品电子商务快速发展，专业化的果蔬零售企业连锁化发展，连锁超市生鲜专区规模扩大；三是农产品流通企业信息化管理水平提高，基础设施明显改善（洪岚，2019）。当前，我国新鲜农产品正处于高速发展阶段，但存在冷链物流基础设施较为薄弱、物流体系欠完善、农产品标准化程度不足等问题。农产品电商发展受到诸多因素影响，这是今后应着重解决的问题，物流网络的构建更是亟待解决的问题（王家洋，2020）。在物流网络的设计和管理方面，发达国家虽然取得了一些研究和实践成果，但也只是在"链"的框架下取得的。如何突破"链"的框架，基于现代网络技术，在网络这一综合性理念下开展更进一步的研究，是目前国内外都尚未开展的工作。

近年来，国内理论界虽然一直在关注物流基础设施建设、物流信息平台规划与建设、第三方物流等物流组织模式的研究，但将三者结合起来提升到综合物流网络方面进行研究还是一片空白（徐杰，2007）。运用科学方法，合理布局建设现代物流设施，是构建现代物流网络的必经之路。

目前，国内外学者对区域物流网络构建的研究，采用层次分析法、因子分析法、轴辐射理论等定性方法较多（王飞飞、侯云先，2016）。奥凯利（O'Kelly）于 1987 年首次提出了"轴—辐"式网络概念和 p-hub 模型（O'Kelly，1998）；考虑了限制性政策后，提出存在节点互联的混合"轴—辐"式网络模型（Sung，2001）；从经济和社会发展水平、物流产业规模、基础设施建设和信息化水平四个方面确定了城市物流等级评价指标体系，采用主成分分析法，构建了浙江省"轴—辐"式物流网络（李文博，2011）；综合运用引力模型和引力势原理，构建了区域物流引力模型和区域物流地位模型，并以全国 31 个省级区域数据为基础进行实证研究（李全喜，2010）。

物流网络存在很多的问题有待解决。学者对云南省的生鲜农产品物流网络进行研究发现：第一，综合运输体系难以形成，物流基础设施综合效率很难提高；第二，全省与全国物流基础设施网络缺少协调机制，重复建设现象严重；第三，各地的物流规划过程中，重增量建设，轻存量资源的整合与优化（曹杰，2012）。还有学者探究黑龙江省农产品冷链物流网络认为：第一，道路交通网络需要进一步完善；第二，农产品冷链体系不完善；第三，现有农产品冷链物流网络效率偏低；第四，物流网络流通成本高（辛海涛、徐耀群，2020）。仓储和运输是我国冷链物流网络中最为弱势的两个环节：储藏方面，冷库作为冷链物流过程中的重要的库存节点，并没有很高的使用率，与发达国家相比较，冷库的供给远远不足，并且功能单一。运输方面，冷藏运输车作为冷链运输的主要形式，数量远低于发达国家，虽然部分生鲜农产品企业或者第三方物流公司具备一定的冷链运输能力，但还是不能满足市场庞大的需求量（郝齐琪，2020）。而聚焦鲜活农产品流通的"最后一公里"——城市冷链物流，也面临着诸多阻碍，农产品"绿色通道"并不畅通，至多是部分畅通。鲜活农产品的低温配送成本越来越高，城市交通日益拥堵、超市收货排队现象频发等（吕俊杰、孙双双，2013），众多问题尚未解决。

综上所述，已有文献对农产品的冷链物流各环节以及中间运输进行了分析，但是还未对农产品冷链骨干网络进行综合分析和部署。鲜有学者对全国的骨干网络整体进行研究，而农产品冷链物流骨干网络的构建，近来受到政府的高度重视，具有重要的现实意义。

第二节　农产品冷链物流网络的现状

一、农产品供给分析

农产品产量增长，农产品商品率不断提高。使得流通需求总量增加，对流通能力、效率和质量要求提高；农产品生产和加工向优势区域集中，使得跨区域流通需求增加，对物流提出了新的要求，主产区的生产波动对全国市场的影响扩大。30多年来，我国蔬菜生产基地逐渐向优势区域转移，并在华南和西南地区形成了冬春六大优势区蔬菜区，长江地区的冬春蔬菜区，夏、秋季蔬菜区，云贵高原夏秋蔬菜区，北部高纬度夏、秋蔬菜区，黄淮海与周边的设施蔬菜基地。由于气候和地理条件的差异，不同地区的气候条件也不同。逐步形成了各阶段的特色农产品供给，保障了我国14亿人口的日常农产品需求。冬季时，南部供给北部，北方冬季气候寒冷，华南与西南热区冬春蔬菜和长江流域冬春蔬菜供应，由海南、广西、广东、云南、贵州、浙江、安徽、江苏等地供应北方城市。其中，江苏在2018年长江流域冬春蔬菜优势区产量位列第一，并且是长江流域"南菜北运"的重要供应基地，广西、海南也是重要供应基地。通过四纵两横的高速公路网和京沪铁路，陇海铁路的铁路交通枢纽运输。

在夏秋时节，北方气候优于南方，黄土高原成为夏秋蔬菜优势区域，主要供应地为陕西、甘肃、宁夏、青海、山西、西藏和河北北部等地区。2018年，云南、贵州两省总计生产蔬菜4 818.75万吨，占全国蔬菜生产总量的6.8%。秋季，甘蓝、萝卜、大白菜等蔬菜经由黔贵、川黔、湘黔、南昆等铁路，向华南、长江下游以及港澳地区输送。北部高纬度夏秋蔬菜优势区域的新疆、内蒙古与东北地区，从6月到10月，源源不断地运送到北京、天津和长江中下游地区。

冬春季蔬菜主要产地：海南、广西、广东、湖南、福建、江苏、安徽、云南和贵州等；夏秋季蔬菜主要产地：甘肃、陕西、宁夏、青海、西藏、山西以及河北、山东等地（见表11-1）。

表 11−1　　　　生鲜农产品主要产地、数量、供应地及运输方式　　　　单位：万吨

区域	主产地	生鲜农产品产量 （果蔬、肉类、水产）	所占比重	主要供应地	运输方式
华南区	广东	6 441.58	6.08	全国各地	铁路、海运以及公路和内河转运
	广西	6 487.66	6.12		
	海南	1 260.16	1.20		
长江中下游地区	四川	5 797.6（不含肉类）	5.47	东南沿海及西南地区	铁路和公路干线
	重庆	166.24（不含果蔬）	0.16		
	湖北	5 216.83（不含肉类）	4.92		
	湖南	4 680.6（不含水果）	4.41		
	安徽	3 320.6（不含水产品）	3.13		
	江西	2 613	2.47		
	江苏	7 376.1	6.96		
	浙江	3 305.18	3.12		
	上海	360.29	0.34		
西南区	云南	3 574.95	3.37	华南、长江下游、华北及港澳地区夏秋淡季市场	公路
	贵州	3 333.14	3.15		
西北区	宁夏	656.72	0.62	华北、长江下游、华南及港澳地区的夏秋淡季市场	公路
	甘肃	1 930.4	1.82		
	山西	1 766.5	1.67		
	陕西	3 756.9	3.54		
	新疆	2 352.04	2.22		
东北区	黑龙江	1 028.9	0.97	浙江、江苏、广东、福建、上海等；出口韩国	公路、海运
	吉林	241.81（仅为肉类）	0.23		
	内蒙古	1 635.8（不含水产品）	1.54		
黄淮海与环渤海区	河北	6 620.5	6.25	华东、华南省区及周边省份	公路
	河南	9 248.82（无水产品）	8.73		
	山东	12 501.8	11.80		
	辽宁	3 500.2	3.30		

资料来源：中国统计年鉴。

二、农产品需求分析

我国是一个拥有 14 亿人口的国家，虽然近几年人口增长率呈下降趋

势，但是每年的总人数却在不断地增加。人口增加带来的需求增加，体现在对各种食物的需求上，包括细粮、粗粮、食用油、糖、肉、鸡蛋、牛奶、水果和蔬菜等。随着城市化、工业化进程加快，农产品总需求量仍然会持续增加。其中，生鲜产品的需求增长会快于粮食，加工需求增长会快于食用农产品增长。居民消费结构的调整，对农产品流通质量的要求提高，冷链物流需求增加，对流通设施建设提出了新要求。

随着城镇化率的急剧提升，城市群的规模越来越大，经测算，全国21个大都市圈（包括2个小时内可到达的区域），区域面积占12%，人口占45%，创造了65%的GDP产值。城市群逐渐成为农产品消费的聚集地。在农产品快速增长的需求总量中，越来越多地向大城市及城市群集中。华北、东北、西北等地区人口在100万以上的大城市是果蔬的主要需求地。北京、上海、深圳等超大城市的果蔬70%～90%需要从外地调入（见表11－2）。

表11－2　　　　　　　　中国主要城市群的农产品需求能力

2018 年	省份	人口总量（万人）	人口密度（人/平方公里）	GDP（万亿）	城镇人均收入（元）	货运量（万吨）
京津冀城市圈（含济南）	北京	1 375.8	838	3.03	62 361	25 244
	天津	1 081.6	900	1.88	39 506	53 548.07
	唐山	793.6	589	0.63	39 365	44 000
	石家庄	1 095.16	757	0.6082	35 563	53 000
	济南	746.04	728	0.7856	50 146	26 000
长三角城市圈	上海	1 462.3	2 306	3.27	64 183	107 386.82
	杭州	980.6	582	1.3509	61 172	35 000
	南京	843.62	1 281	1.2820	59 308	38 563.56
珠三角城市圈	广州	1 490.44	2 005	2.2859	42 180.96	61 313.31
	深圳	1 302.66	6 522	2.4221	57 543.60	32 763.63
	香港	745.1	6 733	57 543（亿港元）	29 845（亿港元）	—
	澳门	—	—	—	—	—
中部城市群	郑州	1 013.6	1 361	1.0143	39 042	27 630.8
	武汉	1 108.1	1 293	1.4847	47 359	62 517.88
	长沙	815.47	690	1.1003	36 775	57 850

2018 年	省份	人口总量（万人）	人口密度（人/平方公里）	GDP（万亿）	城镇人均收入（元）	货运量（万吨）
成渝城市群	成都	1 633	1 139	1.5342	42 128	—
	重庆	3 101.79	376	2.0363	34 889	128 234.41

资料来源：作者课题团队的整理分析。

三、农产品冷链物流的主要通道

我国的农产品流通链条具有以下三个鲜明特点：一是环节多、线路长，农产品物流作业系统路线是"生产者—集采—运输—装卸搬运—仓储—批发—包装—配送—消费者"（见图 11 - 1）。近年来，我国农产品出现了北粮南运、南菜北运、西果东送、北肉南运等远距离、大范围的流通。二是农产品冷链物流网络不断扩大，环节更加复杂，加工、保鲜、冷藏、包装基地距离鲜活农产品生产基地较远，鲜活农产品破损率大。三是农产品流通网络的交易次数较多，多次装卸、搬运对脆弱的鲜活农产品破坏较大。

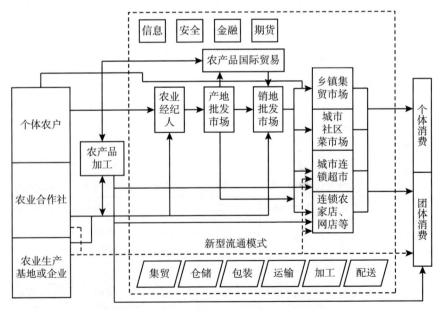

图 11 - 1 当前我国农产品流通现状构成示意图

农产品大部分经由全国各地绿色通道的公路运输，少部分由多式联运、铁路、海运等方式运输。目前，根据农产品绿色通道农产品运输干线主要包括海口至哈尔滨，海口到北京等两纵两横。农产品大部分经由全国各地绿色通道的铁路运输，部分由多式联运、公路、海运等方式运输，形成的"五纵两横"主通道为骨架、区域连接线衔接、城际公路补充的农产品流通网络。

一是海口至哈尔滨的运输里程为5 500公里，连接海南、华南、长江中下游、黄淮海、环渤海和东三省的农产品主产区。冬春季南菜北运，夏秋季北菜南下。包含了北京、广州等大城市，贯通了珠三角、环渤海等城市群。其高速公路通道如图11 -2所示。

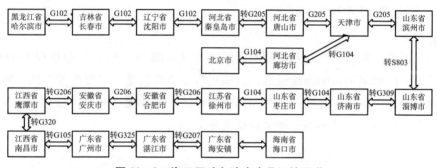

图11 -2 海口至哈尔滨农产品运输通道

资料来源：作者课题团队的调研整理。

二是海口至北京的运输通道（见图11 -3）。运输里程为4 345公里，公路运输为主。主要连接了海南、广西、广东等南方市场和湖北、湖南、河南、河北等中部地区。以北京、广州两个大城市为核心，包括了珠三角城市群、中部城市群和京津冀城市群。此通道主要农产品流通也是冬春季南菜北运，夏秋季是北菜南下。

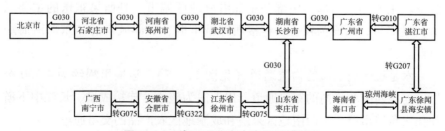

图11 -3 海口至北京农产品运输通道

资料来源：作者课题团队的调研整理。

三是海口至上海的运输通道（见图11-4）。运输里程是2 500公里。主要连接了海南、广东、福建、浙江和上海。以上海和广州为核心，主要是南方蔬菜供给珠三角、长三角城市群的需求，满足大量人口的农产品需要。

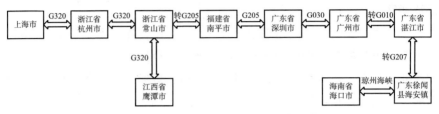

图11-4 海口至上海农产品运输通道

资料来源：作者课题团队的调研整理。

四是广西南宁至呼和浩特的运输通道（见图11-5），运输里程3 000公里。昆明至银川的物流通道，运输里程2 700公里。主要连接广西、贵州、重庆、四川、陕西、山西和内蒙古等地，主要是以成渝为核心。连接西南地区冬春果蔬和西北地区夏秋果蔬交易。

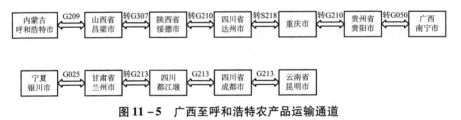

图11-5 广西至呼和浩特农产品运输通道

资料来源：作者课题团队的调研整理。

五是乌鲁木齐至连云港物流通道（见图11-6）。运输里程约4 140公里。主要连接西部、中部和东部沿海地区城市，是西果东送的主要通道，以郑州、西安为核心，连接西部城市群、中部城市群和东部沿海城市群。

六是拉萨至上海的物流通道（见图11-7）。运输里程约为4 800公里。连接西南和华南的重要通道。以上海为核心，连接成渝、长江中下游和长三角城市群。是西南地区果蔬和成渝地区农产品的交易通道。

图 11-6　乌鲁木齐至连云港农产品物流通道

资料来源：作者课题团队的调研整理。

图 11-7　拉萨至上海农产品物流通道

资料来源：作者课题团队的调研整理。

第三节　农产品冷链物流骨干网络的问题

农产品冷链物流是一个多层次、多环节相互协作的过程。这些层次和环节大致可以划分为：上游、中游、下游三个部分。上游为农户、农民和生产基地等；中游为产地批发市场、产地物流中心，销地批发市场、销地物流中心；下游为农贸市场、超市和餐饮店等。通过各节点的衔接，形成了一个集货、车、库于一体的冷链物流网络。鲜活农产品在各个环节之间的协同作用下，最终到达消费者。我国早在 2005 年就已经开通了"五纵二横"通道，以方便鲜活农产品的流通。截至 2020 年，全国"绿色通道"共建成 3 970 多公里，共设 140 个收费站。我国的冷链物流处于从碎片化向系统化转变阶段。近年来，我国冷链物流以超过 20% 的速度持续增长。不过，冷链物流快速增长的同时也存在较大的问题。第一，冷链物流的基础网络设施分布不均衡。由于东部多，西部少，销地多，产地少，使得农产品冷链在一系列环节出现不连贯、不均衡的状况，使得农产品冷链在流通环节出现断链、产品损耗严重等问题。第二，冷链物流网络缺乏互联互通，城乡之间、省域之间、城市之间互不联通，缺乏不同产品、不同环节、上下链条之间的关联与衔接，导致物流网络不完善，效率不高。第三，由于区域限制，冷链物流企业呈散小乱碎片化分布，缺乏龙头企业。据中国物流与采购联合会、冷链物流产业委员会统计，2020 年，冷链物流行业前百名的收入总额只有 695 亿元，在冷链市场中占据了很高的比例。

产业分布较为零散，缺少整合能力的国家互联网巨头，地区性物流企业占据 18.1% 的市场份额。分散的市场，运营成本高，服务能力有限，难以形成全局性的统筹规划，能够实现物流网络的冷链物流企业较少，具备跨区域服务能力的企业更少，不利于全国范围内的冷链运输。第四，政府虽然高度重视冷链物流，但存在不同部门、不同地方政策不同步、不一致的现象，缺乏统筹规划。在规划过程中，各自为战，没有形成整合发展的合力。在各部门的推动下，合作社、批发市场等均单独建设自己的冷库、冷藏车，造成重复建设和资源浪费。因此，亟待对各个区域的冷链物流发展水平做出评估，针对各自的优点和短板，提出整体性的发展方案。

第四节　农产品冷链物流骨干网络的构建

一、我国农产品冷链物流骨干网络的特征

农产品物流网络结构复杂，节点众多。目前，中国农产品物流网络中可分为多阶段、多中心的"星状—轴辐"式混合物流网络结构，如图 11-8 所示。物流网络中，物流节点为生产者（农户、合作社等）、农产品产地批发市场、农产品物流中心、销地农产品批发市场、消费终端等。在产地阶段，上游供应商$_1$、上游供应商$_2$、上游供应商$_3$ 等均可以直接配送给客户$_1$ 或物流中心。采用的是星状物流网络结构，物流成本高，物流资源产生浪费现象，但时效性快。星状物流网络结构适用于高值或单次订单需求量大的易腐类农产品。冷链物流网络从上一级物流节点到物流中心、物流中心间及从物流中心到下一级物流节点这一阶段属于轴辐式物流网络结构。农产品从上游供应商处汇集到物流中心$_1$、物流中心$_2$、物流中心$_3$ 等，再从物流中心$_1$、物流中心$_2$、物流中心$_3$ 辐射到客户需求点处，且物流中心$_1$、物流中心$_2$、物流中心$_3$ 之间存在农产品调拨。该物流网络结构在物流中心物流量达到一定程度时，获得规模效益，从而降低单位物流成本，使整个物流网络效益最大化。但该物流网络结构也产生了绕道成本，当物流中心物流量未达到一定程度时，无法获得规模效益，会导致物流成本比直达式配送模式更高。且轴辐式物流网络结构的时效性与星状物流网络结构比较差。

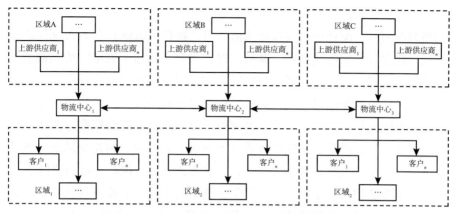

图 11 - 8 多阶段、多层级农产品物流网络

在农产品网络终端这一阶段中，上游供应商₁或物流中心可以直接配送给客户₁、客户₂、客户₃等。采用的是星状物流网络结构。该物流网络结构物流成本高，物流资源产生浪费现象，但时效性快。

总之，通过五纵两横物流通道，串联起中国长距离、大规模的农产品供求总量。南菜北运，西果东送，北肉南运等得以实现。经历了多阶段、多节点的哑铃型网络结构。近年来，伴随着农业产业化的深入推进和城镇化率的提升，农产品供求结构发生了重大变化，供给向果蔬优势区聚集，需求则是城市群的份额越来越大。中国的农产品物流网络难以适应新的农产品供应链的需要，更难以满足日益增长的对美好生活的需要。不充分、不均衡的矛盾更加突出。一是农产品冷链物流网络结构中，网络结构不合理，选取仅依靠市场自发形成和主观判断，缺乏顶层设计和科学选取。造成了物流节点间缺乏合理分工，这也造成了物流资源的浪费，从而导致物流成本高。二是冷链物流网络中，物流节点布局分散、物流资源利用率低，导致近年来物流成本居高不下。在农产品物流网络中，农产品采用点到点直送模式且农产品数量少，造成了物流资源的浪费，导致农产品的单位物流成本高。农产品采用经过物流中心中转，但量值未达到一定程度时，未产生规模效益，导致物流成本未下降，甚至因绕道、周转而增加。三是冷链物流运行效率低。物流作业标准化和专业化程度较低，物流运行效率低。农产品包装杂乱，仅能人工进行搬运，导致物流运行效率低。

二、农产品冷链物流骨干网络的构成

农产品冷链物流骨干网络在国内以商贸服务型、生产服务型、陆港型和空港型为中心，结合"十纵十横"交通运输通道，通过干线铁路、内河水运、航空运输网络，进行干线大运量、通道化的内需货物运输组织，并利用物流园区、配送中心等区域物流节点，进行区域配送和城市配送物流组织。建立以国家物流中心为基础，以"渠道＋枢纽＋网络"为基础的国内流通物流网络。国外依托港口型国家物流枢纽，构建至全球主要地区的国际航运循环物流网络；依托陆上边境口岸型和陆港型国家物流枢纽，重点面向亚欧大陆，以中欧班列为载体构建以国际铁路集装箱联运为主的国际陆路循环物流网络；依托空港服务型国家物流枢纽，构建全球航空循环物流网络。充分发挥各种运输方式，构建方式齐全的国际冷链物流网络。

国家冷链物流骨干网主要由国家冷链物流主通道、冷链物流主枢纽和国家冷链物流骨干基地构成。一是构建连接主产区和主销区"5横4纵"9条国家冷链物流主通道。二是在主产区和主销区规划建设14处国家冷链物流主枢纽。三是面向高附加值生鲜农产品优势产区和集散地，依托存量冷链物流基地设施群布局建设120家左右国家骨干冷链物流基地。四是围绕区域特色主导农产品，支持建设1 000个左右农产品产地低温直销物流中心，1 000个左右销地冷链物流中心。五是在农产品主产区、特色农产品主产区扶持50 000家新型农业经营主体，建立农产品仓储、保鲜、冷链等物流体系。以建立全国冷链物流骨干网络为目标，以整合现有冷链资源为主线，加快建立全国冷链物流枢纽。优先选择位于农产品主产区或主销区，具有国家骨干冷链物流基地和国家物流枢纽、同时位于交通运输通道和物流大通道上的，具备公路、铁路、航空等多式联运条件的城市，到2025年规划建设14处国家冷链物流主枢纽。原则上，国家冷链物流主枢纽占地面积不少于1 000亩，冷库容量不少于35万立方米，智能化设施设备普及率超过60%，可视化管理系统普及率超过90%。

从供应链角度，结合国家物流枢纽、国家骨干冷链物流基地布局和建设规划，优先选择位于农产品主产区或主销区，具有国家骨干冷链物流基地和国家物流枢纽、同时位于交通运输通道和物流大通道上的，具备公路、铁路、航空等多式联运条件的城市，规划建设14处国家冷链物流主枢纽。国家物流主枢纽建设需要具备如下条件。

一是位于区位条件良好。位于物流大通道和交通运输通道上，具备多种重要交通基础设施，如公路、铁路、航空等，具备多式联运条件，并且与城市中心的距离设计经济合理，分工与城市群相匹配，具备良好的辐射效应。二是存量设施优先。优先选择具备一定条件的位于国家物流枢纽城市的国家骨干冷链物流基地，完善升级为国家冷链物流主枢纽。在某些情况下可以根据区域经济发展情况进行适当调整，如对枢纽设施进行整合、迁移或者新建等。三是公共服务等综合物流服务型优先。具备提供公共服务型物流服务、聚集型、区域分拨、多式联运、公共信息平台等综合服务功能的物流设施。四是进行集约化布局，加强区域联动。集中设置物流设施，实现资源集约利用。鼓励同一城市的国家物流枢纽和国家骨干冷链物流基地加强协同和合并建设，支持城市群内部开展国家冷链物流主枢纽合作共建，实现优势互补。

第五节　农产品冷链物流骨干网络布局的对策和建议

一、科学设计整体物流网络

依托国家物流枢纽（或承载城市）、主产区、主销区这三个层面，其中主产区要设置核心集结点，完善农产品上行网络，主要是产地初加工设施、产地批发市场和核心农产品冷链物流园区三个层次；主销区重点考虑各类协同发展区域，如京津冀、粤港澳、长三角等地区一二线城市功能疏解后的农产品流通布局；然后再结合国家物流枢纽的物流、区位、交通等方面的优势，在主产区与主销区之间，特别是"南菜北运"这种运输距离远的情况下，进行中转集散，设立国家农产品物流中心，从而降低物流成本。

二、延伸预冷保鲜链条，加强配套设施建设

利用预冷加工体系的延伸，延长了蔬菜的销售距离，增加了蔬菜的运输、销售，大大改善了瓜果蔬菜的品质。首先要改变传统的运营方式，与运营商建立良好的合作关系，拓展商业市场，寻找新的合作伙伴；同时，可以采用旺淡季南运北调和或者南调北运交叉使用的混合经营模式，保证冷库在后期的利用。其次，应采用多元化的经营方式，针对产品的特性，开发预冷产品的种类，拓宽水产品预冷的范围，转变传统的单一经营方式。最后，通过加强技术研究，提高科技在企业运营中的作用，采用现代化设备，简化生产流程，改善产品的品质，从而完善预冷系统的配套设施。建立预冷加工、分拣包装、交易物流、电子商务、示范培训、生产基地等产业完善、功能齐备的，具备现代企业管理模式的冷链系统，引入新型数字化供应链，加入移动应用、大数据、物联网、云计算等新要素。

三、利用智慧物流技术，改善车辆与线路优化

引进多式联运的运输方式，结合农产品的特性，采用公路、水路、铁路联运方式。多式联运的方式可以结合农产品特性、产销地路线的特性以及便捷的衔接来节省时间、提高效率，确保农产品的鲜活。优化城市配送车辆的通行管理，依法强化城市配送管理，配合公安等部门定期开展城市配送需求调查，明确城市配送运力投放标准、规模和投放计划，加强城市配送车辆标识管理，完善部门协调机制。城市公安交警部门应按照市区道路交通状况和配送需要，合理安排配送车辆通行区域和时段，按照通行便利、保障急需和控制总量的原则，为冷链运输物流等城市配送车辆发放通行许可，并积极提供必要的通行便利。

四、建立基地监督体制

国家有关部门应组成监督小组，落实好主体责任，从基地建设入手，到园区日常运营管理，再到客户服务等，做好多方面监督。对冷链骨干基地也要进行星级等级划分，每年至少进行一次现场确认与认证评估。达不到条件的，进行限期整顿，拒不整改的，予以降级甚至摘牌处理。督促冷链基地做好日常运营管理，确保冷链基地持续、健康发展。

第十二章　生鲜农产品冷链物流
创新发展模式研究

　　冷链物流包括四大功能，分别是运输、仓储、库存和管理。冷链通过对易腐食品冷藏温度进行监控，保证食品的优良性和食用的安全性，保证消费者在购买时，产品仍具有良好的质量。由于冷链是以保证冷藏冷冻类物品品质为目的，以保持低温环境为核心要求的供应链系统，所以它比一般常温物流系统的时效性等方面要求更高、更复杂。数字经济时代，农产品现代物流体系建设将带来物流全要素、全流程、全场景的重构，冷链物流企业固定的商业经营模式已经无法满足消费者来源的多样化和需求的异质化。由此，一批新兴的冷链物流服务模式应运而生，这些模式在实践中表现出网络化、集成化和载体化作用，在为客户提供多样化选择和个性化推送方面取得了重要突破。本章分析国内既有的农产品冷链物流模式及特点并将它们进行对比分析，提出了基于大数据的农产品现代冷链物流发展模式。

第一节　我国农产品冷链物流模式及特点

一、以农产品加工企业为核心的农产品冷链物流模式

　　以农产品加工企业为核心的农产品冷链物流模式一般依托农产品生产基地，通过对农产品原料进行批量加工与处理，将加工好的农产品成品通过冷链物流运输途径销往全国各地（见图 12-1）。其中，中小型农产品加工企业往往借助既有的批发商或连锁零售商网点完成对农产品的半成品化处理与销售。对于大型农产品加工企业来说，往往拥有自己的全国农产品冷链物流配送设施，使其经营范围达到上至原材料的供应与收集，下至

成品的加工与销售，覆盖完整的农产品供应链上下游网络各节点，逐步形成"供销一体化的自营农产品冷链物流网络"。大型农产品加工企业凭借稳定运行的冷链物流网络体系，在农产品运输效率、质量、企业收益与社会成效上优于中小型企业。

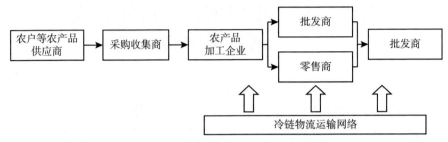

图 12-1　以农产品加工企业为核心的冷链物流模式

二、依托大型批发市场型农产品冷链物流模式

农产品批发市场是我国农产品流通的主要渠道，由此形成了以大型批发市场为核心的，集农产品收购、储存、配送、批量销售于一体的冷链物流模式（见图 12-2）。批发市场的出现，使农产品冷链物流链条的上下游紧密联系在一起。一方面，消费者在批发市场上表现出的市场需求被直接反馈给上游的农产品供应商以及相关加工企业，使批发市场的农产品可以更精准地直接面向消费者需求，从而减少货存、降低销售风险。另一方面，批发市场有能力对农产品冷链物流环节上的各个环节进行指挥与调度，确保农产品以更好的品质销售至买家手中，增加顾客满意度、占领市场份额。由于中国国情的特殊性，依托大型批发市场这种农产品冷链物流模式在很长一段时间都不会消亡。

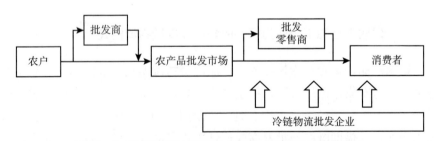

图 12-2　依托大型冷冻批发市场型农产品冷链物流模式

三、连锁零售企业主导的农产品冷链物流模式

连锁零售企业主导的农产品冷链物流模式是指连锁零售企业自建农产品生产基地、加工工厂，或选择与第三方冷链物流企业开展合作，将农产品收集、加工处理后直接运送至自营的连锁销售店（见图12-3）。也可以绕过农产品供应链的中间经销商，达到生产者与消费者的即时对接，既提高了产品品质、确保食品安全，又降低了环节成本，获得竞争优势。正因为如此，这种小批量、多批次、多种类的城市生鲜农产品配送，使连锁零售企业为主导的农产品冷链物流模式优于冷冻批发市场型农产品冷链物流模式，实现了更有效地利用国内零散化、碎片化的产品资源。目前，越来越多的冷链物流企业已经建立针对超市农产品售卖的大型中转配送中心。

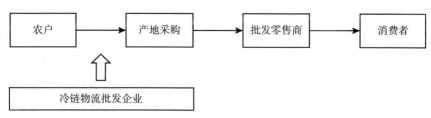

图 12-3　以连锁零售节点为主导的农产品冷链物流模式

四、围绕第三方冷链物流企业形成的农产品冷链物流模式

第三方冷链物流服务企业（3PL）是以合同为约束、以联盟为基础的合作，提供专业化、个性化、信息化的冷链物流代理服务，委托企业通过信息系统完成对冷链物流服务企业冷链物流运作过程的全程监督（见图12-4）。第三方冷链物流企业可提供冷链物流与信息服务两种职能：前者可依托物流企业自有的冷链物流运输设施、配送中心等与农产品冷链物流各环节协调并对接合作，后者主要提供冷链物流问题诊断与信息咨询服务，可设计全面系统的农产品冷链物流运作与管理方案。既利于农产品冷冻冷藏生产经营企业集中企业实力做好主营业务并节约成本，又弥补了企业由于自身硬软件基础设施的欠缺，以及管理手段和技术等因素无法完成全部冷链物流活动的缺陷。

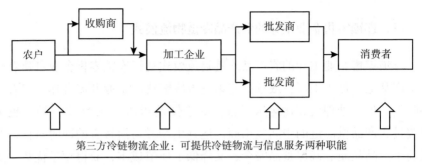

图 12-4　围绕第三方冷链物流企业形成的农产品冷链物流模式

五、平台型农产品冷链物流发展模式

目前，国内出现了众多以电子商务和公共混合云为依托，整合国内冷链物流行业资源的冷链物流信息服务平台，成为现代平台型农产品冷链物流发展模式的孵化器。农产品冷链物流信息服务平台的服务范围往往面向全国，是可以为"物流三源"（车源、货源、库源）提供农产品交易撮合、冷链物流在线支付、冷链供应链金融、冷链保险服务、冷链行情指数发布等服务的综合冷链物流交易平台（见图 12-5）。从顾客下单到承运方调度、转运、配送，平台通过整合物流各节点资源，优化交易方式，创新商业模式，实现高效链接农产品供应链上下游多方及冷链物流作业监控与可视化的物流链云平台。解决农产品冷链物流环节信息不对称和诚信缺失两大瓶颈和难题。提供一站式、个性化、多元型的经营与服务，从而引领农产品冷链物流行业网络化的进程，促进现代冷链物流发展。

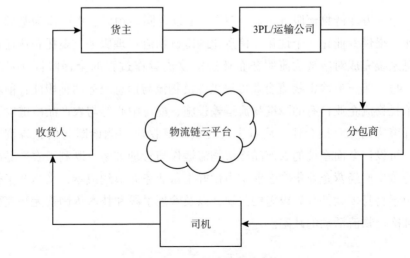

图 12-5　物流链云平台

六、租赁型农产品冷链物流发展模式

在市场需求推动下，我国对冷库、冷藏车等冷链设施装备部署需求越来越大，出现了众多从事农产品冷链租赁服务的物流公司，现代租赁型农产品冷链物流模式也应运而生（见图12-6）。一方面，众多专业经营农产品客户管理、押金管理、保证金管理、收费及成本管理等租赁业务的冷链物流公司出现了不断向集信息咨询、物流服务、仓储配送、全程运输、电子商务结算于一体的现代化智能冷链物流信息系统。另一方面，部分从事冷库、冷藏车等冷链设备租赁业务的企业开始尝试与社会性专业物流企业结成联盟，并有效利用第三方物流企业，实现农产品冷链物流业务的对接与合作，从而建立起科学的、固定化的现代农产品冷链物流管理和运作体系，实现对生产商自有冷链资源、社会资源和自身资源的不断整合。

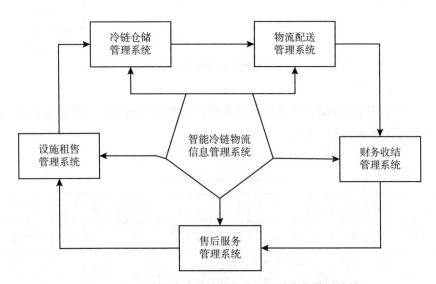

图12-6　现代化农产品冷链物流公司信息化管理软件

七、中央厨房型农产品冷链物流发展模式

中央厨房型农产品冷链物流，用冷藏车实行统一采购和配送，打造中央厨房型农产品冷链物流为核心的精益化供应链管理体系（见图12-7）。规模化的中央厨房型农产品冷链物流，通过统一采购、生产、配送等环节进行产业链细分并获得集聚效益。通过兼并、整合冷链物流中小企业以及

联合上下游优质供应商和渠道商合作，形成有影响力、有实力的大型企业，打造以"中央厨房"为核心的精益化供应链管理体系。中央厨房型农产品冷链物流发展模式是打造各个小区内部的社区厨房，只要消费者在网上下单，就可以直接在社区厨房中取货。既解决了农产品冷链运输过程的全链条问题，从而保证蔬菜品质，又减少了农产品配送的中间环节，在时间和空间上更具灵活性。

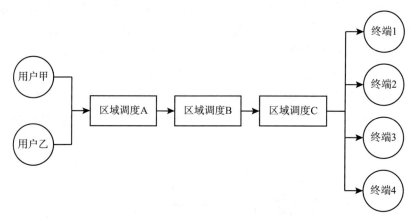

图 12-7　中央厨房型现代农产品冷链物流发展模式

　　分析国内既有的农产品冷链物流模式各有各自的特点，现将它们进行对比分析（见表 12-1）。

表 12-1　　　　　　　　　　农产品冷链物流模式分析

农产品冷链物流模式	农产品加工企业为核心型	依托大型批发市场型	连锁零售节点主导型	第三方冷链物流	平台型农产品冷链物流	租赁型农产品冷链物流	中央厨房型冷链物流
布局位置	农产品产地	农产品产地	农产品销地	灵活	灵活	灵活	农产品销地
企业规模	中	中	中、大	小、中、大	中、大	小、中	大
经营方式	私营加工	个体、私营批发	超市零售	物流、信息服务	信息服务	私营	大型企业
冷链能力	半程	半程	半程	全程	全程	全程	全程
技术支持	中	小	中、高	很高	高	中、高	高
竞争压力	中	大	中	小	小	小	小

农产品冷链物流模式	农产品加工企业为核心型	依托大型批发市场型	连锁零售节点主导型	第三方冷链物流	平台型农产品冷链物流	租赁型农产品冷链物流	中央厨房型冷链物流
利润获取	加工生产成本较低的原材料	冷库对外有偿服务	冷链物流配送与销售	冷链物流信息	冷链物流信息	冷链设备有偿服务	冷链物流配送与销售
模式优势	原材料获取	农产品初始价格	面向消费市场	冷链物流功能齐全	冷链信息服务	冷链设施资源	冷链物流功能齐全
趋势预测	物流业务外包	企业联盟	物流业务外包	农产品供应链信息管理	农产品供应链信息管理	企业联盟	农产品供应链信息管理

结合表 12-1 可知,第一,在布局位置方面,农产品加工企业为核心型与依托大型批发市场型农产品冷链物流模式需在产地布局,连锁零售节点为主导型与中央厨房型农产品冷链物流模式需在销地布局,其余三种模式则布局相对灵活。第二,在企业规模方面,租赁型、农产品加工企业为核心型、依托大型冷冻批发市场型农产品冷链物流模式,以中小型企业规模为主,连锁零售节点为主导型、平台型、中央厨房型农产品冷链物流模式,偏向于大中型企业规模,围绕第三方冷链物流企业型农产品冷链物流模式,则小、中、大型企业规模皆可。第三,在冷链能力、技术支持、竞争压力方面,农产品加工企业为核心型、依托大型冷冻批发市场型与连锁零售节点为主导型农产品冷链物流模式皆具有"半程"冷链物流运输的特点。虽然依托农产品产地进行原料采购或靠近农产品销售地进行零售活动,以弥补"半程"冷链物流模式的缺陷,但仍存在着一定程度的空间局限性与时间滞后性,且竞争压力较大;围绕第三方冷链物流企业、平台型、租赁型、中央厨房型的农产品冷链物流模式、提供全程一站式冷链物流服务,对企业技术与资金实力等要求较高,且竞争压力相对较小。凭借发达的冷链物流信息进行专业化农产品供应链全程管理与操控,有极高的冷链能力要求,属于高级别的发展中的新型农产品冷链物流模式。第四,在利润获取、模式优势、趋势预测方面,农产品加工企业为核心型、依托大型冷冻批发市场型与连锁零售节点为主导型农产品冷链物流模式,依托产地和销售地的优势而获得利润。业务外包与企业联盟是其发展的出路,围绕第三方冷链物流企业、平台型、中央厨房型的农产品冷链物流模式与租赁性的农产品冷链物流模式,分别依托冷链物流信息与冷链物流硬件资

源，获取利润并发展壮大。

第二节　现代农产品冷链物流发展模式的构建

我国对现代农产品冷链物流发展模式构建的关键在于"链"而不在于"冷"。生鲜农产品只有在生产、加工、运输、储存、包装等物流运作环节中始终处于可控的最佳低温环境，才能保证产品的生鲜品质与质量安全，从而减少耗损、降低成本。运用大数据等现代信息处理技术进行冷链物流信息可视化全维度分析，将海量冷链物流数据转化为运营信息，并提炼出"城市大库"的一般运营适用规律，从而让信息与物流不再脱节，农产品冷链物流各个环节可以实现信息互通共享。利用互联网共享平台的思维，联合中小型物流企业、社区便民店、连锁超市等作为节点，共同搭建"社区冰箱""城市冰柜"等用户自提"个人微库"。农产品整个供应链的效率和效益大大提高。

通过基础资源层、通过物联网技术进行冷链物流资源汇聚，物理架构层依托数据库技术等软硬件将分散的数据交换资源集成并构建总调度信息管理平台，数据管理层将海量产品信息存储在公共共享云平台并运用大数据等数据分析与挖掘技术，完成农产品冷链物流信息的可视化处理，应用服务层的应用系统及手机端 App，实现全程农产品冷链物流信息的发布公开，以此驱动行业内企业间的快速反应，建立一种"城市大库"与"个人微库"通过信息链串接的"网络化、严标准、可追溯、高效率"的全链条式现代农产品冷链物流发展模式（见图 12 - 8）。

一、"城市大库"的全生命周期数据实现模式

生鲜农产品自生产加工之前，其自身相关信息便会被 RFID 读写器、温湿度传感器记录仪等进行详细信息记录与采集。加工出库装车完成后，车上所载产品的单品或者整体包装的电子标签整合至叉车的车载 RFID 电子标签，完成信息的整合并上传入政府监控与追溯系统。冷链运输、存储过程中，传感器实时感应车内、库内温湿度以及光照环境，根据共享云平台中的历史数据进行分析，以此调整车内农产品的最佳存储、运送环境。同时，车载终端借助移动通信系统关联公司服务器并进行数据交换，GPS数据和其他实时数据给予物流公司和车队管理者直接访问的权限，方便承运人、托运人时时跟进货物的运输情况，方便调查相关责任，并且使冷链

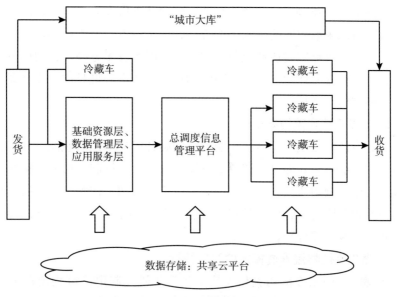

图 12 - 8 现代农产品冷链物流发展模式

车在第一时间接受相关指示，降低运输损失。监控与追溯子系统，可将冷链各物流环节的数据与信息实时传递给"城市大库"的总调度信息管理平台，处理过后的信息反馈给各冷链物流节点的智能终端，以调整自身情况。通过基础资源层、数据管理层、应用服务层、共享云平台以及总调度信息管理平台的多方联合，实现"城市大库"的冷链物流系统资源集成与运作协同化。

二、"个人微库"的终端配送共享平台

在农产品电子交易平台的"最后一公里"末端配送，联合平台中小型物流企业、社区便民店、连锁超市等作为节点，共同搭建"社区冰箱""城市冰柜"等用户自提"个人微库"。客户可使用微信、手机 App 下单订购生鲜食品。商家在客户下单后，会将客户的订单配送至"个人微库"冰柜中，相当于商家把生鲜食品直接送至业主个人的冰箱里。"个人微库"应商家客户群定位不清晰、物流公司冷链运输不完善、业主居家采购不便利等需求而生，使商家、物流公司和业主之间信息不对称的问题得以有效解决。

三、政府 + 企业 + 第三方平台运营模式

在现有商务部冷链监管平台上，搭建冷链物流公共服务平台，搭建起

与农产品批发企业、第三方物流企业、农户及零售商等各方主体的协调沟通平台。可以采取政府购买服务的方式，由第三方行业组织具体运营。通过建立重点、难点问题协调机制，加强人员配备及多方联动，明确分工及职责，统筹做好所在地区农产品冷链物流平台体系建设具体工作。条件成熟后，还应建立考核指标，加强动态监管和考核。

1. 加强冷链物流统筹协调

建立冷链物流发展联席会议制度，明确各成员单位的职能，共同推进规划实施，加快建立促进冷链物流发展的统筹协商机制，加强冷链物流部门联动工作机制的建设，做好部门间的政策协调和工作配合。政府密切与冷链物流相关协会的合作，搭建以政府为引导，行业协会为主导的冷链物流产业公共服务综合平台。

2. 强化冷链物流发展模式的政策扶持

认真落实国家冷链物流相关扶持政策，研究制定冷链物流产业发展用地、交通、税收等相关促进政策。将冷链物流作为准公共服务设施纳入城乡规划和土地利用总规划，在用地布局、审批、土地登记方面予以倾斜；严格执行鲜活农产品运输"绿色通道"政策；规划新建的项目在入库之前进行可行性评估，保证布局结构合理及项目的技术先进性，尤其是在冷库选择、环境评价、节能评价等方面给出技术性辅导和政策性引导或约束。

3. 拓宽冷链物流大数据发展的融资渠道

银行金融机构应加大对冷链物流企业的信贷支持力度，鼓励银行业金融机构，尤其是鼓励国家开发银行、农业发展银行等与冷链物流企业进行合作，加快推动适合冷链物流企业特点的金融产品和服务方式的创新，鼓励银行、信贷企业等金融机构探索多种贷款担保的方式，如用仓单质押、应收账单质押等新兴的冷链物流金融产品服务。对符合条件的冷链物流企业，银行金融机构可以支持其上市或发行企业债券，鼓励产业发展相关基金及其股权投资、创业投资、信用担保等机构面向冷链物流企业开展业务。

第三节　猪肉冷链物流模式创新研究

猪肉供应链是指以有效提供猪肉为目的，以猪肉加工贸易企业为核心，通过大范围远距离的调配，由生猪养殖场/户、屠宰、加工、猪肉物流配送、流通销售等组成的网链结构。从产区到销区的长距离、大范围运输生猪是传统的供应链形态，其起点是生猪经纪人的收购和运输。生猪收购来源可能是散养户，也可能是规模养殖场。完成收购之后，经纪人一般也会负责长途运输，一种是直接运送到当地屠宰场，另一种可能是通过长途运输到异地屠宰场，然后进入批发和零售渠道。然而，原本采用的活猪巡航大范围距离流通的模式，使得各地发生疫病的概率大幅度增加。由于非洲猪瘟的爆发，大半个中国生猪的跨省市流通受到限制，生猪供需不平衡的问题在各区域凸显。因此，从食品安全角度或生物安全角度来看，生猪的流通模式到了"改朝换代"的关键阶段。规模养殖场和屠宰企业的融合对接、产区与销区的对接，将成为猪肉冷链运输发展的新态势。走向订单式生产，也是可能的。本章论述了现阶段可行的发展模式创新，为我国猪肉冷链模式发展提供借鉴。

一、生猪物流无车承运模式

"互联网 + 物流"是当前物流发展的新趋势。从 2015 年提出"联网 + 物流"模式以来，平台企业大多专注于聚焦运力端，以运力吸引货源，并借助互联网整合运力资源达成车货匹配。但因为平台专注于运力端而忽视了货源的整合，降低了平台的管控力，多数平台采用撮合型交易模式，通过赚取差价和油卡、ETC、金融、系统等增值服务实现盈利。然而，这些渠道盈利无法满足平台巨大的资金需求，多数平台已经向服务直客和自营业务方向转型（见图 12 - 9）。

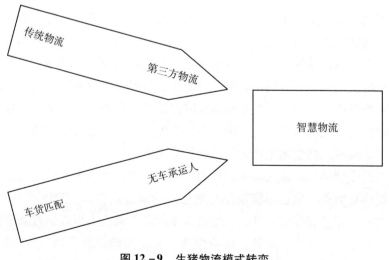

图 12 - 9　生猪物流模式转变

现阶段无车承运人多以工业类运输为整合方向，以系统、服务、税票等为盈利模式野蛮生长，头部企业占据了天时地利，迅速抢占市场，地区类承运人、货运企业利用差异化优势强势出击，而农牧行业因其特殊性，被多数无车承运人企业忽视。随着规模的增长和资本的加速整合，科技型无车承运人平台将会迎来更大规模的行业整合，无车承运人平台要通过整合细分领域资源、稳固自身优势，搭上中国产业升级的时机，向智慧物流转型。

国家对生猪活体运输的免税政策，使得无车承运人平台在洽谈合作时不能以税促谈，只能通过信息服务费、运费差价等传统模式进行盈利，这也是很多无车承运人企业不愿意涉足的原因。但是随着非洲猪瘟的蔓延，国家开始重视活体运输的标准化，希望企业能够通过整合生猪活体运输，监督运输轨迹、规范运输流程、降低生猪流通运输中疫病传播风险，这对于企业而言既是机遇又是挑战。机遇是可以通过整合生猪运输资源，规范生猪活体运输流程，制定运输标准，进而整合全国活体运输资源，通过大数据分析，向企业提供解决方案和个性化服务，并以此整合全国农业物流资源，制定农业细分产业物流规范化流程、标准、规章，助力国家农业物流的降本增效。由此带来的挑战也同样严峻，全新的模式也会带来很多潜在风险，首先是运输风险：安全是无车承运人核心的考核指标。非洲猪瘟肆虐期间，一旦出现因物流流通出现的重大事故，便会被取消试点资格。其次是整合难度高：无车承运人需向托运人提供9%的增值税发票，而因生猪运输免税政策，间接提高了物流成本。

面对上述状况，生猪无车承运人模式想要在我国有效推行，必须具备两个方面的条件。

一是国家政策的支持。实现平台系统与国家畜牧总局对接，平台增设备案车辆实时查询，提高平台对车辆的管控依据；平台系统与交通运输部查询系统对接，违规承运生猪车辆实时封禁；平台系统与税务局对接，通过代收代付降低托运费运费支出；平台与保险公司系统对接，通过平台规范化运输流程，协新增生猪运输非瘟保险业务。

二是生猪无车承运人模式的盈利来源。首先，生猪无车承运人模式可以提供信息服务，包括车辆定位与轨迹、货单查询跟踪、TMS车辆管理、运力共享、车辆管控等。其次，生猪无车承运人模式也可以通过金融保险业务带来盈利，如支付结算、运费保理、人车保险、融资租赁等。同时，车后市场也会带来收益，包括车辆维护保养、车辆配件、ETC生态圈、油品等。生猪无车承运人模式无疑也会促进冷链物流的创新发展，从中获取盈利，包括货源信息、车辆租赁、车辆换购等。最后，在培训实习方面也会带来盈利，如车辆运用培训、新手在线培训、新手跟车实习、替班等。

二、猪肉上下游供应链整合

在非洲猪瘟疫情的冲击下，猪肉供应链上下游的养殖格局将深度调整，行业集中度急速上升，大中型企业和中等规模企业将成为未来行业中的主体。我国的生猪供应链以小农散养为基础，以种猪繁育为起点，以猪肉销售为终点。涵盖从饲料加工、兽药生产、育种、养殖、屠宰、加工、贮存直至流通、市场销售等所有环节和整个流程。其中涉及种猪场、养殖场、小农散养户、饲料企业、兽药企业、经销商、加工企业、零售店商等多个行业主体。猪肉供应链作为介于企业和产业之间的"夹层"，是一个崭新的研究视角。猪肉供应链是一个涉及多个经济主体行为和多个关联产业的学术术语，它涉及的内容广泛，网络关系复杂，这决定了产业链研究的核心问题是如何整合供应链，完成产业创新和实现产业价值。

猪肉供应链的整合将有效协调供应链上各相关方的利益。从供应链传导机制角度来看，增加猪肉供应链中饲料的成本可以有效协调生猪产业链上各方利益。从价格传导机制角度来看，增加生猪产业链中的饲养成本会导致仔猪价格上涨，加大饲养风险，因此，生猪产业链中的养殖户会愈加谨慎地进行补栏决策。虽然专业育肥户的养殖利润比自繁自养户的高，但其面临的风险也比自繁自养户大。自繁自养户作为产业链中的一个中间环节，连接生猪产业链和仔猪产业链，具有较强的抵御风险能力。而专业育肥户只专注于产业链中专一养殖的环节，具有较高风险。从供应链利润角度来看，生猪养殖商的利润与生猪屠宰厂的利润之间的关系为负向相关。因此，对生猪产业链主体而言，应该把"蛋糕做大"作为首要任务，即需要进一步扩大产业链上价值增值，将上下游利益关系合理协调，在保持利润平衡的同时降低经营风险。只有稳定需求使产业链获得实质性好转，才能将产业链整体利润配置达到优化效果。为促进上下游供应链整合，应从以下几个方面入手。

1. 整合产业链资源

生猪产业是一个高风险、高投入的行业，只有整合整个产业链的资源才能有效地抵御养殖过程中的种种风险。第四方物流作为产业链上的服务集成商，如果没有产业链的支持，稳定发展就是空谈。只有以整合产业链资源为出发点，通过供应链服务，抓住冷库、冷藏车等关键资源，才能发挥资本和市场优势，依靠产业链整合促进企业发展。

2. 增加养殖户组织化程度

小农散养依然是我国生猪产业发展的产业基础，但小农散养面临着养殖规模小、资金缺乏、养殖技能低下，养猪保险缺失等问题。提高农户的组织化程度，成为促进生猪产业发展的关键，增强养殖户组织程度，促进生猪产业健康发展。

3. 适度规模养殖

中国的养猪业以小农散养为基础，大型规模猪场不是中国养猪业主要业态，也难以复制，投入成本太高。从散养方式到大型规模养猪提升，需要有广大中小型规模过渡，这种过渡期会非常漫长。中小型规模将是中国特色养猪最大的业态，将形成规模适度的养猪产业主体，成为有中国特色现代化养猪最大的组织形态，也是相当长时间最合适规模。

三、生猪第四方物流

随着信息技术和网络技术的广泛运用，出现了多个以信息流通为主的生猪电子交易平台，平台整合了饲料投入品企业、养殖主体、屠宰加工企业、信息技术提供商等各方资源，以实现整个行业的管理运作。然而，在平台实际运作中，物流成为制约生猪电子交易平台发展的重要的因素。

发展猪肉第四方物流有着不可忽视的优势。在供应链活动中，第四方物流不仅可以为各方提供物流的咨询和规划、物流信息系统的使用和供应链管理等服务，还可以为物流从业者提供金融、保险、多站式物流配送安排等整合性的物流服务。参与供应链活动的各方通过第四方物流平台直接获取信息，增加了信息的透明度和传播速度。通过平台大数据分析，根据货物的产品性质、车辆行驶轨迹、货物载重等适度增加生猪车辆的回程货物，降低空载率；企业按照计划规划物流需求，实现"企业零库存"运作。持续更新和优化的技术方案，适应多样化、复杂的需求协同、整合、分析、优化平台数据，为客户提供综合性供应链解决方案。电子商务平台把饲料厂、养殖户、供应商、经销商、屠宰加工企业、零售终端等连接在平台上，形成一个生猪产业链生态圈，同时为供需各方提供多样化、专业性、最优化的解决方案（见图 12 - 10）。

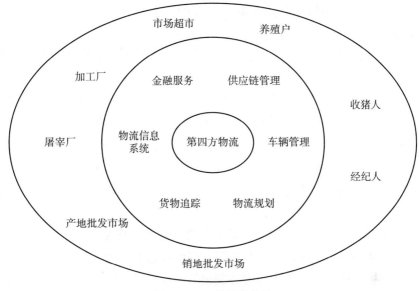

图 12-10　第四方物流

增加猪肉制品销量是供给侧结构性改革中的一项重要工作内容，是对全国猪肉产业新形势认真研判后，为顺应新趋势，强弱项、补短板所提出的重要举措。为将全国猪肉产业流通模式变革强力推进，全面提升猪肉市场竞争力，应从以下 5 个方面入手。

1. 促进国内规模化猪场与大型屠宰加工厂有效对接，减少活猪的流通范围

全国规模化养殖比率在 2020 年已达 67.5%，需要为此设立专项补贴资金，有利于加快标准化试点推进的步伐，合理引导散养户退出市场。除种猪和仔猪，其他猪类运输原则上不进行跨大区域调运。此外，通过构建生猪调入省份要主动与邻近调出省份长期的、稳定的供销关系，使区域内供需平衡得以实现。要鼓励屠宰企业增加冷库、冷藏车等相关设施设备的数量，引导建设主销区冷鲜肉品流通和配送体系。构建冷链物流基础设施网络，使生猪主产区和主销区可以有效对接，提高产品的终端配送能力。同时，要对屠宰加工企业和规模化养殖场进行鼓励和引导，使其合理利用互联网、物联网技术建立协调稳定的利益联结机制，有计划地实现生猪调运和直销，逐步改变当前由生猪流通经纪人到活猪交易市场或者是散养户收猪这种落后的交易模式。

2. 构建以大型屠宰加工企业为核心的产业集群，进一步优化生猪产业布局

进一步优化生猪产业布局，打造围绕大型屠宰加工企业生猪产业集群，就要抓住机遇，及时出台各项配套政策，促进生猪屠宰和养殖两个环节之间的紧密衔接，推进养殖、屠宰、加工、销售四位一体化，从而带动一二三产业的融合发展。同时，优化生猪养殖企业的选址规划策略，一方面鼓励存量企业以大型屠宰加工企业为核心进行转移靠拢，以缩短运距。另一方面，引导增量企业做好初始性规划布局，不为养殖企业在远离大型屠宰加工企业的地区提供经营用地。在这个方面，主销区一定要想方设法把自己的加工环节放到主产区。

3. 构建以猪肉及猪肉制品为流通主体的现代供应链体系

全国猪肉加工企业需加强与金锣、双汇等这类国内大型肉类屠宰加工企业的有效对接，持续扩大冷冻分割肉的市场份额。同时，要积极开拓上海、北京等主流消费市场，实现冷鲜肉直销，并鼓励屠宰加工企业与京东、阿里巴巴等电商企业合作，实现可视化、智能化的肉类生产模式，加快推动肉类生产型企业向服务型企业方向转变，使消费者可以直观感受生产过程，打造肉类产品品牌，提高消费者对肉类产品的安全感、忠诚度，增加肉类产品用户黏性，增加消费者可选种类，扩大肉类产品消费。此外，企业需对营销模式进行创新，借助大数据、移动互联网、智能物联网和自动化等先进的技术和设备，利用便利店、连锁店、直营店、无人店等新型流通业态，降低企业的流通成本，提升企业的服务效率，对广大城乡居民的肉类产品消费潜力进行深入挖掘。

4. 加快肉品从养殖到餐桌全程安全追溯系统的建设步伐

当前，在肉菜安全可追溯体系建设方面，我国已迈出重要的一步。在加快建设国内肉菜安全可追溯体系的同时，要进一步推动肉类食品与国内主要消费城市的批发市场、标准化菜市场等零售终端可追溯信息有效对接。依照主销区"生产有记录、流向可追踪、质量可追溯、责任可界定"的准则，加快在肉类产业广泛应用物联网技术的步伐，实现产地和消费市场之间信息的互联互通，使主销区对肉品安全的硬性要求得以满足，进而扫清我国肉品进军全国主流市场的障碍。

5. 加快生猪冷链物流现代化流通体系的构建

疾病防控和猪肉消费升级，倒逼我国生猪长距离调运的方式转型升级。健全现代化流通体系，将运猪变为运肉，引导生猪屠宰加工业向养殖集中区域转移。这既是对我国的冷链物流产业提出的更高要求，也是全国冷链物流迎来的重大机遇。引导生猪屠宰企业向养殖集中区域转移，对生猪调出大县建设屠宰加工企业和洗消中心，给予用地、信息等政策倾斜，鼓励生猪就地、就近屠宰加工。大力推动发展"互联网＋"的冷链物流新模式，通过整合产品和冷库、冷藏车等相关设施设备资源，构建"产品＋冷链设施＋服务"三位一体的信息平台，使市场需求、冷链资源实现高效的匹配和对接，从而缩小冷链物流专用车辆的空驶率，降低冷链运输成本，弥补因地处偏远而增加物流成本的劣势，最终提升肉类产品的竞争力。

第十三章　冷链物流企业
发展方向研究

第一节　农产品冷链物流企业集中度研究

冷链物流是现代食品供应体系的重要组成部分。我国冷链物流细分市场众多，其中农产品冷链物流的市场规模最大，2021年我国冷链物流需求总量为2.3亿吨，其中水果、蔬菜等农产品冷链需求占比61.56%，已成为冷链物流市场的主要组成部分。随着生鲜农产品产量的不断提升，消费者对生鲜农产品质量要求的日益提高，冷链物流市场的需求量也在不断增长。企业作为冷链物流服务的主要提供者，通过预冷、冷藏运输、仓储、配送等全过程服务以保证全程冷链，降低损耗，提升产品品质，保障食品安全。通过保证农产品在到达顾客手中时完好无损且保持新鲜状态，从而提高消费者的产品满意度，在这一过程中冷链物流发挥着不可估量的作用。因此，在供应链中有着重要地位的冷链物流迎来了新的发展机遇，消费理念的转变对我国冷链物流的运作提出了更高挑战，冷链物流无疑是保证各种农产品新鲜度的重要环节。同时，冷链物流水平是一个国家农业现代化、国家经济发展和生活质量的重要标志，在冷链物流的发展过程中，市场起决定性作用，企业是冷链物流高质量发展的决定性因素。

一、我国冷链物流企业集中度现状

我国冷链物流发展起步较晚，由于市场规模庞大加之发展速度较快，2020年，我国冷链物流市场总规模为3 832亿元，比2019年增加440亿元，同比增长13%。但国内冷链物流的经营主体依然是多、小、散、弱、差，规模较小且数量巨大的现状，经营管理水平亟待提升。目前，我国的冷链物流企业集中度很低，并没有达到组织化规模水平，冷链市场的运力有90%以上都是个体运营，如冷藏车司机、单个冷库等。整个冷链物流行业竞争激烈，而且标准不一，缺乏个人诚信体系，导致市场秩序混乱，恶性竞争频繁出现。大部分冷链物流企业经营管理水平不高，"守摊子，收租子"的现象比较严重，处于散乱的状态。加之近年来我国经济下行的压力较大，环保要求不断提升，冷链物流也随之面临着严峻的挑战。整个冷链物流行业增速普遍放缓，物流成本居高不下，盈利空间遭受挤压。造成了冷链物流发展的恶性循环：冷链物流企业小、散、乱，致使服务质量和经济效益堪忧，激烈的市场竞争使同行企业开启了无休止的价格战，这就导致了企业的经营效益持续下降，整体的利润率更低。冷链物流企业为了存活下去，又在价格战中寻求不正当牟利途径，劣币驱除良币，导致更多的小企业进入冷链物流行业，整个冷链物流市场就陷入了混乱僵局。

冷链物流企业过于散乱，小企业过多，企业规模普遍不大，经营效率不高，竞争力不强，且将会长期处于这种状态。随着人力、物力、财力等各项物流成本的日益攀升，加之还在市场中打价格战，使冷链物流企业不能良好运转，正处于举步维艰的十字路口，面临着严峻的考验。同时，冷链物流企业经营的困境制约着冷链物流服务的提升，影响食品供应和食品安全。一方面，生鲜农产品总量持续增加，食品安全要求不断提升，对冷链物流总量和质量的需求也大幅度提升；另一方面，冷链物流企业小散乱造成行业发展恶性循环的困境。

产业集中度是产业经济学或者产业组织理论的核心概念之一，也是备受争议的一个概念，甚至在产业组织理论研究范式的几次变革中被赋予了不同的经济含义。尽管如此，截至目前，这一概念仍然存在于产业组织的理论和实证研究中。通常认为产业集中度是决定市场结构最基本、最重要的因素，集中体现了市场的竞争和垄断程度。

一方面，为了降低生鲜农产品的破损率，提高新鲜度，满足人们对高质量生活的需要，社会对冷链物流需求大增，推动着冷链物流市场的快速发展。另一方面，企业进入冷链物流行业的壁垒很低，这就导致了我国冷链物流市场中存在着大量的中小型冷链物流企业，导致市场发展不规范。中物联冷链委统计显示，2019年百强企业冷链业务营业收入合计达549.76亿元，同比增长38.05%；占2019年冷链物流市场规模的16.21%，百强市场占有率相较2016年的9.22%、2017年的10.19%、2018年的13.79%，实现了逐年增长。冷链市场集中度不断提高，但仍以中小企业占据多数，冷链物流行业仍面临散、小、杂的特点，需要提升行业整合程度。

在某个特定产业市场容量不变的情况下，少数企业的规模越大，产业集中度越高。一般情况下，冷链物流市场集中度会随着企业的规模不同而变化，企业规模越大，其集中度就会越高。冷链物流企业数量众多，规模普遍都很小，经营管理水平不高。据了解，国内冷链物流企业普遍存在的一个现象是：一对夫妻、一个电话和一个门面就能撑起一家物流公司。大部分冷链物流企业经营管理处于散乱的状态并且企业组织化水平较低，导致冷链物流行业集中度低。近5年来，冷链业务发展迅速，百强企业营收规模不断扩大，年复合增长率达29.96%。2019年，冷链物流百强企业冷链业务营业收入合计达549.76亿元，同比增长38.05%，占2019年冷链物流市场规模的16.21%。2019年，冷链物流百强企业入围门槛为营业收入8961万元，较上年提高2210万元，同比增长32.74%。中小物流企业占据多数，行业一直具有散、小、杂等特点。

近10年来，国内前几大冷链物流企业的市场份额都没有明显上涨，甚至还在持续下跌，大型冷链物流企业的规模没有太大的变化。中物联冷链委统计数据显示，我国冷链物流百强企业收入总额占冷链市场的10%左右，与美国冷链物流前5强企业约占市场份额63%相比还有较大差距。此外，冷链物流市场发达程度也呈现明显的地域特征：2019年入围百强企业的企业中，华东入围企业数量最多，且企业总营收最高，占总营收比例的51.3%，华东仍是冷链物流最为集中的区域，西北、东北、西南区域冷链发展偏弱。

从竞争格局看，中国冷链物流行业处于较早期阶段，集中度低，企业规模小。行业标准和治理机制尚未建立，与美国专业协会发挥积极作用和日本政府直接参与的有效引导有明显差距。监管方面缺乏具有强制力的明确法规，各相关部门权责也不够明确。而产业集中度是最能反映一个行业市场结构和产业竞争力的指标。经测算，冷链物流市场属于低集中度市场，竞争比较激烈。行业竞争极其混乱，缺乏规范的市场秩序和个人诚信体系。由于激烈的市场竞争，使得一些冷链物流企业为了利润和占领市场而进行不正当竞争，各企业就此打响了无休止的价格战。近年来，冷链物流企业面临着各项物流成本攀升的挑战，企业本身的物流成本一直居高不下，价格战和高成本的结合导致冷链物流企业经营效益连年下降，整体利润率较低。长此以往，冷链物流行业的乱象必然影响食品安全和食品供应。

二、我国冷链物流企业集中度偏低的原因

1. 冷链物流发展的特殊国情

一是城乡二元结构的差异性。我国的城市经济以现代化的大工业生产为主，而农村经济以典型的小农经济为主。城市的冷链物流基础设施发达，农村的基础设施相对落后，城市居民的消费水平远高于农村居民。农村的冷链物流基础设施建设严重滞后于城市，农村地区的基础设施和公共服务亟待改进。城乡发展水平的差距较大，冷链物流企业很难贯通城乡联结成一个大规模企业，使冷链物流无法全面形成网络化。因此，在城乡二元结构的背景下，存在大量的独立小规模企业，进而影响我国冷链物流企业的集中度。

二是"大国小农"是我国的基本农情，"人均一亩三分地，户均不过十亩田"是"大国小农"国情的真实写照。第三次农业普查数据显示，我国小农户数量占农业经营主体98%以上，小农户从业人员占农业从业人员90%，小农户经营耕地面积占总耕地面积的70%。我国地域广阔，人口众多，小农户占据了农业的主体，物流需求规模化、碎片化特征明显，造成了冷链物流市场显著区别于其他国家。此外，我国农产品种类数量众多，拥有超过14亿人口的大国自然意味着农产品消费体系极其庞杂。近年来，农产品物流总额不断上升，生鲜农产品采用冷链运输的发展趋势显著。在地广人多这样的大背景下，为了满足人们对农产品安全及品质的需求，保证生鲜农产品的新鲜度，越来越多的小型冷链物流企业为了谋利进入冷链市场，市场容量导致了市场集中度偏低。

三是农产品产销分离，流通环节众多，以及终端需求多样化，使生鲜农产品在流通过程中需要更多的冷链物流企业提供服务和支撑。我国是生鲜农产品生产和消费大国，生鲜农产品在农业中占有重要地位。一般而言，农产品需要经过经纪人、运输商、批发商、超市、餐厅等多个交易环节，而不是由配送企业直接从产地直购，由此增加了许多不必要的流通环节及费用，而增加一级流通环节就需要相应的冷链物流企业来协助完成冷链配送工作。同时，消费者的需求呈现出多元化、个性化趋势，特别是生鲜电商的迅速发展，为了提高顾客满意度，必然要在生鲜农产品配送过程中保证全程冷链。因此，在冷链市场前景广阔的大背景下，给众多中小型冷链物流企业创造了进入冷链物流市场的机会，拉低了冷链物流企业的集中度。

2. 农产品冷链物流标准化程度低

第一，农产品标准化程度较低。我国农产品标准化程度低，未标准化的产品往往会存在品质参差不齐，大小、色泽不一等问题。在运输及仓储过程中，生鲜农产品必然会保证全程冷链，大多数情况下都会承包给第三方冷链物流公司来进行配送。由于农产品的标准化程度低，不管是在运送过程中的冷藏车上，还是在仓储的冷库中，冷链物流公司为了保证农产品的质量，在使用托盘、叉车、货架等设施及传送带等设备时，针对不同规格、不同品类的产品就不能使用同一种设施设备。目前，冷链物流企业很难承包下所有品类农产品的冷链配送，因此，要想降低各种农产品的损耗率、提高生鲜农产品的新鲜度，就需要各类相关冷链物流企业来合作，这就给各类小型冷链物流企业留下了生存空间。

第二，冷链物流设施设备标准化程度较低。冷链物流的一个重要特征就是使用低温储藏和运输设备，这个特性决定了冷链物流设施设备较强的专用性，冷链物流系统需要有完备的冷链技术作保障。冷链物流企业所运送的产品绝大多数情况下不会是单一的，企业为了保证自身的业务量，自然就会购买各种各样的冷链运输过程中应用的设施设备，这就导致冷链物流企业置备了大量的工具设备，而企业本身的规模很小，业务量当然也不会很大。在这种情况下，会出现设备闲置等问题。在企业无法继续运营时，相比转卖标准化的、通用的设施设备，转卖非标准化设备就会有一定的困难。致使多数冷链物流企业并不能及时"抽身"，这些小规模的冷链物流企业依旧存在于整个冷链物流市场中，对我国冷链物流企业的集中度产生了一定的影响。

第三，缺乏全程化标准，标准之间缺乏有机衔接。我国的冷链物流标准未覆盖冷链物流全过程，冷链物流的整个过程包括冷藏运输、冷藏、冷冻加工、低温配送、销售等诸多环节，任何一个环节的疏忽都有可能影响生鲜农产品的品质。我国冷链物流标准共计200多项，但众多的标准大多集中在运输和仓储两个环节，针对其他环节规范还缺少标准。另外，冷链物流对上下游环节间的协调性要求较高，要求冷链上下游各环节之间有效衔接，相互协调，以保证生鲜农产品能够在低温环境下保鲜配送。但冷链物流标准之间的协调性较差，国家标准、行业标准、地方标准之间并没有形成分明的体系，导致冷链物流标准存在交叉和重复现象，不能有机衔接。标准化的缺乏给众多中小型冷链物流企业创造了大量的生存机会。

3. 冷链物流企业营商环境有待改善

首先，融资难一直制约着中小型冷链物流企业的发展，至今尚未形成顺畅的融资渠道。融资的难易程度在很大程度上是由企业规模决定的，大型企业之所以容易融资，是因为其长期规模化经营占据一定的优势并且企业风险较小，自然投资者愿意投资，而中小型冷链物流企业由于内部散乱、规模较小、经营风险较大等原因，投资者大多不会考虑这种企业，因而拒绝投资。企业不能融资，就无法扩大规模。因此，中小型冷链物流企业的融资服务体系已成为不容规避的现实问题。

其次，地方保护主义在我国仍然存在。一些地区、部门采取各种措施保护本地区、本部门的利益，尤其是经济利益。从财税体制看，地方政府只是完成本地区的财税任务，国家下放的相关政策，促使地方只追求扩大本地的经济规模。从干部制度角度来说，领导既要对上级负责，又要对下级负责，这就促使地方政府加大力度保护本地市场，扩大本地的经济规模，从而提高本地利益。从司法制度来看，我国的司法制度都是属地化的，本地司法保护本地市场，司法制度在一定程度上影响了各地市场联盟。由于地方保护主义等种种因素的影响，使我国各中小型冷链物流企业无法跨区域并购重组。

最后，冷链物流企业缺乏高级经营管理人员，人才流动率高。我国中小型冷链物流企业并没有特别之处可吸引高素质人才，以至于工作人员的整体素质不高，对企业的发展有一定的束缚，不能人尽其才。随着科技的进步，冷链物流技术更新速度日益加快，对员工的文化素质和专业技能要求越来越高。与之相对应的是，目前在冷库工作或者开冷藏车的劳动者虽然很多，但基本上都是素质较低的人力资源，具有高中以上学历的很少。中小型冷链物流企业一般都不具有规范的公司规则，加上员工的流动性较大，社会保障不高。而高素质人才大多安于保障较好的企业，不愿意冒险来这种小企业。这样就陷入了恶性循环，导致企业缺乏技术专业性工作人员，而不能做大做强。

4. 冷链物流企业服务差异化程度低

农业生产者、超市、餐饮企业等是生鲜农产品冷链服务的需求方，通常来说，其对生鲜农产品的配送需求没有太高标准。在配送运输的过程中，只需要冷链物流公司提供冷藏运输环境，能保证生鲜农产品的质量和新鲜度即可，对冷链价值的体现并不多。我国的冷链物流企业服务化水平较低，大多数只能提供单一的冷藏运输或者仓储等基础性服务，如冷藏车、冷库等，在冷链服务的基础之上衍生的增值服务并不多，不能形成品牌优势占领冷链物流市场。而在我国市场中存有冷藏车、冷库等冷链物流公司遍地都是，能够满足消费者的基本需求，顾客的选择性很大，这就使大量的小规模冷链物流企业仍旧有利可图，能够长久存在冷链市场中。

5. 进入壁垒低、退出壁垒高

冷链物流业的进入壁垒即阻碍新的冷链物流企业进入冷链物流市场，通常用新企业的进入率来判断冷链物流企业进入壁垒的高低。目前，我国冷链物流市场的进入门槛普遍较低，只要拥有一辆冷藏车、一个门店、一部手机，就能成立一个冷链物流企业。可见，资本量不大、技术水平低下、经营规模偏小是冷链物流企业普遍存在的现象，对新进入企业来说，根本构不成威胁。过低的市场进入门槛无法阻止新企业进入，就导致了市场进入壁垒过低，大量小型冷链物流企业流入冷链市场。

企业在进入冷链物流市场时需要花费一定的成本，而在退出市场时同样也要付出成本，即退出壁垒。冷链物流企业退出壁垒的最大决定性因素之一就是沉没成本。由于冷链物流企业成立之初需要大量的资金投入，如人员雇佣、购买设施设备、选址规划、建立冷库等费用。要想投入市场运营中，这些固定资产的花费都是必需的。但企业在后期的运营中出现问题肯定是不可避免的，这时要想退出市场就很困难了。由于产业转移困难、解雇费用壁垒、冷链物流沉没成本很高等原因，造成退出壁垒很高。

三、我国冷链物流企业集中度提升的阶段性判断

纵观冷链物流行业从无到有，从少到多，新中国成立70多年来，特别是改革开放以来，经历了快速发展。而现阶段的特征主要是冷链物流行业企业数量众多，竞争激烈。我们认为未来我国冷链物流企业集中度将会呈现以下阶段。

第一阶段：规模继续扩张阶段（2020～2025年）。这5年将是各类企业尤其是大中型冷链物流企业规模化阶段。在"互联网＋"背景下，阿里、顺丰、京东等纷纷进入冷链物流行业，通过兼并、重组等方式收购、整合竞争对手，扩大势力范围，最大的几家公司开始凸显。随着快速整合的进行，冷链物流行业将会呈现出10～30家非常具有竞争力且规模巨大的企业，同时前4位大公司将拥有15%～45%的市场份额。在这一阶段中，冷链物流企业拼的是资本和网点。资本雄厚的企业可以凭借兼并迅速扩张，快速布点，迅速扩大规模。需要重点关注的是战略布局、管理团队和员工。

第二阶段：专业化阶段（2025～2030年）。第二阶段的冷链物流企业在经过第一阶段的残酷竞争后，将更加注重核心业务的扩展。一是注重网络布局优化，在第一阶段网点的基础上，形成冷链物流服务网络体系。二

是提升服务质量，达到全程冷链。行业中前4位公司将控制35%~70%的市场。在这个阶段，行业里仍然会存在10~20家主要竞争者。处于该阶段的冷链物流企业需要强化他们的核心能力，注重利润和服务差异化。该阶段还会呈现出已站稳脚跟的企业对业绩不佳的公司进行排挤的现象。

第三阶段：平衡与联盟阶段（2030年以后）。冷链物流行业可能呈现出行业巨头割据的时期，尤其以冷链物流为核心的全产业链的建立，我国可能出现类似于美冷或者日本综合商社等大型跨国企业。该阶段，冷链物流行业的集中度上升到一定高度后会保持稳定，可能会出现略微下降；居于行业前4位的公司占据了70%~90%的市场份额。这一时期的冷链物流企业将具备全产业链、全球化和全方位服务的特征。从产业链角度来说，能够服务农产品产前、产后和流通全过程，真正嵌入农业产业链，促进农业现代化；从区域布局角度来说，实现全球化布局，能够为全球范围内农产品提供冷链物流服务；从服务内容角度来说，能够提供仓储、加工、运输、金融等全方位服务。

四、我国冷链物流企业集中度提升的建议

伴随全面深化改革，居民消费水平日渐提高、产业结构调整不断加快，冷链物流业发展前景可观。我国冷链物流企业普遍具有散、小、弱、乱等特点，经营人才缺乏，经营理念落后，不能适应现代冷链物流业的发展要求，更难以应对国外大型冷链物流企业的竞争。冷链物流企业成长环境不佳、农产品标准化程度低、服务差异化程度低、进入壁垒低退出壁垒高，是冷链物流企业集中度低的主要原因。冷链物流市场潜力巨大，冷链物流行业将会出现兼并整合的趋势。据此，为促进冷链物流企业发展提出以下建议。

1. 制定冷链物流相关政策，鼓励冷链物流企业兼并重组

第一，建立冷链物流行业内相关企业联盟。由冷链物流行业协会主导，商务部、交通运输部、农业农村部给予支持，建立相关企业联盟。首先，支持农产品冷链物流企业建立标准联盟，包括产地预冷标准、冷藏运输标准、经营管理标准等。其次，支持农产品冷链物流企业建立供应商联盟，确保农产品持续供应。最后，支持农产品冷链物流企业建立冷链技术研发联盟，不断提高企业冷链技术水平。农产品冷链物流企业进行联盟，可以提升整个冷链物流行业的发展水平，进而鼓励冷链物流网络建设，提高行业的进入壁垒，为农产品冷链物流企业兼并整合奠定基础。

第二，改善冷链物流行业营商环境。冷链物流行业协会及地方政府进一步规范冷链市场秩序，限制市场中的恶意竞争，保证营造公平公正的营商环境。在支持冷链物流企业兼并整合方面，创立风险投资、私募基金等资本基金，打造丰厚的资本力量，促进冷链物流企业兼并整合。

第三，借鉴发达国家行业经验，加大成功案例研究。我国冷链物流业尚处于起步阶段，多借鉴总结国外冷链物流企业兼并重组以及行业发展的经验教训，在全球化的背景下，为冷链物流企业发展提供经验。定期召开冷链物流行业总裁论坛，以交流企业经营的经验、达成合作意愿。定期召开资本与行业对话会和现场经验交流会，推动冷链物流企业之间兼并整合，形成具有中国特色的冷链物流发展模式。

2. 推动冷链物流行业人才培育

第一，推动冷链物流企业加快产学研结合，推动行业整合创新发展。目前，冷链物流企业规模普遍较小，竞争能力不强，公司经营管理体制陈旧。要鼓励冷链物流企业通过建立产学研结合体，促使冷链物流企业技术研发、提升经营管理等水平，为冷链物流企业兼并整合奠定理论、模式及可行性研究基础，推动行业整合创新发展。

第二，加快引进、培养冷链物流企业综合人才。冷链物流企业应多举办企业兼并整合、公司资本运营等培训学习，提高员工的综合素质，培养新型全方位发展的冷链物流企业管理人才，促进企业通过兼并整合朝着规模化集约化方向发展，进而提升冷链物流行业的集中度。

3. 利用资本市场促进企业发展壮大

第一，支持冷链物流企业开展冷链金融业务，积极与银行合作。支持冷链物流企业积极发展冷链金融业务，鼓励企业发展担保、保险、仓单质押、期货交易等新型冷链金融服务，进而提升冷链服务水平。使冷链物流的设施设备成为银行抵押担保对象，积极与银行合作，延长贷款期限、扩大银行信贷规模等，推动冷链金融及企业的发展，提升冷链物流行业纵向整合能力及兼并整合力度，促进企业发展壮大。

第二，支持冷链物流企业通过众筹、上市等资本方式推进企业兼并整合。资金短缺是冷链物流企业健康发展的瓶颈，企业的经营和发展离不开资金的支持，资本市场为冷链物流企业的运营发展提供了强有力的保障。支持冷链行业协会、地方政府及国有企业利用众筹、私募基金等成立冷链行业兼并整合基金，依靠资本市场的力量促进企业兼并重组。实时关注冷链物流企业的上市计划，并积极扶持，推动企业形成经济规模，提高企业冷链资源的配置效益，使冷链物流企业以最低的成本实现效益最大化，提升冷链物流行业集中度。

第二节 冷链物流企业产业链纵向一体化延伸研究

一、纵向一体化对企业绩效的影响

国内外关于纵向一体化的绩效影响研究较为丰富，有的学者从其效率效应及反竞争效应方面进行研究，有的学者进行实证研究。实证研究主要分析各个行业纵向一体化经营后对绩效产生的影响，并基于研究的结果为企业绩效的提升提供可行性建议。

1. 国内研究现状

吴绪亮（2010）运用"动机－条件－效应"三阶段分析框架进一步分析了效率效应与反竞争效应的各种情况，发现零售商进行纵向一体化，有利于企业利润的提升和保证消费者利益。在实证研究方面，学者们采取各种各样的测量方法，得出了不同的结论。有的学者认为企业实施的纵向一体化战略有助于企业绩效提升。申屠巧巧（2013）通过分析发现，药品制造企业实施纵向一体化战略有助于稳定供给、降低交易成本等。申屠巧巧选取了其十年（2001~2010 年）的经营数据并利用 Davies－Morris 指数法对纵向一体化程度进行了测量，发现药品制造企业采取纵向一体化经营可以对绩效产生积极的影响，即两个变量的关系为正相关。王瑜等（2015）利用农工一体化上市公司 2010~2012 年的数据，把托宾 Q 值作为因变量，运用 VAS 法对垂直一体化程度进行测量，再选择农工一体化上市公司规模和股权性质两个控制变量，经过检验发现农工一体化企业的规模、股权性质与其绩效的关系为负相关，而其实施纵向一体化战略可以显著提升绩效。胡求光、李平龙等（2015）收集了 13 家渔业上市公司的数据，把规模、资产负债率等作为实证分析中的控制变量，并利用 Davies－Morris 指数法来确定其纵向一体化程度，发现这类企业进行纵向一体化经营可以显著提高绩效。庄婉婷、刘焰（2017）以 SJ 公司为研究对象，以成长能力、研发投入等指标，分析了纵向一体化对其绩效的影响，以托宾 Q 值测量的综合绩效为因变量，研究 SJ 公司采取纵向一体化经营对其绩效的作用，发现纵向一体化战略可以帮助 SJ 公司提高市场占有率、降低交易成本等，并帮助其实现提高绩效这一最终目标。陈洁（2018）分析了 17 家整车上市企业，收集了其 2004~2015 年的各项数据，研究发现纵向一体化可以帮助整车企业提高利润率、市场占有率等。张祥、王经亚等

（2016）收集了全球 20 家光伏上市企业 2008～2014 年的经营数据，发现纵向一体化战略可以帮助光伏企业提高盈利能力。谢晔等（2012）通过对专利、成果获奖情况打分来确定 92 所国立科学院战略绩效，并且利用科研各环节的人数分布情况以及科研成果数量来确定其纵向一体化程度，发现虽然纵向一体化战略有利于科研所战略绩效的提高，但是应该对科研所的纵向一体化程度进行控制，不宜过高。王敏、李大兵等（2018）收集了农业上市企业 2013～2015 年的相关数据进行研究，发现农业企业纵向一体化在其股权结构和绩效之间存在一定的中介作用，认为农业企业纵向一体化可以帮助企业成长，提高绩效。

还有的学者认为纵向一体化不利于企业绩效的提高，建议有的企业应该走专业化分工的道路。刘露讯等（2010）收集了 60 家食品上市企业的数据，发现食品企业进行纵向一体化经营不利于绩效的提高，认为这可能是由于缺乏有力的行业监管导致的。马维力（2012）收集了有色金属业中的 17 家上市企业 2007～2011 年的相关数据，研究发现有色金属上市企业采取纵向一体化经营不利于其绩效的提升。王斌、王乐锦（2016）收集中国、澳大利亚、加拿大这三个国家的林工上市企业 2010～2014 年的相关数据进行研究，发现中国林工上市企业采取纵向一体化经营会对其盈利能力造成显著的不利影响。刘梦忆（2014）分析了我国 18 家汽车整车制造上市公司 2003～2012 年的经营数据，发现这些企业进行纵向一体化经营会对其绩效、技术效率造成负面影响，认为这些企业应该进行专业化分工经营，打造企业自身的核心竞争力。傅颜颜等（2015）分析了 4 家中粮集团旗下的上市企业 2006～2013 年的相关数据，运用 VAS 法对其垂直一体化程度进行了测量，发现农产品加工企业目前不适合进行纵向一体化经营，可以尝试走专业化分工道路。张亮（2017）对 OTA 企业的纵行一体化进行研究发现，航空公司进行业务扩张，经营相关业务可以降低经营风险，达到提升企业绩效的目的。孙海波（2017）对神华集团进行了案例研究，发现煤炭企业采取纵向一体化经营有助于降低交易风险、节约成本，进而提升企业绩效。

2. 国外研究现状

学者们基于各自研究对象的实际情况，运用不同的测度方法进行实证研究。李（Hsiu – Ling Li，2010）等收集了美国信息技术行业中的 71 家企业从 1998 年到 2004 年的相关数据进行研究，利用 VAS 法对信息技术企业的垂直一体化程度进行了测量，发现 IT 企业垂直一体化与其创新绩效的关系具有倒"U"形的特点，即 IT 企业纵向一体化程度过高，不利于创新绩效的提升。安德里奥等（Andreou et al.，2016）研究了纵向一体化对库存周转和企业运营绩效的影响，发现企业实施纵向一体化战略有利于提高原材料库存和成品库存的营业额，但对在制品库存营业额没有明显的影响。

综上所述，已有的文献从多个角度研究了纵向一体化对绩效的影响，发现不同行业纵向一体化对绩效的影响有所不同，但是关于冷链物流企业纵向一体化对绩效影响的研究较少。本章将冷链物流企业纵向一体化定义为：冷链物流企业的主要经营环节分为加工、包装、仓储、运输、配送，从事两个及两个以上业务环节称为冷链物流企业的纵向一体化。将"冷链物流企业"定义为"为生鲜产品、特殊产品提供低温运输、低温仓储等服务的企业，需要保证产品的品质与安全，使产品在生产、加工、包装、存储、包装、运输、销售等各个环节处于所要求的低温环境之中"。本章以冷链物流企业 50 强为研究对象，收集真实可靠的资料，重点研究其纵向一体化的现状、动因，确定其纵向一体化程度，建立起以企业绩效为因变量的多元回归模型，以及根据冷链物流企业纵向一体化的具体情况和实证分析结果，为冷链物流企业的纵向一体化发展、绩效提升提出对策建议，希望可以为冷链物流企业的发展做出一些贡献。

二、冷链物流企业纵向一体化现状

我国冷链物流始于 20 世纪 60 年代，当时主要通过在大城市修建冷库，然后运用铁路和水路冷运等方式来满足人们对肉类食品的需求。20 世纪 90 年代，改革开放推动了我国经济社会的快速发展，为了更好地满足人们对冷藏冷冻产品的需求，冷链物流市场迅速发展壮大，冷链设备设施逐渐完善。根据中冷联盟统计，目前市场上冷链物流企业约有三万家，且多为传统的冷库仓储、运输公司，经营的业务较少，盈利能力较弱。整个冷链物流行业的平均净利润率在 3% 左右，可见我国冷链物流企业还存在较大的发展空间。

1. 企业类型多样，综合服务型冷链物流企业较少

目前，我国冷链物流企业类型多样，主要有运输服务、冷库运营、区域配送、综合性服务等类型的企业。其中运输服务型企业以货物运输业务为主，为顾客提供站到站、门到站等服务；冷库运营型企业主要从事仓储业务，也可提供配送、加工等服务；综合服务性物流企业可以为客户提供仓储、运输、配送、加工等多种物流服务。根据中物冷链委最新统计（见图 13 - 1），运输服务企业和冷库运营企业占比分别为 31% 和 24%，综合

性服务企业仅占10%。在本章统计的50家企业中（见图13-2），大多开展了仓储、运输、配送等业务，分别占92%、78%和72%，提供加工服务的仅占18%。其中太古冷链就是典型的以仓储为主要业务的冷库运营型企业，许昌众荣、双汇物流等则是典型的运输型企业，而能够提供多种物流服务的企业只有10家。

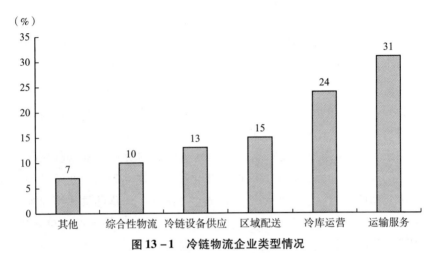

图 13-1　冷链物流企业类型情况

资料来源：冷链物流企业类型的数据来源是中冷联盟对冷链物流企业的整理分析。

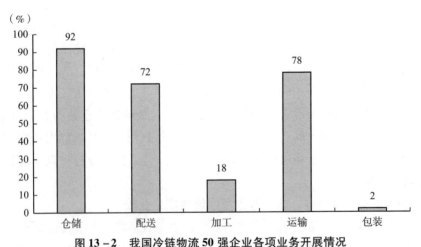

图 13-2　我国冷链物流 50 强企业各项业务开展情况

资料来源：冷链物流50强企业的数据来源是中冷联盟对冷链物流企业的整理分析。

综上所述，目前冷链物流企业多为运输服务型与冷库运营型企业，冷链综合性物流服务企业较少。冷链物流业发展较好的恰恰是能够提供多种物流服务的综合性冷链企业，取得优异成果的企业大多是跨行业进入冷链物流业的资金较为雄厚的企业。例如顺丰于2014年成立冷运事业部，之后全面布局转型综合性物流服务企业，集冷链仓储、运输、配送、加工等物流服务于一体。2017年，顺丰在生鲜和医药两大业务板块取得瞩目的成就，使得冷运业务成为增速最快的主要业务之一。冷链物流企业为了增强竞争力、提高企业绩效，可以向集加工、运输、配送、包装、仓储等物流服务于一体的综合性物流服务企业转型，采取纵向一体化经营。

2. 经营业务环节较少

我国冷链物流起步较晚，冷链物流企业的发展仍处于起步阶段，所经营的业务环节较少。本章收集了我国冷链物流50强企业在加工、包装、仓储、运输、配送五个环节的经营信息，根据所收集的数据（见图13－3）发现：50家冷链物流企业中，单环节经营的企业占12%；经营两个业务环节和经营四个业务环节的企业各占20%；大多数企业经营三个业务环节，占比高达48%；实现5个业务环节同时经营的企业数量为0。本章在上文中提到将从事业务环节数量在两个及两个以上的经营称为冷链物流企业的纵向一体化经营，且只有当企业所经营的业务环节达到四个及以上时，才认为其纵向一体化程度较高。由此可见，目前冷链物流企业的纵向一体化程度不高，还存在较大的发展空间。

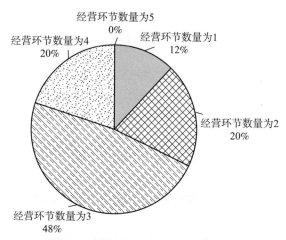

图13－3 我国冷链物流50强企业经营的业务环节数量情况

3. 企业利润率较低，差距较大

实现利润最大化一直是企业的追求，目前我国冷链物流企业的利润率仍处在较低的水平。从50家冷链物流企业的利润数据（见图13－4）来看，大部分企业的利润率低于10%，15家企业的利润率处于10%~20%，3家企业利润率处于20%~30%，利润率处于30%~40%和大于50%的企业均为两家。由图13-5可以看到，企业利润率最高的达到了79.9%，最低为负56%，43家企业利润率低于20%。由此可见，企业与企业间的利润率差距较为明显。

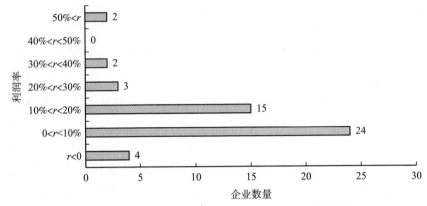

图13-4 我国冷链物流50强企业利润率分段统计

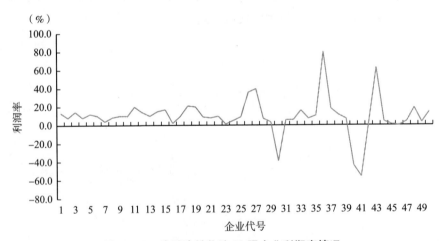

图13-5 我国冷链物流50强企业利润率情况

为了更好地了解冷链物流企业的盈利情况，本章以"股票概念是'冷链物流'且主要经营业务中含有冷链物流企业纵向一体化经营的五个环节中的部分环节"和"企业排名位于冷链物流企业年度排行榜前50"这两个条件为依据，在同花顺财经网上收集了3家上市公司的财务数据和经营状况报告。虽然纳入分析的企业数量较少，但由于我国冷链物流发展较晚，目前冷链物流行业的上市公司数量较少，且大多为冷链装备生产企业，主营冷运业务的上市企业只有寥寥几家，所以基于这3家上市企业财务数据的分析还是具备较强说明性的。从3家上市公司的财务数据（见图13-6）中可以看到，2015~2020年，3家企业净利润额呈逐年递增的趋势，2021年有所下降，并且净利润额差距较大。经营业务环节数量为4的海航冷链的净利润额值远高于经营业务环节数量为3的辉源机械与小田冷链，企业与企业间的发展不平衡。针对2021年企业利润下降的原因进行分析，发现主要是冷链物流市场需求规模的扩大，吸引了大量资金雄厚的企业进入，如顺丰、苏宁等，使得市场上服务与价格的竞争越发激烈，从而导致了利润下降。而此时3家企业为了应对激烈的市场竞争，都做出了规模扩张的决定，进一步推进企业纵向一体化，以增强企业自身竞争力，提高企业绩效。

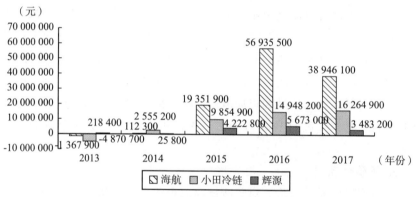

图13-6 2013~2017年冷链上市公司净利润额

三、冷链物流企业纵向一体化的动因

冷链物流企业实施纵向一体化战略的目的是增强市场竞争力，以达到提高企业经营绩效的目的。为了达到这个目的，企业要解决经营过程中遇到的种种问题，主要从两方面入手：一方面是增强企业自身能力，确保在经营过程中的稳定以及高效率，提高自身的服务水平。另一方面是应对激烈的市场竞争环境，企业要扩大自身规模，获得规模效应，降低成本，获取竞争优势，增强自身在上下游间的控制力，提高自身的市场竞争力。冷链物流企业纵向一体化动因主要有以下3个方面。

1. 盈利性动因

第一，提高运营效率。冷链物流企业实施纵向一体化战略，把仓储、运输、配送等环节都置于自己的管理之中，以便于企业对自身运营进行综合考虑。既有利于充分调动企业资源，提高设备利用率，实现资源的优化配置，又有利于提高企业的物流保障，从而减少产品损耗。例如：当企业在运营过程中出现问题时，由于各个方面的信息掌握在企业自己手中，企业对各个环节出现状况的反应速度将会更快，可以进行适时的、灵活的调整，促进问题的有效解决，保障产品在运输中的质量，真正做到高效、优质。

第二，提高进入壁垒。企业实施纵向一体化战略可以提高进入壁垒。随着冷链物流企业纵向一体化战略的实施，企业可以控制更多关键的资源和渠道，从而让行业新进入者望而却步。冷链物流本来就是一个高投入的行业，进入该行业所需资本较多，实施纵向一体化也就意味着更大的投资规模，进而提高了进入壁垒。

2. 成长性动因

纵向一体化可以促进企业业务的增长，是企业扩大规模最直接、最有效的手段。目前，我国冷链物流企业多为中小型企业，经营的业务环节较少，提供的多是仓储、运输类的服务，少数企业提供加工、包装等服务。冷链物流企业若采取纵向一体化经营，实现在原有业务环节基础上的价值链延伸，则可以增加产品的附加值，为顾客提供更多的增值服务，进而吸引更多的顾客，提高自身的市场占有率，扩大规模，实现企业的可持续发展。

3. 风险性动因

第一，降低质量风险。对于冷链物流企业来说，保障产品的质量是企业运行的核心。随着冷链物流企业纵向一体化战略的实施，逐渐把加工、仓储、配送等环节的运营掌握在自己手中，有利于企业加强对各个环节的控制，对整个流程进行统一的、标准化的管理，使企业运营更加可靠，从而使产品的品质保障进一步提升。

第二，降低投机风险和违约风险。冷链物流企业在运行过程中会和其业务价值链上下游中的很多企业进行交流合作，这些企业出于维护和获取更多利益的目的，可能会产生投机行为，对一些重要的信息进行隐瞒。例如：设备存在故障、为了节省成本而不按标准规范操作（中途关闭温控）以及内部管理出现问题等，这些都会导致冷链物流企业自身的效率以及信誉产生问题。所以，如果冷链物流企业对各个业务环节采取自主经营，减少外部交易环节，就可以减少运营过程中的不确定性、降低投机风险、规避其他企业毁约或不当操作导致的不能按时完成客户委托的违约风险。

四、实证分析

1. 研究假设

纵向一体化是许多企业的战略选择，它会对企业的经营绩效产生重大影响。但不是所有的企业都适合纵向一体化。根据已有的研究发现，不同行业中的企业面对的市场情况有所不同，纵向一体化对其绩效产生的影响也各有不同，其中整车、农业、药品、食品等企业实施纵向一体化，有利于企业绩效的提高，有色金属行业则不适合采取该经营方式。纵向一体化能够帮助冷链物流企业降低成本、提高绩效。本章基于以上分析，做出假设：冷链物流企业纵向一体化程度与企业经营绩效呈正相关。

2. 变量与选择设计

本章的实证研究主要涉及两个指标：纵向一体化程度指标以及企业经营绩效指标。现在对两个指标进行选择设计。

第一，纵向一体化程度指标。纵向一体化的度量问题备受人们重视，自 Adelman 第一次提出纵向一体化指标的度量方法之后，多位学者基于多种研究目的，提出了许多测量纵向一体化程度的方法。主要有增加值指数法（VAS）、业务权重指数法（BSI）、莱昂惕夫指数法（VIC）以及定性评价法（VMI）等。基于可收集的数据，采取定量分析法，也就是用企业所经营的产业个数在整个产业链中的比例来衡量企业的纵向一体化程度，企业经营的环节越多，纵向度越高。冷链物流业的环节可分为：加工、包装、仓储、运输、配送。

第二，企业绩效指标选取。企业绩效由两部分组成：一是企业在一段经营时间内的经营效益；二是在一段经营时间内的经营者的业绩。企业的经营效益水平主要通过盈利能力、偿债能力等来体现。对企业的经营来说，要努力实现利润最大化。本章结合数据的收集情况，采取利润率作为衡量企业绩效的指标。

第三，控制变量的选取。在企业的经营过程中，许多因素会对企业的经营绩效造成影响。本章基于数据的可获得性，选择企业规模、企业年龄作为控制变量。企业规模主要通过营业额、员工人数等因素来衡量。对于冷链物流企业来说，各企业人员差异不大，所以用企业职工人数来衡量企业规模。另外，因为人数的数值较大，所以对其进行取对数处理（见表 13 – 1）。

表 13 - 1　　　　　　　　　　　　变量定义

指标类别	指标名称	计算方法或数据来源	预期符号
企业绩效指标	利润率	利润/成本	R
纵向一体化指标	纵向一体化指数	企业经营环节数/企业整个环节数量	VI
控制变量	企业规模	Log（企业职工人数）	SCALE
	企业年龄	企业信息网	AGE

3. 样本选取以及数据来源

从整个冷链行业来看，市场情况复杂，越来越多的企业因为冷链物流业良好的市场前景而进入该行业，市场竞争越发激烈。冷链物流企业面对激烈的市场竞争环境，如何提高竞争力、提升企业绩效是我们关注的焦点。向发展良好的企业学习经验和教训，有利于企业的发展，提高经营绩效。本章在实证研究的过程中，把数据的代表性和可获得性作为样本选取的主要原则，选择了中物冷链委评选的冷链物流企业百强名单中的前55%进行数据收集，最后收集了50家冷链物流企业的有效数据。

本章的数据主要来源于国泰安 CSMAR 金融经济研究数据库、中冷联盟以及中物联冷委的统计数据。使用的统计与统计软件为 Excel 和 Spss19.0。

4. 模型构建

第一，描述性统计分析。本章收集了50家冷链物流企业的相关数据，现对收集到的数据做描述性统计分析，得到结果（见表13-2）。

表 13 - 2　　　　　　　　　　　　描述统计量

变量	N	极小值	极大值	均值	标准差	变异系数
利润率	50	0.56	0.79	0.097	0.203	2.26
纵向一体化指数	50	0.2	0.8	0.556	0.214	0.44
企业规模（职工人数取对数）	50	1.36	4.113	2.39	0.558	0.232
企业年龄	50	5	64	15.16	11.23	0.74

从表13-2中可以看到利润率的标准差和变异系数分别为0.203和2.46，尽管标准差不大，但变异系数达到了2.26，说明企业间绩效差距

较大；纵向一体化指数标准差和变异系数分别为 0.22 和 0.44，说明冷链物流企业间纵向一体化程度有一定的差距；企业规模的标准差为 0.558，变异系数为 0.232，说明企业间规模也有一定的差距；企业年龄的标准差达到了 11.23，变异系数为 0.74，说明冷链物流企业成立年限的差别较大。

第二，进行相关性分析。对确定的三个自变量进行 Pearson 相关性检验（见表 13 – 3），得到它们两两之间的相关性系数，发现冷链物流企业纵向一体化指标与企业规模、企业年龄的相关系数分别为 0.045 和 0.199，企业年龄与企业规模的相关系数为 0.355。都不超过 0.8。根据规定，三个变量之间不存在多重共线性关系的问题。

表 13 – 3　　　　　　　　　　相关性情况

变量	VI	SCALE	AGE
VI	1	0.045	0.199
SCALE	—	1	0.355
AGE	—	—	1

第三，基本模型构建。本章主要研究冷链物流企业纵向一体化程度与其经营绩效的关系，并将冷链物流企业的企业规模、企业性质等作为控制变量，以此构建多元回归模型并采用广义最小二乘法来对其进行估计，构建的基本模型：

$$R = a + \alpha VI + \beta_1 SCALE + \beta_2 AGE + \varepsilon \qquad (13 - 1)$$

其中，a 为常量，α 和 βi 为待估计量，ε 为随机误差。

5. 实证结果分析

第一，纵向一体化指数结果。对 50 家冷链物流企业纵向一体化程度进行了测量（见表 13 – 4），观察到各企业的测量值均介于 0 ~ 1，并且这个数值越接近于 1，则表示冷链物流企业的纵向一体化程度越高。而在这 50 家企业中，有 16 家企业的纵向一体化程度小于等于 0.4，大部分企业纵向一体化程度为 0.6，仅有 10 家企业的纵向一体化程度达到了 0.8，没有企业实现完全纵向一体化经营。因为本章的数据具有较强的代表性，由此我们可以推断，目前冷链物流企业的纵向一体化经营还存在较大的发展空间。

表 13 - 4　　　　　　　　冷链物流企业纵向一体化测量结果

企业名称	VI	企业名称	VI	企业名称	VI	企业名称	VI	企业名称	VI
江苏润恒	0.20	上海广德	0.60	佛山粤泰	0.60	上海波隆	0.60	重庆得盛	0.80
蜀海	0.80	北京中冷	0.80	山东中超	0.40	宁波阿六	0.60	新疆牛巴	0.80
山东蚧口渔业	0.80	全可冷链	0.60	四川汇翔	0.60	大沥桂江	0.40	天津蓝玺	0.20
源洪仓储	0.40	江苏天缘	0.80	福州名成	0.60	四季青冷链	0.20	许昌众荣	0.8
宇培供应链	0.80	江西玉丰	0.80	邢台邢业	0.60	资兴达达	0.80	东方佳源	0.6
山东盖世	0.60	大连獐子岛中央冷藏	0.20	深圳小田	0.60	南京清江	0.40	中外运上海	0.60
廊坊京永	0.40	漯河双汇	0.60	天津市王顶堤	0.20	太古冷藏	0.2	重庆万吨	0.20
上海郑明	0.60	广东广弘	0.60	云通物流	0.80	上海索迪斯	0.2	内蒙古邮政快递	0.40
华润广东医药	0.20	安得物流	0.80	上海华赋	0.60	贵州瀑布	0.40	内蒙古润创	0.60
河南鲜易	0.80	海航冷链	0.20	山东中凯兴	0.80	上海领鲜	0.60	舟山惠群远洋渔业	0.4

第二，冷链物流企业纵向一体化与绩效的多元回归分析。对各项变量进行处理后，运用 SPSS19.0 来对模型进行分析，得到回归结果（见表 13 - 5），其中变量 VI 的 T 值结果大于 2，这表明其在 5% 的水平下显著。企业年龄（AGE）和企业规模（$SCALE$）这两个变量 T 值取绝对值后分别为 1.405 和 1.169，说明其在 10% 的水平下显著，对因变量企业绩效有一定的影响但有限。最后，其中 DW 的值为 1.6，这说明本章建立的模型不存在自相关这一问题。

表 13 - 5　　　　　　　　回归分析结果

变量	企业绩效 R		
	估计值	标准差	T 值
A	0.136	0.144	0.942
VI	0.184	0.135	2.087
$SCALE$	−0.211	0.055	−1.405
AGE	0.179	0.003	1.169

变量	企业绩效 R		
	估计值	标准差	T 值
R²	0.5492		
调整后 R²	0.4281		
DW 值	1.634		

冷链物流企业纵向一体化实证结果分析。从回归分析结果（见表13-5）可以发现，变量 VI 的系数为 0.184，说明纵向一体化有利于冷链物流企业绩效的提升，冷链物流企业的纵向一体化程度每提高 1%，相应的企业的绩效就会提升 0.184%，本章原假设成立。冷链物流企业绩效的提升程度并不高，这可能是我国冷链物流市场不规范导致的。

在冷链物流企业中，有的企业为了获利而故意压低服务价格，恶性竞争，从而导致企业利润提高不明显。目前，冷链物流市场尚未形成统一的标准，如冷链物流企业在产品加工、存储、运输等环节的温控要求、操作方法等未标准化，从而导致产品损耗，进而对企业利润造成不利影响。此外，冷链物流企业在实施纵向一体化之后，可能存在未充分利用企业资源的情况，导致业务承接量不足，使利润率的提升不明显。企业规模（SCALE）的系数为 -0.211，表明企业规模与企业的绩效为负相关关系，这可能和本章采用企业职工人数来衡量企业的规模有一定的关系。冷链物流企业纵向一体化经营的过程中，人员的逐渐增加，可能导致企业成本的上升以及管理方面的问题。企业年龄的系数为 0.179，与企业绩效呈正相关，说明成立时间较长的企业具有一定的优势，比如对冷链物流的运营更有经验，出现问题能够更快、更好地解决。

五、冷链物流企业发展的对策建议

1. 企业层面

第一，选择合适的纵向一体化模式。冷链物流企业在决定实施纵向一体化经营前，要根据企业内外部的环境、自身能力等情况慎重考虑，因为虽然它可以为企业带来好处，但凡事有利则有弊。冷链物流具有高投资的特点，使企业在纵向一体化的过程中，需要投入大量的资金，获得回报也需要一定的时间，对于企业的发展来说有一定的风险。众所周知，纵向一体化的模式可以分为完全一体化和不完全一体化，每种模式还可以进一步细分为合资关系、投资自建、兼并等模式。所以，冷链物流企业应该结合自身的实际情况，确定企业自身可以承受的业务环节数量，选择适合自己的经营模式，循序渐进地发展纵向一体化，以实现企业的可持续发展。

第二，优化资源配置，管理创新。随着冷链物流企业纵向一体化战略的实施和业务范围的扩大，企业可以利用的资源逐渐增加，此时资源的重新配置就成了企业面临的主要问题。企业应该有计划地、系统性地对资源进行重新配置，并且不断优化资源配置，实现资源的充分利用。此外，随着业务范围的扩大，不管是在规模上还是结构上，都意味着企业管理难度和成本的增加。因此，企业需要对公司治理结构进行改善，创新管理方式，加强人才培养，打造一支专业化的管理团队，提高全员素质，防范和化解公司内部的矛盾，让企业成员上下一致、齐心协力地向着企业既定的目标发展，为提高企业绩效而努力。

第三，运用先进冷链物流技术和设备。冷链物流企业要采取纵向一体化经营并实现提高效率和提升企业绩效的目标，离不开装备、技术的支持。企业可以采用环保材料、环保节能制冷工艺、节能和蓄能设备，努力提高自主研发能力，发展冷链物流专用运输车辆或其他特殊设备等。此外，冷链物流企业应该充分运用人工智能、大数据等互联网技术，加强对冷链物流各环节的监控和质量保障。

第四，以顾客为导向，提升服务水平。冷链物流企业在纵向一体化的过程中，应该树立"以消费者为中心"的理念，在加工、仓储、运输、配送、包装等环节，不断提高服务水平，保证产品的高品质以及配送的时效性，展现自己的优势，让顾客满意，进而达到提升企业绩效的目的。

2. 政府政策层面

第一，加强基础设施建设。冷链物流企业在发展过程中，需要运用众多的设施设备，如存储产品的冷库、加工产品的工具、运输过程中需要的冷藏车等。这些设施设备需要大量的资金投入。对于冷链物流企业来说，单是经营一种业务所需投入的资金已经较多，若企业实施纵向一体化战略，自主经营多项业务，要投入的资金单靠企业自身是难以负担的。因此，相关政府部门应该充分运用现有的财政资金，进行冷链硬件设备的建设和改造升级。

第二，支持企业融资，加大资金补贴。冷链物流企业可以为食品和药品的安全和品质提供良好的保障，具有公益性，政府应当为冷链物流企业的发展创造良好的经济环境。冷链物流企业在纵向一体化经营过程中，需要大量的资金投入。根据中物冷链委最新统计，88.2%的企业有融资需求，政府可以适当地放宽融资的条件限制，支持信誉较好、发展状况较好的冷链物流企业利用外源融资渠道来改善企业资金状况。例如：支持企业通过发行企业债券、可转换企业债券、公司债券等债务融资工具的方式进行间接融资，也可以鼓励企业通过上市的方式进行直接融资。政府可以为上市的冷链物流公司提供资金支持，在其纵向一体化经营的过程中给予较多的资金补贴，从而推动企业的发展，增强企业在保障食品、药品等产品安全和品质方面的能力。

第三，制定行业标准，规范冷链物流市场。目前，不良的竞争环境、行业标准的缺乏，对冷链物流企业的绩效提升造成了不利影响。这需要政府出台政策，制定行业发展标准，促使冷链物流市场规范化、标准化发展，避免冷链物流企业间的恶性竞争，提高市场资源的有效配置，实现整个行业的繁荣发展。对冷链物流企业的各个环节的操作制定统一标准，减少损耗，更好地保证产品的质量和安全，使其更好地服务于社会。

本章首先对冷链物流企业纵向一体化现状以及其采取纵向一体化经营的动因进行了分析，然后研究了排名靠前的 50 家冷链物流企业纵向一体化对企业经营绩效的影响，得出了以下结论：冷链物流企业纵向一体化程度与企业经营绩效呈正相关，即冷链物流企业进行纵向一体化经营，有利于其经营绩效的提高；冷链物流企业规模（职工人数）与绩效呈负相关，即人员过多会对企业的经营造成一定的不良影响；冷链物流企业的经营年限与绩效呈正相关，即成立时间较长的企业对企业的管理有一定的优势。

第十四章　生鲜农产品冷链物流安全管理研究

第一节　冷链物流安全问题凸显

近年来，我国经济和社会迅速增长，城市化进程不断加快，人们的生活水平显著提高。促进了冷链物流的快速发展。2021 年，冷链物流需求总量约达 2 亿吨，冷链企业数目不断增长，达到 2 万～3 万家。特别是生鲜电商异军突起，带动了冷链物流的井喷式发展。人们对冷链物流安全关注更多的是食品安全，但冷链物流涉及主体多、环节复杂，安全因素也很复杂，如冷库的生产安全、冷藏车司机的职业安全等。调研中发现，冷库中的农产品如何存放、能存放多长时间和农产品是否安全等因素的界定都很模糊。对冷链物流中的农产品质量的监控难度较大，难以快速处理农产品质量方面突发的不安全事件，而突发事件会给消费者造成消费恐慌，并动摇消费信心。冷链中的消防安全也存在极大隐患，如何使这些安全问题得到很好的解决，还需要探索相应的管理机制。很多中小企业存在管理不规范、老旧冷库库存设施陈旧，每年都有安全事故发生，人员和财产损失严重。近十年来，冷库安全突发事故已造成 200 多人失去生命，经济损失高达 4 亿多元。

我国是冷冻食品和生鲜农产品的生产大国和消费大国，相应流通量也数以亿计。冷链物流是冻品和农产品进口的重要通道，是国内生鲜产品流通的重要渠道，也是城市运转和民生的重要保障。肉类等冻品和农产品的进口是我国调剂余缺、满足人民多样化农产品需求的重要途径。

我国食品冷链物流总量大、环节多、主体多、结构复杂，生物安全、生产安全、消防安全、交通安全、职业安全、公共安全等因素交错叠加。党中央国务院高度重视农产品冷链物流建设工作。习近平总书记多次指出要加快补上冷链物流短板，推进农产品流通现代化。国家发展和改革委、商务部、农业农村部等部门出台政策促进冷链物流发展。一方面，在政策扶持下，冷链物流设施急剧增长；另一方面，冷链物流依然存在"小、散、杂、乱"等不规范发展现象。进口食品冷链物流体系是一条长长的全链条，连接着食品生产、加工、速冻、分装、储存、运输、销售、餐饮等多个环节，一失万无。本章将生鲜农产品作为研究对象，分析冷链物流在关键节点的现状，剖析其安全风险，探讨改进冷链主要环节的风险管理和控制、改进冷链物流中新的农产品的风险承受能力，进一步发展新鲜农产品冷链物流，并就发展我国高质量农业冷链物流提出政策建议。

第二节　冷链物流供应链关键环节风险分析

在现代中国国家战略体系中，发展与安全是两大支柱，也是治国理政的重大战略目标（周叶中、任澎，2020）。我国面临着诸多重大安全风险挑战，当前和今后一个时期，安全生产仍处于爬坡过坎期，各类事故给人民群众安全感造成严重冲击（郑国光，2021）。生鲜农产品供应链从田头到厨房的距离更长、范围更大，面临的风险更多，更为脆弱，相应频繁的突发事件增加了供应链中断风险。农产品供应链的拉长和其环节与主体的增加，给政府部门的监管带来了新挑战（Chandni Khandelwal et al.，2021）。生鲜农产品供应链的任何环节和任何主体出现质量安全问题，都会导致最终生鲜农产品的质量安全问题（奚雷，2017）。众多学者从供应链不同环节、农产品的不同种类出发，研究农产品供应链质量安全问题。谢蕊蕊（2022）分析了生鲜农产品冷链物流"最初一公里"的重要性及存在的风险；谢泗薪等（2018）分析了生鲜农产品冷链物流整体的流程作业，从储存、分拣、运输等各物流环节以及食品安全管理，透视发展现状，找到运作过程中存在的风险因素；李慧良（2011）从四类生鲜农产品出发，对现有的可追溯研究成果进行评述；丁艳（2022）研究了冷链物流的风险扩散机制。每一种问题的存在，都会增加安全事件的发生概率。

综上所述，已有文献的研究多聚焦于农产品供应链的食品安全问题，但冷链物流涉及主体多、环节复杂，生产安全、生物安全、消防安全、交通安全、职业安全、公共安全等因素交错叠加。冷链物流的任意节点一旦产生操作失误或者安全风险，都会造成生鲜产品的质量安全问题，甚至造成相关人员、相关企业的安全事故。生鲜农产品冷链物流要经过产地、仓库、运输、配送等全过程链条，整个供应链各环节能力需要具备连贯性。但是冷链物流环节多，各个部门分段管理，存在职能交叉、冲突和缺失，缺乏行业主管部门，安全方面存在监管盲点，还没有建立全方位安全管理理念。目前，冷链物流安全治理体系与治理能力还不能适应巨量的冷链物流发展需要，亟待探索相应的管理机制。本章将从冷链物流整体供应链的角度出发，分析各个关键节点存在的安全风险，并提出应对机制。

冷链物流体系是一条长长的全链条，连接着食品生产、加工、速冻、分装、储存、运输、销售等多个环节，农产品冷链物流是一种从供应到生产、加工、包装、储存、运输和消费等新鲜农产品的物流形式，处于低温控制过程中，需要贯穿生产、储存管理、加工和包装、运输等整个过程的销售和经营（见图14-1）。冷链物流环节的任何失误都可能导致生鲜农产品的质量和安全问题，对社会产生不利影响。多年来，农产品产地、加工、运输、储存等环节安全事件频发。新冠疫情背景下，我国尚未建立与疫情常态化防控机制相适应的冷链物流体系。

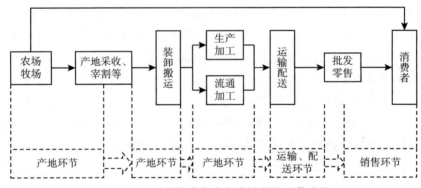

图14-1　生鲜农产品全程冷链物流环节流程

许多农产品在运输过程中变质，由此产生许多不良影响。近年来，冷链物流供需不平衡所带来的矛盾以及操作不规范造成的安全问题、资源浪费等问题交叉存在，冷库安全事故频发（见表14-1）。

表14-1　　　　　　　农产品冷链环节出现的安全问题

环节	食品安全	生产安全	生物安全	交通安全	职业安全
产地环节	√		√		
储存环节	√	√	√		√

环节	食品安全	生产安全	生物安全	交通安全	职业安全
加工包装	√	√	√		√
运输配送	√	√	√	√	√
销售经营	√	√	√		

一、产地环节风险分析

田间地头是生鲜农产品冷链物流的首个重要环节，这一环节最重要的是产地预冷（见图 14 - 2）。我国的农产品冷链物流产地环节还存在很多安全风险，比如农户未进行预冷操作，导致农产品变质和腐烂、产地储藏时未严格控制温度，使得农产品贮藏效果不理想。

图 14 - 2　生鲜农产品产地环节冷链物流流程

1. 产地初加工设施不全

农产品储藏、保鲜、烘干等初加工设施的建设，能够帮助农户降低产后损失、提高产品质量、选择最佳销售时机、参与加工环节以及提升产后处理技能。但大部分产地位于农村，不具备一系列设施设备，无法保证农产品初加工的完成，使得农产品采收后的状态无法保持最佳，以至于影响到农产品的质量。

2. 产地加工效果不理想

农产品由于性质特殊，需要严格控制温度，为使农产品以最好的状态呈现给消费者，需要在原产地环节进行加工，如干燥、预冷、保鲜等。若产地加工效果不理想就装车运输，会存在农产品变质、腐烂等安全风险。中物联冷链委对农产品采摘后预冷保鲜处理情况做了调查，从收集到的 56 份有效问卷中可知，有 30.35% 的生产者对产品不进行预冷处理（见图 14 - 3）。由于产地加工成本高，农户引进冷库制冷设备以及冷库储存成本也是一笔高昂的支出。前期投入成本使农户望而却步，因而导致农产品加工不到位，影响后续的运输、储存等环节。

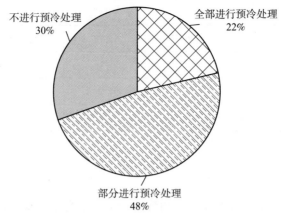

图 14 – 3　农产品预冷保鲜处理情况

资料来源：作者课题团队根据《中国冷链物流发展报告（2020）》整理。

二、储存管理环节风险分析

仓库管理链也是新鲜农产品供应链的一个重要组成部分。由于产品生产或交易过程中的事先需求或市场预期，相关产品会暂时储存起来。

1. 温度湿度调控不当而产生的质量风险

在新鲜农产品储存温湿度调控过程中，可能会由于环境的变化而造成产品变质甚至腐烂，或由于人为因素造成产品变质或污染，或由于冷链技术和管理不当而增加了生鲜农产品在储藏过程中的风险概率。

2. 冷链设施设备分布不合理而产生的质量风险

仓储作业主要在冷库中进行，但我国现有的冷库分布不均衡，冷库资源主要集中在华东、华中、西南地区，西北以及华南地区冷库资源相对较少。大多数冷链设备老化，新型装配式的立体化冷库不到20%，自动温控区间小，很难适应新形势下的冷链物流需求。我国冷库结构比例不均衡，对肉类冷库较为重视，尤其是发生非洲猪瘟疫情后，活猪生猪被禁运，由运猪改为运肉的模式在我国推广普及。而水果、蔬菜类冷库建设被忽视。对大中型冷库建设会投入更多的精力和财力，忽视小型批发零售冷库的建设。北京上海等一线城市冷库建设投入大，西北片区等内陆地区冷库相对较少。

（1）冷库结构不合理

近年来，我国冷库资源主要集中在华东、华中、西南地区，西北以及华南地区冷库资源相对较少。

（2）忽视小型冷库的修建

大中型冷库建设投资较多，忽视了小型冷库的建设。如北京和上海等一线城市，大中型冷库充足，而小型冷库相对较少。

（3）冷链设备闲置

仓储环节最重要的是温湿度调控。我国许多冷库管理人员会因为用电高峰期高昂的电费而减少使用制冷设备。冷库往往在生鲜农产品淡季和库存原料不足时处于闲置耗能状态。2020年上半年，受疫情影响和经济下行的压力，我国冷库空置率一直处于上升状态，部分城市出现冷库租赁企业业务收缩、撤仓、退仓等现象。数据显示，2020年上半年，我国冷库平均空置率约为13.87%，较2019年同期空置率上升3个百分点。冷库空置率排名前三的城市分别为南京、济南和东莞，这三个城市冷库空置率均超过15%，北京、上海和沈阳的冷库空置率较低，其中北京最低，冷库空置率仅为4%（见图14-4）。

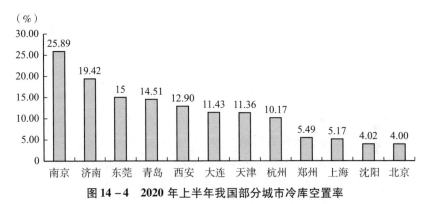

图14-4　2020年上半年我国部分城市冷库空置率

资料来源：作者课题团队根据《中国冷链物流发展报告（2020）》整理。

三、加工包装环节风险分析

1. 加工处理不合规范

生鲜农产品由生产基地产出后，加工包装环节使放在冷链运输车上的产品保持安全性，部分企业为了控制成本，收购质量差的生鲜产品，加工后，这些产品将会带来更大的质量安全风险。一些企业为了节省成本，不配备合格的冷藏保鲜设施设备，导致温度不达标，使得农产品的质量大打折扣。

2. 包装材质影响产品质量

包装破损造成的质量风险有待防范。包装时使用质量不合格的材料，会对生鲜农产品的质量产生影响。另外，加工企业的环境和设施、工作人员的操作是否规范，也会影响生鲜农产品质量。

四、运输配送环节风险分析

我国冷链物流供应链在运输环节存在的安全风险最为突出。装货和卸货阶段是将新鲜农产品从产地运到冷藏地，从经销商运到客户的过程，是保障生鲜农产品全程冷链的重要组成部分。运输环节作为农产品冷链产地、供应、销售等环节的纽带。

1. 运输设备

（1）运输车辆使用问题

一般而言，冷链物流中心控制着生鲜农产品运输的温度，但往往忽视了货物的临时储存和车辆的预先准备。产品装车前，冷藏车需要提前降温，而部分公司为了节省油耗，降低运输成本，允许司机在装车完成后，关闭车门才开始制冷。根据运输车 GPS 数据可以得出，一般在关闭车门运行 30 分钟后，才可达到冷链要求，这 30 分钟的"关门制冷"就会对产品的品质造成影响。

（2）运输车辆卫生问题

在冷藏车卫生方面，车厢和物流筐的冷藏清洗工作都会对产品的品质产生影响。

2. 工作人员的专业素质问题

如果冷藏车运输人员未按标准控制温度、超市未按照国家标准配备冷链设施设备等情况，就会导致生鲜农产品出现质量问题。

五、销售运营环节风险分析

超市、农贸市场等作为新鲜农产品的终端销售点，在农产品冷链物流中发挥着重要作用，并承担了冷链安全风险的"最后一公里"，主要包括生产商和分销商在采购、加工、储存、运输和配货过程中的安全风险。担负着冷链物流过程中生鲜产品的供需、价格、售后反馈等信息的传递职责。

1. 冷柜使用不规范

销售终端的肉类可以通过在温度（10℃～15℃）的冰箱中储存销售，但是果蔬产品冷链销售率相差甚远，大部分的蔬菜和水果放在常温货架上销售，只有部分精品蔬菜、精品水果在冷藏柜上销售。在一些农贸市场中冷柜使用不规范无形中增加了产品的腐败速度，降低产品价值，存在安全风险。

2. 产品受到频繁挑选造成的品质下降

由于农产品具有易损性，在销售阶段尤其是在农贸市场中顾客频繁的挑选可能会造成农产品表皮破损，降低农产品的品质，影响美观和食用口感，最后只能腐烂或者低价出售。

第三节　2010～2021年冷库安全事故分析

通过收集和分析 2010～2021 年的冷库安全事故资料，将事故的类型、发生的企业类型、事故多发时间、地点等因素进行总结，对典型案例进行剖析，主要概括为两大类事故诱因，即物的因素和人为因素，而大部分事故都是人为造成的，如一线工人安全意识差，直接管理者无视日常违规行为等。最后，针对研究发现的问题，提出建立安全体系，加强工人安全意识等对策和建议。

新中国成立以来的很长一段时期，各行各业注重发展，但管理人员缺乏安全意识，生产安全问题没有得到公众的重视。近年来，对于冷链物流行业来说，面对整体经济下滑的趋势，整个社会的供需不平衡所带来的矛盾以及操作不规范造成的安全问题、资源浪费等矛盾交叉存在的状况，冷库安全事故频发。虽然企业在快速发展的同时，冷库安全得到了国家和群众的重视，但是有些安全问题并没有彻底得到解决，安全事故频发。冷库设施设备和工作人员技术水平随着社会进步在不断更新和升级，安全事故的诱因变得复杂多样。收集和整理这些相关的事件资料和信息，可以通过不同维度对冷库安全事故发生特点和趋势进行分析，了解事故发生的机理，掌握规律，做好预防工作。

冷库安全事故一旦发生，就会造成人员和财产损失。一方面暴露了企业安全监管制度的缺陷，另一方面会引起人民群众对于冷库企业的强烈不满。2010～2021 年，我国累计曝光的冷库安全事故超过 100 起。仅在 2021 年，冷库就发生了 19 起重大安全事故。在过去 10 年中，安全事故导致 200 多人死亡，3 500 多人受伤。事故中有多人涉及刑事、行政责任，造成的直接经济损失约有 4 亿元人民币。

一、时间分布

根据数据分析发现，冷库安全事件随季节的变化有相对集中的趋势，大部分事故发生在秋季和夏季。夏季普遍是冷库运营的旺季，很多冷库超负荷用电、高温作业、人员疲劳等因素给冷库安全带来了很大隐患。秋季大部分地区气候干燥，是火灾的高发季节。据不完全统计，8月、9月、10月发生的事故数约占总事故数的1/2。

二、地点分布

由于冷库占地面积大等因素，大多数冷库都建在郊区。随着人们生活水平的提高、冷库需求量增大，以及物流配送距离等情况的出现，有些冷库都建在了人口密集的城市中，尤其是经济相对发达的大城市中。目前，城市人口密集区的冷库数量大于郊区的数量。但事故多集中在郊区的冷库企业（见图14-5）。主要是两个方面的因素：一是郊区冷库中老旧冷库占比例较大，安全设施设备不完善；二是郊区冷库的安全管理制度不严格，政府监管松懈。

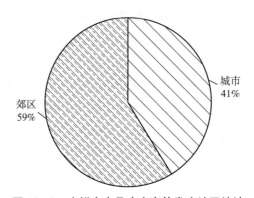

图14-5 生鲜农产品冷库事故发生地区统计

三、企业类型

自网络营销开始流行以来，生鲜电商也开始兴起，大幅度地带动了冷链行业的发展。冷库建造数量在近几年增长迅速，但是仍然不能满足需求。据不完全统计，根据中冷联盟2021版《全国冷链物流企业分布图》统计数据，2017~2021年，我国冷库容量从3 609万吨增长至6 800万吨，年复合增长率为9.7%。发生事故的多为食品类冷链企业的冷库，占总事故的75%以上，少部分是医疗、化工原料等其他经营类型企业的冷库（见图14-6）。

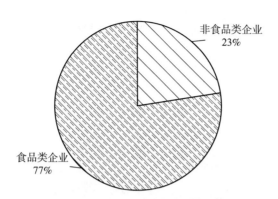

图14-6　生鲜农产品冷库安全事故行业类型

四、事故类型

氨是重点监管的危险化学品，也是重要的化工燃料和冷库不可或缺的制冷剂。近几年，氨制冷冷库在总新建冷库中占比约为70%。由于我国企业的安全设施设备的建设相对落后，安全管理制度还不够完善，冷库的建设速度超过了冷库的发展速度，致使冷库氨泄漏事故频发。据不完全统计，氨泄漏造成的事故占事故总起数的60%以上，死亡人数占总死亡人数的80%左右（见图14-7）。

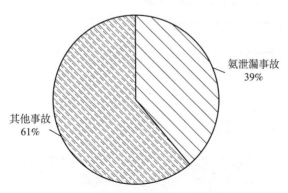

图14-7　生鲜农产品冷库安全事故类型

五、事故环节

生鲜农产品冷库不安全因素贯穿在整个冷链物流过程。研究发现，80%左右的冷库安全事故产生于冷库大大小小的运行环节中；5%的事故涉及建筑材料的选取；2%的事故涉及冷库选址；还有近2%的问题则与结构规划相关（见图 14－8 和图 14－9）。

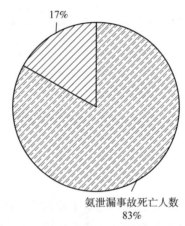

图 14－8 生鲜农产品冷库安全事故死亡人数占比

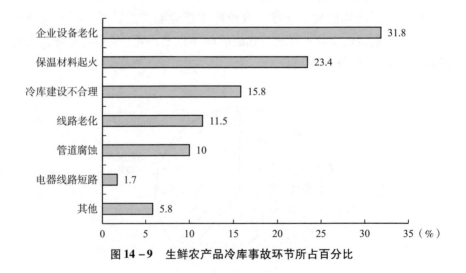

图 14－9 生鲜农产品冷库事故环节所占百分比

六、事故原因

根据政府发布的数据以及媒体报告，2010~2017年冷库安全事故数量呈上升趋势，2018年略有下降，2019年以来又有所上升。随着国家不断加大安全监管力度，预计安全事故会呈现下降趋势。由于冷库运行受制冷剂、建设材料、气候、地理位置以及资源等很多因素的影响，导致冷库安全事故类型复杂多样，造成的后果和损失也比较严重（见图14-10）。

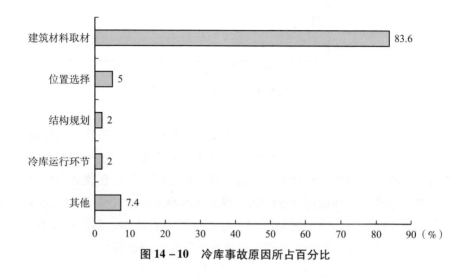

图14-10　冷库事故原因所占百分比

第四节　冷库安全事故原因分析

一、冷库自身原因分析

关于冷库出现的安全问题，综合近几年来新旧冷库发生的一系列事故分析发现，近1/3的事故是由于企业设备老化；设备保温材料起火占20%以上；冷库建设不合理导致的事故所占的比例是15.8%；线路老化及管道腐蚀引起的安全事故分别是11.5%和10%；电气线路短路引起的安全事故仅为1.7%（见图14-11）。

建筑材料。从冷库的建筑结构来看，主要分为土建型冷库，钢结构型冷库和混合型冷库。由于土建型冷库具有坚固、成本较低、寿命长等特点，是冷库建筑的主流形式。但是，土建工程的建筑结构不够合理、不适用现代冷链运作模式，而我国各类规模的冷藏库，过去基本上都是按照土建工程的模式建造，占比为70.3%。目前这种建造模式仍占主导地位，给冷库安全带来了很大的隐患。

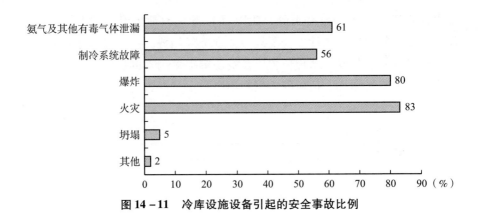

图 14-11　冷库设施设备引起的安全事故比例

　　制冷系统。冷库按制冷类型划分主要有三种：一是以氨和二氧化碳等为制冷剂的冷库；二是以氯等化合物为制冷剂的冷库；三是一些新型的环保材质的冷库。由于一些氯氟烃类制冷剂已经禁用，并且在建造冷库过程中还要考虑成本、环境污染等问题，当前我国的大中型规模冷库的制冷主要使用氨系统。氨作为一种制冷剂，尽管可以节省成本，但因氨气有毒、易燃易爆等特殊化学性质，增加了冷库发生安全事故的概率。

　　内部结构。与发达国家相比，目前我国冷库容量不足，而需求趋势还在不断增长（见图 14-12）。除了加速新建和扩建冷库以外，还有很多企业沿用老旧冷库，有很大比例的冷库库龄已达 20~30 年，并且基本上都在使用氨制冷系统机组。据不完全统计，目前市场上还在运行的冷库中有

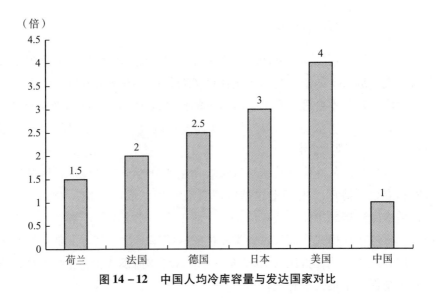

图 14-12　中国人均冷库容量与发达国家对比

半数都是老旧冷库，加之安全管理制度不完善，必然存在安全隐患，导致冷库安全事故屡见不鲜，总事故中有将近70%都是老旧冷库引发的（见图14-13）。

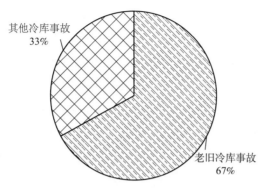

图14-13 老旧冷库事故占比

正是由于冷库安全事故有着复杂的原因和特征，使得相应的分析工作比较复杂。不仅在中国如此，即便是在冷库安全整体状况良好的欧美国家，相关事故也频繁发生，给冷库安全监督管理带来了很大的挑战。我国的生鲜农产品冷库存在内部设置结构不合理、安全设备不齐全等问题，存在着事故隐患。因此，改进和完善安全监管制度迫在眉睫。

在我国，冷库数量的增加，似乎很少有人关心，但是冷库事故一旦发生，必定会引起全社会的关注。冷库数量的急剧增加，必然导致安全隐患的概率增加。安全事故基本上都是突发性的，但却不是不可避免的。每次事故发生后，全社会群众和媒体基本都会将矛头指向政府机关。对近几年我国冷链物流相关政策汇总可知，除了因冷库"老龄化""带病"工作等物的因素导致安全事故以外，人为因素导致的事故占所有事故的80%以上。

二、人为原因分析

我国监管部门和执法部门的工作需进一步完善。根据法律规定，冷链企业必须持有"工商营业执照""企业合格证""冷库生产许可证""冷库安全生产许可证"等证件。同时，设备设施以及材料也必须达到国家的质量标准。毫无疑问，政府对冷链行业的监管动机是好的，但由于监管过程烦琐且涉及的部门和人员较多，不可避免地会带来一系列问题。有些冷链企业会花费大量精力用于冷库相关证件的获取。一旦获得相关许可，企业管理者就会注重生产，不注重质量、忽视安全。这是我国冷链企业安全管理的一大缺陷：重认证而轻监管。

冷库企业安全管理不到位，主要体现在管理人员法治观念淡薄，业务素质不高，没有严格执行相关制度。主要表现为监管不到位，无视、纵容工人的违规行为；规章执行不坚决，没有严格把关；没有定期对工人进行技术培训、安全知识学习；没有定期检查设备，或者检查工作走马观花，只是为应付工作，机器设备存在安全隐患。

目前，市场上大多数冷库是食品冷库，市场竞争激烈，一些冷库商家受利益驱动，从建设到运营整个过程降低安全标准。尤其是近几年异军突起的生鲜企业冷库，市场监管制度还不够成熟，导致事故频发。

除此之外，冷库还存在选址不合理等问题，说明企业管理者在建厂之初没有做好规划。

一线工人操作失误。保证冷库安全不仅是政府人员的参与、冷库企业管理者的履职尽责，而且与每一位一线工人都息息相关（见表14-3）。

表14-3　　　　　　2013~2018年，我国部分冷库典型事故案例

序号	时间	事故	原因及后果
1	2013年	上海翁牌冷藏实业有限公司"8·31"重大氨泄漏	氨泄漏，15人死亡，25人受伤
2	2013年	山东省乳山合和食品有限公司氨泄漏	氨泄漏，7人死亡，6人受伤
3	2015年	江苏省徐州市雨润农产品冷库起火	破损设备通电作业，3人死亡9人受伤，直接经济损失约1 000万元
4	2017年	北京大兴地下冷库"11·18"火灾	电器线路故障，19人死亡，8人受伤
5	2018年	四川省达州市冷库起火	私拉照明线短路起火，1人死亡，直接经济损失9 210万元
6	2018年	陕西西安冷库起火	拆除废弃设备时起火，无人员伤亡，无有价值财产

第五节　冷链安全的对策及建议

一、合理选择冷库结构

冷库具有密闭性特征，在调节温度过程中，冷库内外压差有着很大的变化，并且气调库具有特殊的密闭性。根据对案例的调查发现，很多爆炸和火灾事故都是因为冷库内部结构不合理造成的。所以，合理地对冷库内部结构进行规划非常必要。

冷库冰箱中的主要隔离物聚丁二烯的喷雾、聚酯泡沫塑料、聚苯乙烯泡沫塑料等，这些物质对冷库中的储存安全构成了重大隐患。这些保温材料，很多都是可燃易燃的。所以在冷库的安装过程中，要保证耐火材料达到相应的等级，保温材料的阻燃剂一定要符合国家标准。

二、检查和解决不安全物态

首先，对老旧冷库进行必要的重建或更新，对没达到拆除标准的冷库进行安全大排查，切实排除冷库存在的安全隐患，尤其是要更换存在安全隐患的设备和线路，及时拆除高危建筑，并做好事故防范。

其次，在进行冷库作业时，管理人员及工人一定要认真仔细地做好日常检查和排查工作并记录，保证库体的气密性和安全性。

最后，重视安全应急设备，在冷库冰箱里安装防火装置（例如绝缘材料和流动的氨储罐）。为了确保制冷器的安全运行，无论是制冷器管理人员、制冷器操作人员还是一线工作人员，都应当做到未雨绸缪，在发生事故时能够迅速应对。

三、加强安全意识

目前，很多冷库的管理人员和工人没有经过培训，甚至无证上岗，给冷库运行安全带来了极大的威胁。培训既是专业知识的培训，也是实操能力培训。培训内容要与时俱进，适合当前的冷库运行。

四、建立完善的安全管理体系

在对冷库安全事故分析中发现，安全事故一般发生在安全管理较差的企业。这些企业冷库运行资料残缺、安全制度不全、管理混乱，没有建立完善的安全管理体系。

要避免冷库事故的发生，就必须认真解决存在的问题，并及时纠正错误。

建立冷库安全管理体系，可以从模式上创新，借鉴"互联网＋"模式。利用物联网、大数据等消除企业与管理人员的隔阂、拉近一线工人之间的距离，拉近组织与组织之间的距离，切实提高工作效率。

五、建立完善的监管机制

一是建立跨部门的冷库安全监管委员会。二是建立冷库安全信息监管平台。改变政府监管体制，将审批工作化繁为简，减少审批层级，加大复审力度，以避免环节中出现失误。政府部门应加强监管力度，严肃查处冷库建设和运营过程中的违规行为。成立并完善冷库工会组织，建立专门的工人培训学校，定期培训工人专业技术和安全知识素养，并给合格的一线工人颁发专门的职业证书，强调准入资格。

第六节　新发地农产品批发市场
冷库安全管理案例研究

一、新发地农产品批发市场现状

北京新发地农产品批发市场成立于20世纪80年代，在市场建设的开始阶段，占地面积仅有15亩，管理人员只有15名，是一个小型农贸市场，只能供应周边的农产品采购。到2020年，市场发展迅速，是首都北京甚至全亚洲交易量最大的农产品批发市场，在世界范围内也是具有很大影响力的专业农产品批发市场。市场占地面积约1700亩，管理人员接近2000名，固定摊位2000个左右，日蔬菜交易量约2万吨，果品交易量约2万吨。市场的经营格局是以蔬菜、水果为主，肉类、鱼类、粮食等多类产品为辅。2019年，农产品交易总量为1749万吨，在全国4000多家农产品批发市场中，新发地市场的交易量和交易额已连续十七年位居全国第一，是首都名副其实的大"菜篮子"和大"果盘子"。

北京新发地农产批发市场建有蔬菜保鲜库、水果气调库、冷冻库等，以商户自建和市场租赁两种经营模式为主。市场租赁冷库多以大型冷库为主，采用集中式制冷系统，能量调节能力低，通常被分为多个区域分别出租。由于商户经营的产品品种不同、节奏差异等，常见大型冷库内仅存少量商品运行。商户在经营区内自建小型冷库，由于对制冷技术生疏等原因，尚未完全消除食品的损耗。

由图14-14的统计结果可知，2016～2019年新发地农产品批发市场冷库的容量呈上升趋势，但是冷库增长速度是波动下降的，这是由冷链物流发展造成的。市场中有按照产地划分和按照农产品种类划分的区域，如草莓批发市场和国际产品交易区等。为了满足北京市民的生活需求，市场规模扩大，为保障食品新鲜安全，建立了面积较大的公用冷库。所以，冷库的容量每年都在增长中，但是市场占地已经到达了极限，可建造冷库的土地在减少，冷库的增长速度在放缓。

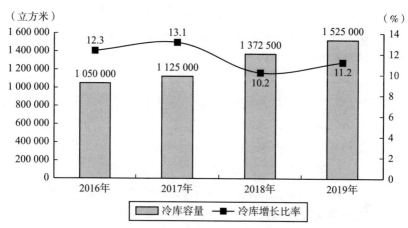

图14-14 北京新发地生鲜农产品批发市场冷库规模

资料来源：作者研究团队调研整理。

二、新发地批发市场的冷库安全问题

北京新发地农产品批发市场开发较早，随着面积增大，商户越来越多。为了储存农产品，市场建立了大量的公用冷库给商户租赁使用，随着冷库越来越多，问题也越来越突出：总量不足；缺乏顶层设计和系统规划；冷库建造年代已久；市场监管不严谨。

1. 冷库需求方面的问题

新发地农批市场中，农副产品的存储方式有三种：租用市场公共冷库；自建小型冷库；露天摆放，等待买卖。其中，自建冷库和露天摆放都是因为公用租赁的冷库无法满足需求造成的。自建冷库也应在市场的冷库安全管理范围内，自建小型冷库的商户大约占30%，有能力建造肉类和水产品小型冷藏设施的贸易商相对较多，而用于储存蔬菜和农产品的商业冷藏设施相对较少，这些都给市场冷库安全管理带来了困难（见图14-15）。

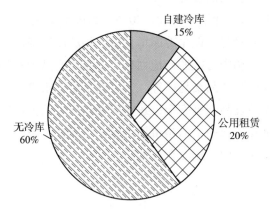

图14-15 新发地批发市场冷库结构

资料来源：作者研究团队调研整理。

　　由图14-15中数据统计，反映北京新发地农产品批发市场的冷库使用比率。市场中有60%的商户无冷库可用，有15%的商户自建了小型冷库，使用公用的大型冷库的比率为20%，市场建造的公用租赁冷库不能满足商户使用，私建冷库可能存在建造不合乎标准等问题。公用冷库租赁给商户，人员不固定、频繁开启使用给冷库的安全管理增加了难度。

2. 冷库分布方面的问题

　　北京新发地冷库缺乏顶层设计和系统规划，市场占地面积大，大型冷库分散在市场的各个位置。按产品的农产地和种类分布，便于使用但不便于管理。蔬菜保鲜库主要分布于蔬菜配送中心、特菜批发厅、菌类批发厅以及政府储备库。水果气调库主要分布于进口水果批发区、精品水果批发区和香蕉批发区。冷冻库主要分布在猪肉厂家直销店和专卖店、牛羊肉批发区、冷冻产品批发区，鲜肉多在常温下待销。这些大型冷库多分布在市场内部，供商户租赁使用，一旦出现险情，救援难度大、财产损失大。新发地市场的占地是不规则的，冷库分布区域以及分布密度也是没有规则的。对于市场的管理者来说，这些问题有待研究并改进。

3. 冷库年代问题

　　北京新发地农产品批发市场建立于20世纪80年代，有那个时代价格便宜且寿命长的土建冷库，也有新技术的钢型冷库以及混合冷库，冷库种类复杂，除了大型公用租赁的冷库以外，还有建立的小型冷库，设施普遍老旧，存在很大的安全隐患。

由图14-16中数据统计可知，新发地农产品批发市场的冷库主要分为三种，土建冷库、钢型冷库和混合型冷库，其中土建冷库占45%，钢型冷库30%，混合型冷库占25%，土建冷库的比例明显高于其他两种。这种不合理的结构有其特有的时代特征，在其他的大型农产品市场也存在着类似的问题。

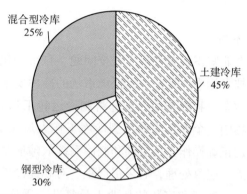

图14-16　北京新发地农产品批发市场冷库分类

总之，北京新发地农产品批发市场的冷库多沿用老旧冷库，冷库库龄已达20～30年，而且基本都使用氨制冷系统机组。老旧冷库建设设施比较落后，设备不全、系统老旧，新型冷库数量少，这必然存在重大的安全隐患。

4. 冷库管理方面的问题

北京新发地农产品批发市场冷库安全监管不到位，主要体现在管理人员安全意识淡薄，没有完善的管理机制。监管者对员工的违规行为不重视，设备无定期检查，"带病运转"无人察觉，这都是管理上的失误。

三、冷库安全问题产生原因分析

1. 冷库总量不足，规划不合理

北京新发地农产品批发市场建造年代久，规模逐步扩大，但缺乏系统的规划。现阶段商户租用冷库多用于肉类和水产品的存储，水果和蔬菜多露天买卖运输。现有冷库存储量不能满足需求，想要新建冷库但土地不够，这是市场管理者缺乏系统规划导致的问题。

2. 冷库建成时间较长

制冷系统"带病运转"的现象非常普遍。北京新发地农产品批发市场建立于 20 世纪 80 年代。随着市场的不断扩建,新老冷库混合使用,老式冷库设备落后,制冷设备管道腐蚀严重,未能及时更换,旧阀门磨损未更换,旧冷库制冷系统设备氨制冷剂"跑、冒、漏"现象严重,存在着一定的安全隐患。安全防护工具不足,如个人防护服、有氧呼吸器、防护手套和防护鞋、眼部冲洗器和全身喷雾器等都不能满足防护要求。管理人员中基本上没有专门的制冷系统技术人员,冷库制冷系统自动化控制技术还不能日常使用,一旦冷库出现问题,整个制冷系统将无法做出及时、有效的事故救援。

3. 冷库监管不当

监管者缺少专业知识,忽视冷库安全问题。自市场建成以来,主管部门未形成一整套技术标准、规范,以保障市场的冷库安全。冷库使用人员未培训上岗成为常态。我国劳动人事部将制冷运转工列为特种作业人员,在农产品批发市场中,个人建立的小型冷库工作人员大多数没有上岗证,上岗前没有参加过正确操作方法培训和制冷系统故障应急处理培训。一旦发生事故,工人无法应急处理,后果很严重。对私建冷库管理不当。从事小型冷库工程设计、施工和安装的从业人员复杂,无证设计、无证安装、无证施工现象十分普遍。由于冷库建造不规范、监管不到位,冷库本身的隔热材料、制冷系统容器及管线可能不合乎规范,一些冷库的制冷设备带有严重的先天缺陷,安全无法保障。

四、冷库安全管理对策

第一,北京新发地农产品批发市场冷库是不同时间根据需求按照当时市场规模建造的,布局不合理。市场应做出长远规划,统一安排场地划分,对已有冷库进行改建,统筹规划,系统安排,为未来的冷库建设留足空间,建造新型冷库逐步取缔私建小型冷库。

第二,建造新的冷库,对旧式冷库升级改造。冷库是生鲜农产品低温储存的重要场所。冷库的主要保温方式是:聚氨酯现场喷涂、聚苯乙烯泡沫塑料板、XPS聚苯乙烯保温板等。选择先进的保温方式、良好的建筑材料,建大容量的新冷库,减少商户对老式冷库的需求。对土建冷库进行必要的重建,对没达到拆除标准的冷库进行检查,保证冷库安全。在新老冷库作业的管理人员,要认真做好日常检查记录,如冷库日常运行资料记录、各种技术运行记录、运行参数记录表、设备调试记录、设备和系统的维修记录等。把记录资料归纳整理之后专门建立档案存储。

第三,建立完善安全管理体系。细分管理职责,制定合理的管理程序，建立安全管理的信息系统。对个人建立的小型冷库要加强监督。市场管理者应与商户签订安全管理协议，明确商户的安全职责、冷库安全要求及应采取的安全措施。

第四，增强冷库使用者的安全意识。认真履行冷库设备检查职责、严格要求冷库操作人员的行为规范，切实进行实操培训，并定期考核，使定期考核与实际工资挂钩。

第五，做好事故的预防和应急处理。市场管理者应制定事故应急救援预案，做好与当地政府及相关部门的衔接，预案报当地安监部门备案，该计划应定期更新。成立应急管理机构，配备应急管理人员，成立应急救援队，或与邻近的特种救援队签订救援协议。对消防设施和应急救援物资，定期维护、保养、检测。

通过对新发地农产品批发市场的冷库安全管理问题及对策的研究，希望能够对冷链物流企业冷库安全管理提供一些参考性意见。

第七节　强化冷链物流产业链立体安全

一、树立冷链物流全方位安全观意义

随着我国经济的发展，人们的生活水平和消费水平不断提高，对食品的需求不再局限于充饥，而是越来越多地寻求更安全、更高质量的食品。对新鲜农产品的需求不断增加，使得冷链物流成为物流发展的一个重要趋势。尤其是在新冠疫情期间，线上生鲜农产品购物模式被大力推崇，市场对冷链物流的需求越来越大，要求也越来越高。在政策方面，国家推进"以国内大循环为主"的新发展格局的出现，促使我国内陆更多的城市扩大鲜活农产品流通量和消费量。

在经济上行的同时，与之相伴的还有许多冷链物流安全问题的出现。每当提起冷链物流，关注更多的是食品安全，但冷链物流实际涉及的主体众多、环节复杂，生物安全、生产安全、消防安全、交通安全、职业安全、公共安全等因素交错叠加。整个链条上一旦某一个环节出现问题，就很可能给人民的生命财产安全造成巨大损失。2018年6月1日17时53分许，四川省达州市消防支队指挥中心接到报警，农副产品综合市场的"好一新商贸城"发生火灾。经消防部门火灾现场调查认定：起火部位为"好一新商贸城"负一层冷库3号库，原因为租户在冷库内私自拉接的照明电源线短路，引燃可燃物蔓延成灾。该次事故所幸没有造成人员伤亡。2021年3月2日，广东省东莞市大岭山某仓库起火，当天下午在其辖区内冷库正处于装修施工中，很多工人在冷库中作业。工人在违规使用电焊时，不慎引发了火灾，这次事故造成2人死亡。除此之外，冷链物流还涉及其他方面的安全问题，如冷库还可能存在氨制冷剂、氟制冷剂泄漏风险，如果制冷剂泄露，就会对工人造成危害。例如：工人经常面临手冻、脚冻，腰酸、背痛及关节炎等病痛。显而易见，在冷链物流中除了常见的食品安全问题外，还有许许多多的设备、操作等方面的安全隐患。因此，树立冷链物流全方位的安全观，对冷链物流全方位地进行安全管理显得十分重要。在国家倡导现代化流通体系建设的当下，我国冷链物流产业既要保供给，更要保质量，实现高质量发展。

多年来，我国冷链物流一直稳步增长，品质迅速提升。以北京这个超大城市为例，生鲜农产品大约有90%需要从外地输入。因此，健全的冷链物流体系是我国遇到大型突发应急事件时，能够依然保持社会正常运行、应急保障和战略储备的重要支撑，也是减少食物损耗和保障食品安全、满足消费升级需求、扩大消费的重要保障。

二、冷链物流安全问题全方位分析

长期以来，人们对冷链物流安全关注更多的是食品安全，但冷链物流涉及主体多、环节复杂，安全因素也很复杂，比如冷库的生产安全，冷藏车司机的职业安全等。农产品冷链复杂的结构，农产品冷链任意一个环节发生问题，都会直接影响农产品的质量状况，最终危害消费者的身体健康。冷库中农产品如何存放、能存放多长时间和农产品是否安全等因素的界定都很模糊。对冷链物流中的农产品质量的监控难度较大，难以快速处理农产品质量方面突发的不安全事件，而突发事件会给消费者造成消费恐慌，并动摇消费信心。冷链中的消防安全也存在极大隐患，如何使这些安全问题得到很好的解决，需要努力探索相应的管理机制。冷链物流发展迅速，冷库规模不断扩张，运行设备和建设技术提高，冷库结构更加复杂。但由于很多中小企业存在管理不规范、老旧冷库存设施陈旧，冷库不断产生新的安全问题，导致冷库安全事故并没有得到有效遏制，每年都有重大安全事故发生，人员和财产损失严重。据统计，2016~2020年我国共发生重大冷库安全事故近60起，造成严重的人员伤亡和财产损失。

第一，食品安全隐患依然存在。尽管我国已为冷链物流明确指出了高质量发展的道路，但由于我国农产品冷链物流还处于初级探索阶段，整体产业链硬件设施不足，人们的安全意识不到位，致使冷链物流频繁"断链"的事件发生，导致许多农产品、冻品在运输途中变质腐烂，影响人民健康，造成财产损失。

第二，生物安全的风险很大。微生物病毒很容易在封闭的低温环境中藏身，通风不良和潮湿的空气会导致霉菌滋生。中间的间歇循环冷却或再冻结，导致微生物的生长和毒素细菌的释放。近年来，冷冻食品（例如冷冻肉）的进口迅速增加，整个冷藏链可能成为病毒从外部传播的沃土。

第三，安全生产问题不容忽视。冷链物流供需不平衡所带来的矛盾以及操作不规范造成的安全问题、资源浪费等矛盾交叉存在，冷库安全事故频发。2010～2021年，我国累计曝光的冷库安全事故达100余起。仅2021年冷库安全事故就有19起。近10年来，冷库安全事故已经造成200多人死亡，3 500多人受伤。直接经济损失4亿多元。

第四，交通安全、职业安全也不容乐观。氨制冷剂、氟制冷剂等如果产生泄漏，就会对工人造成危害。冷库工人经常出现手冻、脚冻，腰酸、背痛及关节炎等职业病症。由于冷库堆垛不合理等造成的伤亡也时有发生。在生鲜农产品运输途中，超载超重、疲劳驾驶等情况直接威胁着司机的人身安全。

第五，冷链对公共安全的影响大。与冷库冰箱有关的安全事故没有得到有效遏制。这些事故大多是中毒、爆炸和火灾，影响的往往是公安安全和集体财产。

三、强化冷链物流安全监管意识

一是明确冷链物流行业安全监管部门。管行业必须管安全。目前，包括冷库在内的冷链物流行业缺乏主管部门，导致安全监管缺失。为此，应明确行业主管部门，发挥物流联席会议机制作用，强化安全监管。建立冷链物流体系供应安全、食品安全、生产安全、生物安全的立体安全观。摒弃过去单点、单环节监管的弊端，建立从源头到终端的监管体系。发改委、商务局、交通局、工信局、农业农村局要合力支持冷链物流的发展。强化对冷链物流绿色、环保、安全、物联网等方面的支持，支持新型制冷剂、冷机、新材料等冷链关键设备的研发应用，促进冷链物流可持续发展。

二是完善冷链物流监管体系。明确冷链物流安全监管部门之后，还要落实对监管部门的监管。一方面是敦促企业设置冷链物流安全监管部门，另一方面是对监管部门执行力度进行监督，防止监管部门执行不到位，避免监管部门不作为，确保冷链物流体系安全运行。

三是尽快出台促进冷链物流健康持续发展的相关法律法规。随着我国居民消费水平的不断提高，对冷链物流的需求越来越大，各种需求形式和个性特征不断凸显。现有冷链物流在规模、结构、服务模式等方面已经不能适应当前的变化，而只是走广阔的规模扩张发展道路，难以在产业发展的同时解决效率下降和服务质量提高的问题，迫切需要通过冷链物流的创新发展来适应和发掘市场需求。冷链物流是涉及市民、农户的一个特殊领域，涉及食品流通安全、食品质量等重大问题。冷链物流是一个高度市场化的发展领域，应科学制定相关的技术标准和操作规范，建立合理的监管体系和奖惩制度，提高行业监管效率。

四是推进冷链物流绿色发展。在 2020 年两会上，有代表提出了冷链物流绿色发展的新思维。一方面，生鲜产品运输之前要进行包装，需要大量用到纸张、橡胶、玻璃、塑料等材料，这些材料来源于木材、石油等，属于不能再生资源，后期没有做好相应的回收利用。另一方面，生鲜产品的包装大多变成生活垃圾，被直接丢弃，造成严重的环境污染。从资源和环境方面考虑，国家有关部门会出台相应的政策法规，相关企业将加大可循环利用包装的使用比例，促进冷链包装的回收再利用。

参 考 文 献

［1］安玉发.冷链物流企业应走规模化发展之路［N］.人民日报，2020-03-25.

［2］鲍长生.新常态视域下企业债务危机形成的机理、症结与治理研究［J］.华东经济管理，2017，31（7）：37-41.

［3］蔡荣，易小兰.合同生产模式与农产品质量：一个综述及启示［J］.财贸研究，2015（3）：32-41.

［4］蔡亚军，梁中华.产地农产品冷藏保鲜技术推广应用初探［J］.中国农机化，2005（6）：32-34.

［5］曹杰.云南省生鲜农产品物流网络的研究与构建［D］.昆明：云南财经大学，2012.

［6］陈洁.整车企业的纵向一体化策略选择及绩效影响研究［D］.济南：山东大学，2018.

［7］陈镜羽，黄辉.我国生鲜农产品电子商务冷链物流现状与发展研究［J］.科技管理研究，2015（6）：179-183.

［8］陈军，但斌.基于实体损耗控制的生鲜农产品供应链协调［J］.系统工程理论与实践，2009，29（3）：54-62.

［9］陈丽芬，王水平.我国公益性流通设施供给研究［J］.中国流通经济，2016，30（9）：20-28.

［10］陈丽芬.当前我国推动流通业升级的保障措施［J］.商业经济研究，2016（20）：5-6.

［11］陈琦，都基隆，韩立民.消费者对水产品质量安全属性的偏好研究——基于选择实验法的分析［J］.资源开发与市场，2015（9）：1040-1044.

［12］陈锡文.中国农业政策面临的挑战［J］.经济研究参考，2017（12）：25.

［13］陈晓旭，王勇，于海龙.3PL参与的时变需求变质品三级供应

链模型 ［J］. 中国管理科学，2014，22（1）：65 - 73.

［14］陈英华，杨学成. 工商资本投资农业问题研究述评 ［J］. 山东农业大学学报（社会科学版），2018，20（2）：85 - 95.

［15］程小阳. 基于"一带一路"背景下农产品冷链物流业的探讨 ［J］. 中国商论，2018（19）：3 - 8.

［16］崔忠付. 冷链物流：2019 年回顾与 2020 年展望 ［J］. 中国物流与采购，2020（1）：23 - 24.

［17］［美］大卫·辛奇 - 利维，菲利普·卡明斯基. 供应链设计与管理：概念、战略与案例分析（第 3 版）［M］. 季建华，邵晓峰译，北京：中国财政经济出版社，2004.

［18］丁俊发. 农产品物流与冷链物流的价值取向 ［J］. 中国流通经济，2010（1）：26 - 28.

［19］丁秋雷，姜洋，王文娟等. 鲜活农产品冷链物流配送的干扰管理模型研究 ［J］. 系统工程理论与实践，2017，37（9）：2320 - 2330.

［20］丁声俊. 五年砥砺稳健前行农产品改革创新前景 ［J］. 价格理论与实践，2017（6）：10 - 15.

［21］丁艳，朱晓玲. 生鲜农产品电商"最先一公里"冷链物流标准化建设研究 ［J］. 广州城市职业学院学报，2019，13（1）：40 - 44.

［22］董玲玲. 我国冷链物流发展态势、问题与对策——源于商贸流通业发展视角 ［J］. 商业经济研究，2019（12）：94 - 96.

［23］杜鹰. 小农生产与农业现代化 ［J］. 中国农村经济，2018（10）：2 - 6.

［24］段雅丽. 冷链"升温"背后的断链之痛 ［J］. 物流技术（装备版），2011（8）：21 - 25.

［25］方文婷，艾时钟，王晴等. 基于混合蚁群算法的冷链物流配送路径优化研究 ［J］. 中国管理科学，2019，27（11）：107 - 115.

［26］冯颖，李智慧，张炎治. 零售商主导下 TPL 介入的生鲜农产品供应链契约效率评价 ［J］. 管理评论，2018，30（3）：215 - 225.

［27］冯忠泽，李庆江. 消费者农产品质量安全认知及影响因素分析——基于全国 7 省 9 市的实证分析 ［J］. 中国农村经济，2008（1）：23 - 29.

［28］付湘，陆帆，胡铁松. 利益相关者的水资源配置博弈 ［J］. 水利学报，2016，47（1）.

［29］付姓. 构建新型农业经营体系，代表委员们有何良策？［J］. 农

村经营管理，2019 (4)：10 – 11.

[30] 傅颜颜，林卿. 纵向一体化对企业绩效影响的实证分析——基于中粮集团 4 家上市公司的研究 [J]. 广西经济管理干部学院学报，2015，27 (1)：49 – 53.

[31] 高铁生. 更好地发挥政府在流通领域中的作用 [J]. 中国流通经济，2014 (12)：4 – 7.

[32] 高玉斌，孙彩英，刘璟. 探索农产品冷链物流标准化建设机制 [J]. 标准科学，2015 (12)：3.

[33] 耿宁，李秉龙. 产业链整合视角下的农产品质量激励：技术路径与机制设计 [J]. 农业经济问题，2014，35 (9)：19 – 27.

[34] 郭双盈，陈明晶，沈狄昊. 大数据在冷链物流中的应用 [J]. 商场现代化，2014 (9)：40 – 42.

[35] 韩朝华. 个体农户和农业规模化经营：家庭农场理论评述 [J]. 经济研究，2017 (7)：184 – 199.

[36] 韩俊. 新时代做好"三农"工作的新旗帜和总抓手 [J]. 求是，2018 (5)：13 – 16.

[37] 郝齐琪，汤明月，梁思凡. 生鲜农产品电商行业冷链物流网络发展的研究 [J]. 中国集体经济，2020 (4)：92 – 93.

[38] 何东旭. 关于发展县域经济的实践探索和理论认识 [J]. 现代商业，2009 (24)：216 – 217.

[39] 何雅婧. 生鲜农产品运输方式决策研究 [D]. 西安：长安大学，2017.

[40] 何研，方建，史培军. 湖北省暴雨经济暴露时空变化及贡献率研究 [J]. 自然灾害学报，2018，27 (3)：110 – 118.

[41] 贺雪峰. 关于"中国式小农经济"的几点认识 [J]. 南京农业大学学报（社会科学版），2013 (6)：1 – 6.

[42] 洪岚. 我国城市农产品流通主要特点及发展趋势 [J]. 中国流通经济，2015，29 (5)：20 – 26.

[43] 洪岚. 我国生鲜农产品冷链投资不足的原因解析 [J]. 中国流通经济，2010，24 (10)：33 – 36.

[44] 洪涛. 十八大以来我国农产品电商进入"大发展"时期 [J]. 农业工程技术，2017，37 (30)：31 – 35.

[45] 洪涛. 我国果蔬冷链物流全链路建设概况与趋势 [J]. 物流技术与应用，2018，23 (S2)：38 – 41.

［46］洪银兴，郑江淮．反哺农业的产业组织与市场组织——基于农产品价值链的分析［J］．管理世界，2009（5）：67－79＋187－188.

［47］胡贵彦，陈志新．我国冷链物流运营水平分析［J］．物流技术，2013，32（23）：35－37.

［48］胡建淼．我国生鲜农产品冷链物流发展存在的问题与对策［J］．改革与战略，2017，33（5）：82－84＋93.

［49］胡求光，李平龙，王文瑜．纵向一体化对中国渔业企业绩效的影响研究［J］．农业经济问题，2015，36（4）：87－93＋112.

［50］胡天石．冷链物流发展问题研究［J］．北京工商大学学报（社会科学版），2010，25（4）：12－17.

［51］黄丹，刘露讯，于阳．中国食品业上市公司纵向一体化动因及其绩效的实证研究［J］．上海管理科学，2010，32（5）：17－21.

［52］黄海．中国农产品市场的对外开放［J］．中国流通经济，2015（6）：1－5.

［53］黄建辉，叶飞，周国林．产出随机及贸易信用下农产品供应链农户决策与政府补偿价值［J］．中国管理科学，2018，26（1）：107－117.

［54］黄宗智，彭玉生．三大历史性变迁的交汇与中国小规模农业的前景［J］．中国社会科学，2007（4）：74－88.

［55］黄宗智．"家庭农场"是中国农业的发展出路吗？［J］．开放时代，2014（2）：176－194＋9.

［56］黄祖辉．研究合作社，发展合作社——评马彦丽的专著《我国农民专业合作社的制度解析》［J］．浙江社会科学，2007（6）：223－223.

［57］纪正广．供给侧改革背景下江苏农产品冷链物流体系研究之一——冷链末端断链问题思考［J］．物流工程与管理，2017，39（10）：27－29.

［58］季益清，张进疆，刘清化等．产地型预冷保鲜库的推广［J］．现代农业装备，2010（Z1）：76－78.

［59］贾佳．我国农村商贸流通主体缺失现状及培育措施［J］．农业工程，2018，8（9）：133－135.

［60］贾连文，吕平，王达．果蔬预冷技术现状及发展趋势［J］．中国果菜，2018，38（3）：1－5.

［61］贾瑞敏．不同决策模式下考虑预冷努力的生鲜电商供应链利润分析［J］．中国储运，2020：133－134.

［62］金亮．不对称信息下"农超对接"供应链定价及合同设计［J］.

中国管理科学，2018，26（6）：153-166.

[63] 鞠颂东，徐杰．物流网络理论及其研究意义和方法 [J]．中国流通经济，2007（8）：10-13.

[64] 孔祥智．参观纽约最大的奶农合作社引发的思考 [J]．中国合作经济，2010（12）：52-53.

[65] 孔祥智．培育农业农村发展新动能的三大途径 [J]．经济与管理评论，2018，34（5）：7.

[66] 孔祥智．中国农业现代化启动与中苏农业科学技术合作 [J]．古今农业，2010（3）：119-120.

[67] 赖小珍．探究冷链物流"断链"原因及解决对策 [J]．中国市场，2013（30）：17-18.

[68] 李昌兵，汪尔晶，杨宇．政府监管下冷链物流资源投入的演化博弈研究 [J]．北京交通大学学报（社会科学版），2017，16（3）：108-118.

[69] 李崇光，肖小勇，张有望．蔬菜流通不同模式及其价格形成的比较——山东寿光至北京的蔬菜流通跟踪考察 [J]．中国农村经济，2015（8）：53-66.

[70] 李大胜，罗必良．关于农产品流通的若干理论问题 [J]．南方农村，2002（1）：30-32.

[71] 李海龙．以销售商为主导进行资源整合的冷链物流发展模式 [J]．现代营销（下旬刊），2018（11）：96-97.

[72] 李红，赵珊珊．果蔬冷链物流存在的问题、原因及解决方案 [J]．新疆财经，2018（5）：60-66.

[73] 李慧良，文晓巍．生鲜农产品供应链安全可追溯的研究与应用 [J]．科技管理研究，2011，31（1）：209-212.

[74] 李康，郑建国，伍大清．生鲜农产品冷链物流配送干扰管理研究的思考 [J]．江苏农业科学，2015，43（11）：588-591.

[75] 李康．简述中国农业现代化思想及其现实意义 [J]．黑龙江八一农垦大学学报，2014，26（6）：145-148.

[76] 李琳，范体军．基于 RFID 技术应用的鲜活农产品供应链决策研究 [J]．系统工程理论与实践，2014，34（4）：836-844.

[77] 李霖，郭红东．小农户集体行动研究文献综述——基于市场准入视角 [J]．中国农村观察，2014（6）：82-91+96.

[78] 李明贤，卿凯．美日两国农产品冷链物流的发展及对中国的经

验启示 [J]. 农业经济, 2018 (10): 124-126.

[79] 李全喜, 金凤花, 孙磐石. 区域物流引力和地位模型的构建及应用研究 [J]. 经济地理, 2010, 30 (10): 1619-1624+1630.

[80] 李水清, 陈志刚. 农业供给侧结构性改革下的农村村域经济发展研究——以杞木村为例 [J]. 时代经贸, 2017 (30): 46-47.

[81] 李文博, 张永胜. 浙江轴辐式现代物流网络构建的实证研究 [J]. 经济地理, 2011, 31 (8): 1335-1340.

[82] 李玉鹏, 魏俊美, 王召同等. 冷链物流"最后一公里"快速配送方法研究 [J]. 工业技术经济, 2017, 36 (1): 51-60.

[83] 李忠国. 加快产地冷库建设 从源头解决农产品出村进城"最初1km" [J]. 蔬菜, 2021 (2): 1-8.

[84] 林兆艳. 超市主导的鲜活农产品供应链绩效研究 [D]. 南京: 南京财经大学, 2013.

[85] 凌建刚. 浙江鲜活农产品产地预冷发展现状与对策 [J]. 农业工程技术 (农产品加工业), 2014 (4): 27-30.

[86] 凌六一, 胡中菊, 郭晓龙等. 单一市场和组合市场下的"公司加农户"交易模式分析 [J]. 系统管理学报, 2012, 21 (3): 289-294.

[87] 刘炳城. 我国冷链物流标准化发展研究 [J]. 物流技术, 2018, 37 (4): 13-15.

[88] 刘光琦. 冷链供应链断在何处 [J]. 中国储运, 2009 (4): 60-61.

[89] 刘京. 产地预冷: 农产品"最先一公里"的重要保障 [J]. 物流技术与应用, 2017, 22 (S1): 14-16.

[90] 刘丽欣, 励建荣. 农产品冷链物流发展模式与政府行为概述 [J]. 食品科学, 2008 (9): 680-683.

[91] 刘梦忆. 纵向一体化对企业绩效和技术效率的影响——基于中国汽车上市企业的实证分析 [J]. 广西财经学院学报, 2014 (3): 62-66.

[92] 刘梦越. 冷链物流供应链关键节点的安全风险及应对机制研究 [J]. 中国储运, 2021 (10): 81-82.

[93] 刘奇. 从"四进四退"看农业走势 [J]. 中国发展观察, 2015 (10): 67-70.

[94] 刘香. 现代农产品畅销长效机制构建 [J]. 人民论坛, 2013 (23): 107-109.

[95] 刘亚平, 苏娇妮. 中国市场监管改革70年的变迁经验与演进逻

辑［J］．中国行政管理，2019（5）：15-21.

［96］刘妍宏．生鲜电商供应链风险研究［J］．中国储运，2016（9）：123-126.

［97］吕俊杰，孙双双．城市鲜活农产品冷链物流体系构建究［J］．广东农业科学，2013，40（7）：233-236.

［98］吕盛坪，吕恩利，陆华忠等．果蔬预冷技术研究现状与发展趋势［J］．广东农业科学，2013，40（8）：101-104.

［99］马晨，王东阳．新零售时代电子商务推动农产品流通体系转型升级的机理研究及实施路径［J］．科技管理研究，2019，39（1）：197-204.

［100］马翠萍，肖海峰，杨青松．蔬菜流通主体成本构成与收益分配实证研究［J］．商业研究，2011（11）：23-27.

［101］马龙龙．流通发展新常态下的"需求侧"改革思考［J］．商业经济研究，2016（22）：5-6.

［102］马维力．有色金属行业上市公司纵向一体化对企业绩效影响的研究［D］．杭州：浙江大学，2012.

［103］马小龙．双向嵌入：小农户和农业社会化服务体系有机融合的新视角［J］．农业经济，2020（1）：6-8.

［104］马小雅，杨路明，汪德荣．中小生产型企业仓储作业管理研究［J］．物流科技，2014，37（12）：54-58.

［105］马小雅．"互联网＋"背景下广西生鲜农产品冷链物流发展对策分析［J］．商业经济研究，2017（6）：212-214.

［106］梅宝林．河南省生鲜类产品冷链物流运作及风险控制研究［J］．现代经济信息，2018（8）：491＋493.

［107］潘丹丹．农产品冷链物流的发展——以批发市场为例［J］．商，2013（22）：282.

［108］裴璐璐，王会战．"新零售"背景下农村电商模式优化路径［J］．商业经济研究，2021（17）：89-92.

［109］彭本红，武柏宇，周叶．冷链物流断链风险的熵权可拓评价研究［J］．北京交通大学学报（社会科学版），2017，16（1）：110-119.

［110］彭碧涛，周永务．多时间窗车辆路径问题的混合蚁群算法［J］．计算机工程与应用，2010，46（31）：28-31.

［111］浦徐进，范旺达，吴亚．渠道模式、努力投入与生鲜农产品供应链运作效率研究［J］．中国管理科学，2015，23（12）：105-112.

［112］秦明，郭鹏．国外农业冷链物流发展的成功经验及借鉴［J］．

黑龙江畜牧兽医，2017（16）：51 – 53.

［113］邱莹，施先亮，马依彤等．北京市食品冷链物流时空分布特征及变迁［J］．地域研究与开发，2018，37（4）：32 – 36.

［114］曲洁．义务教育改革与发展的政策工具研究［J］．复旦教育论坛，2011，9（5）：9 – 13.

［115］申瑞，阮文彪．我国农产品物流模式改革探讨［J］．安徽农业大学学报（社会科学版），2013，22（5）：6 – 9，74.

［116］申屠巧巧．基于财务角度对东阿阿胶的价值分析［J］．商业经济，2012（20）：100 – 101，122.

［117］宋洪远．农民增收面临诸多不确定性因素［J］．农村经营管理，2013（1）：31.

［118］宋华，于亢亢，陈金亮．不同情境下的服务供应链运作模式——资源和环境共同驱动的 B2B 多案例研究［J］．管理世界，2013（2）：156 – 168.

［119］宋则．"十三五"期间促进我国现代物流业健康发展的若干要点［J］．财贸经济，2015（7）：5 – 14.

［120］宋则．中国特色农产品流通现代化研究的力作［J］．中国流通经济，2017，31（5）：127 – 128.

［121］孙春华．我国生鲜农产品冷链物流现状及发展对策分析［J］．江苏农业科学，2013，41（1）：395 – 399.

［122］孙春华．中国邮政参与农村"双向物流"的解决方案［J］．中国商贸，2013（2）：107 – 109.

［123］孙海波．纵向一体化对企业绩效的影响研究——以中国神华为例［J］．财会通讯，2017（26）：107 – 112，129.

［124］孙梅，张敏新，李广水．"农户＋餐饮企业"有机农产品供应链模式构建研究［J］．中国管理科学，2020，28（9）：98 – 105.

［125］孙新华，钟涨宝．地方治理便利化：规模农业发展的治理逻辑——以皖南河镇为例［J］．中国行政管理，2017（3）：31 – 37.

［126］孙新华．村社主导、农民组织化与农业服务规模化——基于土地托管和联耕联种实践的分析［J］．南京农业大学学报（社会科学版），2017，17（6）：131 – 140，166.

［127］覃昊，李相林．我国果蔬冷链物流研究［J］．企业技术开发，2015，34（11）：136 – 137.

［128］谭智心，张照新．提升我国农业产业体系竞争力的思考与建议

［J］．农村金融研究，2021（6）：52 – 58.

［129］唐友明．农村快递物流"最后一公里"问题探讨［J］．河北企业，2017（12）：91 – 92.

［130］田敏，夏春玉．契约型农业中收购商管理控制与农户投机行为和绩效：农户感知公平的作用［J］．商业经济与管理，2016（5）：5 – 17.

［131］涂传清．农户介入农产品流通中高附加值活动的影响因素分析——基于赣南果农的实证研究［J］．商业经济与管理，2014（5）：12 – 23.

［132］万宝瑞．加快提高我国农业竞争力势在必行［J］．上海农村经济，2016（2）：4 – 7.

［133］万宝瑞．我国农村又将面临一次重大变革——"互联网 + 三农"调研与思考［J］．农业经济问题，2015（8）：4 – 7.

［134］汪旭晖，张其林．鲜活农产品冷链物流中物联网采纳的影响因素——拓展 TAM 模型视角下冷链相关企业的经验证据［J］．财贸研究，2015（6）：5 – 12.

［135］汪晔．生鲜农产品冷链物流发展研究［J］．赤峰学院学报（自然科学版），2013，29（1）：75 – 76.

［136］王斌，王乐锦．纵向一体化、行业异质性与企业盈利能力——基于中加澳林工上市公司的比较分析［J］．会计研究，2016（4）：70 – 76 + 96.

［137］王东辉．浅谈逆向物流在城市生活垃圾处理中的应用［J］．时代经贸（下旬刊），2008（9）：63 – 64.

［138］王二朋，周应恒．城市消费者对认证蔬菜的信任及其影响因素分析［J］．农业技术经济，2011（1）：69 – 77.

［139］王飞飞，侯云先．京津冀城市群现代物流网络构建实证研究［J］．华南理工大学学报（社会科学版），2016，18（6）：8 – 13 + 25.

［140］王海娟，胡守庚．自主治理与小农农业现代化的路径［J］．农业经济问题，2019（9）：64 – 73.

［141］王海南，宁爱照，马九杰．疫情后我国生鲜农产品供应链的优化路径与策略［J］．农村经济，2020（10）：107 – 113.

［142］王汉荣．电子商务发展背景下我国农村地区冷链物流发展特点与优化［J］．农业经济，2019（7）：120 – 122.

［143］王怀明，尼楚君，徐锐钊．消费者对食品质量安全标识支付意

愿实证研究——以南京市猪肉消费为例 [J]. 南京农业大学学报（社会科学版），2011，11（1）：21-29.

[144] 王家旭. 农产品流通全要素生产率测度的实证研究 [J]. 商业经济研究，2013（9）：40-41.

[145] 王家洋. 大数据背景下新鲜农产品远距离物流网络构建 [J]. 商业经济研究，2020（7）：112-115.

[146] 王静. 我国制造业全球供应链重构和数字化转型的路径研究 [J]. 中国软科学，2022（4）：23-34.

[147] 王可山，郭英立，李秉龙. 北京市消费者质量安全畜产食品消费行为的实证研究 [J]. 农业技术经济，2007（3）：50-55.

[148] 王磊，但斌. 考虑消费者效用的生鲜农产品供应链保鲜激励机制研究 [J]. 管理工程学报，2015，29（1）：200-206.

[149] 王敏，李大兵，常锐. 股权结构、纵向一体化战略对绩效的影响分析——基于农业上市公司样本 [J]. 农业经济，2018（5）：117-119.

[150] 王倩，戴绍碧，邓志坤. 移动式预冷设备在果蔬保鲜中的应用 [J]. 制冷，2011，30（3）：47-52.

[151] 王倩，戴绍碧，徐娓. 小型果蔬产地预冷装置的研究与试验 [J]. 安徽农业科学，2012，40（9）：5288-5290.

[152] 王强，刘晓东. 实施蔬菜产地预冷，完善低温冷藏链 [J]. 制冷，2001（1）：40-44.

[153] 王山，奉公. 中国农地细碎化的治理逻辑与现实路径——对江苏射阳联耕联种模式的考察 [J]. 甘肃社会科学，2016（2）：232-236.

[154] 王淑云，姜樱梅，牟进进. 基于新鲜度的冷链一体化库存与定价联合决策 [J]. 中国管理科学，2018，26（7）：132-141.

[155] 王淑云，孙虹. 随机需求下冷链品多温共配路径优化研究 [J]. 工业工程与管理，2016，21（2）：49-58.

[156] 王泰宝. 冷链物流现状及对策分析 [J]. 全国流通经济，2018（17）：22-23.

[157] 王伟新，祁春节. 水果价格波动的生产者福利效应研究 [J]. 价格月刊，2016（4）：25-30.

[158] 王永康. 我国农产品物流现状及其冷链发展对策 [J]. 改革与战略，2011，27（9）：93-95.

[159] 王瑜，綦好东. 我国农工一体化企业纵向一体化：程度与绩效 [J]. 东岳论丛，2015，36（8）：123-127.

［160］温铁军，刘亚慧，张振.生态文明战略下的三农转型［J］.国家行政学院学报，2018（1）：40-46.

［161］毋庆刚.我国冷链物流发展现状与对策研究［J］.中国流通经济，2011，25（2）：24-28.

［162］吴林海，徐玲玲，王晓莉.影响消费者对可追溯食品额外价格支付意愿与支付水平的主要因素——基于 Logistic、Interval Censored 的回归分析［J］.中国农村经济，2010（4）：77-86.

［163］吴绪亮.纵向市场结构与买方抗衡势力研究［J］.产业经济研究，2010（1）：39-47.

［164］奚雷，武刚强，郝世绵.生鲜农产品供应链质量安全问题研究［J］.黑龙江工业学院学报（综合版），2017，17（9）：66-69.

［165］夏晓平，李秉龙.品牌信任对消费者食品消费行为的影响分析——以羊肉产品为例［J］.中国农村观察，2011（4）：14-26.

［166］夏英.我国农民专业合作社发展的本土特征及其影响［J］.中国农民合作社，2017（7）：18.

［167］夏雨晴，刘学林.生鲜农产品电商冷链物流断链成因分析与应对策略研究［J］.物流工程与管理，2018，40（12）：96-98+59.

［168］夏柱智.农业治理和农业现代化：中国经验的阐释［J］.政治学研究，2018（5）：20-23.

［169］肖军.发展冷链物流必须锁牢食品安全链［J］.湖南包装，2013（3）：16-21+29.

［170］谢如鹤.我国冷链物流现状及发展对策［J］.物流技术，2014（21）：1-3.

［171］谢泗薪，薛琳琳.生鲜农产品冷链物流的风险分析与战略控制研究［J］.价格月刊，2018（3）：50-56.

［172］谢晔，霍国庆.科研组织纵向一体化与科研战略绩效关系研究［J］.科研管理，2012（3）：96-104.

［173］辛海涛，徐耀群.黑龙江省冷链物流复杂网络问题及其对策研究［J］.经济研究导刊，2020（23）：43-44.

［174］熊峰，方剑宇，袁俊等.盟员行为偏好下生鲜农产品供应链生鲜努力激励机制与协调研究［J］.中国管理科学，2019，27（4）：115-126.

［175］熊峰，彭健，金鹏等.生鲜农产品供应链关系契约稳定性影响研究——以冷链设施补贴模式为视角［J］.中国管理科学，2015，23

（8）：102 - 111.

［176］徐勇. 中国家户制传统与农村发展道路——以俄国、印度的村社传统为参照 ［J］. 中国社会科学, 2013（8）：102 - 123 + 206 - 207.

［177］许世卫. 大数据与农业现代化 ［J］. 中国科技奖励, 2016（4）：32 - 35.

［178］薛建强. 中国农产品流通体系深化改革的方向选择与政策调整思路 ［J］. 北京工商大学学报（社会科学版）, 2014, 29（2）：32 - 38.

［179］薛珂. 电商生鲜品冷链物流及其风险研究 ［J］. 中国市场, 2018（15）：176 - 177.

［180］阎薪宇, 李崇茂, 聂锐等. 乳制品冷链物流的配送研究 ［J］. 中国乳品工业, 2017, 45（2）：39 - 42.

［181］杨春, 但斌, 吴庆等. 考虑保鲜努力的生鲜农产品零售商与物流服务商的协调合同 ［J］. 技术经济, 2010, 29（12）：122 - 126.

［182］杨浩军. 城市冷链物流"最后一公里"的障碍研究 ［J］. 商业经济研究, 2016（17）：93 - 94.

［183］杨建成. 电子商务环境下我国农产品外贸冷链物流模式研究 ［J］. 农业经济, 2018（9）：143 - 144.

［184］杨路明, 马小雅. 生鲜农产品冷链物流断链成因及规避路径研究 ［J］. 青海社会科学, 2015（6）：66 - 70 + 82.

［185］杨梦祎. 生鲜农产品冷链物流发展问题分析及其对策探讨 ［J］. 现代营销（下旬刊）, 2019（1）：98.

［186］杨清. 中越跨境水果冷链物流运输的现状及对策 ［J］. 对外经贸实务, 2018（10）：54 - 57.

［187］杨扬, 杨小佳, 喻庆芳. 基于系统动力学的生鲜农产品国际冷链物流运作风险控制研究——以云南省生鲜蔬菜国际冷链物流为例 ［J］. 北京交通大学学报（社会科学版）, 2017, 16（3）：119 - 128.

［188］杨扬, 袁媛, 李杰梅. 基于HACCP的生鲜农产品国际冷链物流质量控制体系研究——以云南省蔬菜出口泰国为例 ［J］. 北京交通大学学报（社会科学版）, 2016, 15（2）：103 - 108.

［189］杨洲, 黄燕娟, 赵春娥. 果蔬通风预冷技术研究进展 ［J］. 中国农学通报, 2006（9）：471 - 474.

［190］姚洋. 中国农地制度：一个分析框架 ［J］. 中国社会科学, 2000（2）：54 - 65 + 206.

［191］姚源果, 贺盛瑜. 基于交通大数据的农产品冷链物流配送路径

优化研究［J］.管理评论，2019，31（4）：240－253.

［192］姚中杰，杨鸿章，尹建中.冷库规模扩张与农产品"过山车"效应之内在关联——基于农产品冷藏设施扭曲利用的视角［J］.青岛农业大学学报（社会科学版），2012，24（3）：21－26.

［193］依绍华.我国农产品批发市场发展状况调查及对策建议［J］.北京工商大学学报（社会科学版），2014，29（6）：16－21.

［194］余飞.疫情下的冷链物流亟待升级［J］.中国储运，2020（8）：64－65.

［195］袁学国，邹平，朱军等.我国冷链物流业发展态势、问题与对策［J］.中国农业科技导报，2015，17（1）：7－14.

［196］张道航.从"极化发展"到"泛化延伸"——论经济功能区在区域经济发展中的角色转换［J］.长白学刊，2011（1）：109－113.

［197］张改平，赵颜，李玮.影响我国冷链物流发展的关键因素分析［J］.交通运输研究，2019，5（6）：101－108.

［198］张合成.新时期农业市场风险及其应对［J］.农村工作通讯，2015（22）：15.

［199］张建奎.物联网技术在农产品冷链物流平台上的运用分析［J］.中国市场，2017（32）：137－138.

［200］张亮.双边市场商业形式纵向一体化动因及绩效分析——以OTA与航空公司为例［J］.国际商务（对外经济贸易大学学报），2017（6）：145－156.

［201］张琳.价值链视角下生鲜农产品冷链流通模式研究［J］.改革与战略，2017，33（7）：108－111.

［202］张明月.我国对农传播的现状、问题及对策［J］.传播与版权，2018（11）：4－5.

［203］张琴义，曹稳.农产品价格与保鲜努力决策及协调契约研究［J］.中国农业资源与区划，2021，42（5）：159－168.

［204］张雯丽，沈贵银，曹慧等."十三五"时期我国重要农产品消费趋势、影响与对策［J］.农业经济问题，2016（3）：11－17.

［205］张喜才，陈秀兰.农村商品流通网络的整合发展［J］.中国流通经济，2014，28（4）：20－26.

［206］张喜才，霍迪.中国生鲜农产品冷链物流薄弱环节梳理及对策研究［J］.农业经济与管理，2021（3）：93－102.

［207］张喜才，李海玲.基于大数据的农产品现代冷链物流发展模式

研究 [J]. 科技管理研究, 2020, 40 (7): 234 - 240.

[208] 张喜才, 汤金金. 非洲猪瘟背景下生猪供应链重塑及其对策研究 [J]. 中国畜牧杂志, 2019, 55 (9): 143 - 146.

[209] 张喜才, 杨谦. 鲜活农产品流通链条中冷库节点及政府支持 [J]. 中国流通经济, 2012, 26 (4): 46 - 52.

[210] 张喜才. 互联网时代农村物流网络体系建设研究 [J]. 农业经济与管理, 2016 (3): 46 - 51.

[211] 张喜才. 互联网时代农村物流网络体系建设研究 [J]. 农业经济与管理, 2017 (3): 79 - 89.

[212] 张喜才. 冷链物流新政下地方政府该如何作为 [N]. 现代物流报, 2020 - 05 - 13.

[213] 张喜才. 中国农产品冷链物流经济特性、困境及对策研究 [J]. 现代经济探讨, 2019 (12): 89 - 93.

[214] 张喜才. 重规划、抓项目、强运营 [N]. 现代物流报, 2020 - 02 - 19.

[215] 张祥, 王经亚, 周敏. 光伏企业纵向一体化的水平测度及对经营绩效的影响 [J]. 华东经济管理, 2016, 30 (8): 167 - 172.

[216] 张筱梅.《关于加快发展冷链物流保障食品安全促进消费升级的实施意见》出台: 冷链物流提速发展中 [J]. 专用汽车, 2017 (9): 43 - 44.

[217] 张中强. 基于制造业视角的第三方物流外包服务揽接能力研究 [J]. 管理世界, 2012 (9): 180 - 181.

[218] 郑琪, 范体军. 考虑风险偏好的生鲜农产品供应链激励契约设计 [J]. 管理工程学报, 2018, 32 (2): 171 - 178.

[219] 中国人民银行达州市中心支行课题组, 王阳星, 肖光庆, 李世霞. 金融支持农田水利建设的研究——以四川省达州市为例 [J]. 西南金融, 2012 (6): 72 - 75.

[220] 2020 年中国新型农业经营主体发展分析报告 (一)——基于农民合作社的调查数据 [EB/OL]. (2020 - 09 - 26) [2021 - 01 - 13]. https://m. sohu. com/a/421077890_273128.

[221] 周冲, 黎红梅. 新型农业经营主体参与小微型农田水利设施建设的投融资问题研究 [J]. 南方金融, 2018 (10): 93 - 98.

[222] 周海霞. 国外农产品冷链物流一体化经验及借鉴 [J]. 世界农业, 2016 (5): 18 - 22.

[223] 周应恒，刘余. 中国农业发展大趋势与新三农发展路径 [J]. 现代经济探讨，2017（4）：32 – 37.

[224] 周云霞. 食品冷链物流发展对策研究 [J]. 物流科技，2007（10）：137 – 139.

[225] 朱立龙，郭鹏菲. 政府——冷链食品企业质量安全监管博弈分析 [J]. 中国管理科学，2016（S1）：655 – 660.

[226] 朱信凯. 深化农业供给侧结构性改革助力乡村振兴 [J]. 农业经济与管理，2017（6）：12 – 14.

[227] 朱雪彤. 浅析农产品冷链物流网络及存在的问题 [J]. 中国储运，2022（3）：171.

[228] 庄婉婷，刘焰，林源. 多元化与纵向一体化企业财务战略绩效对比研究——以 SJ 公司为例 [J]. 财会通讯，2017（32）：81 – 86.

[229] Adar K G, Yoh J G, Maloka E et al. Sudan peace process：challenges and future prospects [M]. Pretoria：Africa Institute of South Africa, 2004.

[230] Agbo M, Rousseliere D, Salié J. Agricultural marketing cooperatives with direct selling：A cooperative non cooperative game [J]. Journal of Economic Behavior & Organization, 2015（109）：56 – 71.

[231] Andreou, Panayiotis C, Louca, Christodoulos, Panayides, Photis M. The impact of vertical integration on inventory turnover and operating performance. [J]. International Journal of Logistics：Research & Applications, 2016（19）：218 – 238.

[232] Angulo A M, Gil J M. Risk perception and consumer willingness to pay for certified beef in Spain [J]. Food Quality & Preference, 2007, 18（8）：1106 – 1117.

[233] Anju Bharti. Recent trends in cold chain management [J]. Food Control, 2017, 4（2）：1016 – 1022.

[234] Apergis N P et al. Stock returns and inflation volatility：Evidence from developed and emerging capital markets [J]. International Advances in Economic Research, 1996.

[235] Benítez S, Chiumenti M, Sepulcre F et al. Modeling the effort of storage temperature on the repitation rate and texture of fresh cut pineapple [J]. Journal of Food Engineering, 2012, 113（4）：527 – 533.

[236] Briz T, Ward R W. "Consumer awareness of organic products in

Spain: An application of multinominal logit models" [J]. Food Policy, 2009 (34): 295 - 304.

[237] Cai X, Chen J, Xiao Y et al. Optimization and coordination of fresh product supply chains with freshness-keeping effort [J]. Production and Operations Management, 2010: 261 - 278.

[238] Cai Xiaoqiang, Chen Jian, Yao Yongbo et al. Fresh-product supply chain management with logistics out-sourcing [J]. Omega, 2013, 41 (4): 752 - 765.

[239] Carlsson F, Frykblom P, Lagerkvist C J. Consumer benefits of labels and bans of GM foods - CEs with Swedish consumers [J]. American Journal of Agricultural Economics, 2007, 89 (1): 152 - 161.

[240] Chavas D R, Izaurralde R C, Thomson A M et al. Long-term climate change impacts on agricultural productivity in eastern China [J]. Agricultural & Forest Meteorology, 2009, 149 (7): 1118 - 1128.

[241] Degli Esposti M, Toselli M et al. Effectiveness of polymeric coated films containing bacteriocin-producer living bacteria for Listeria monocytogenes, control under simulated cold chain break [J]. Food Microbiology, 2018 (76): 173 - 179.

[242] Delmond A R, McCluskey J J, Yormirzoev M. Russian consumer willingness to pay for genetically modified food [J]. Food Policy, 2018 (78): 91 - 100.

[243] Denver S, Jensen J D. Consumer preferences for organically and locally produced apples [J]. Food Quality and Preference, 2014 (31): 129 - 134.

[244] Eva Stal, Vanderlei José Sereia, Ricardo Cesso da Silva. Internationalization strategies of the brazilian meat agribusiness sector: exports or direct investment abroad? [J]. Future Studies Research Journal: Trends and Strategies, 2010, 2 (2).

[245] FAO. Moving forward on food loss and waste reduction [R]. Food and Agriculture Organization of the United Nations, 2019.

[246] Fishbein M., I. Ajzen. Belief, Attitude, Intention and Behavior: An Introduction to Theory and Research [M]. Reading, MA: Addison - Wiley, 1975.

[247] Gao Z, Schroeder T C. Effects of Label Information on Consumer

Willingness-to – Pay for Food Attributes [J]. American Journal of Agricultural Economics, 2009 (91): 795 –809.

[248] Garcíaarca J, Pradoprado J C. "Packaging logistics": promoting sustainable efficiency in supply chains [J]. International Journal of Physical Distribution & Logistics Management, 2014, 44 (4): 325 –346.

[249] Graça A, Esteves E et al. Microbiological quality and safety of minimally processed fruits in the marketplace of southern Portugal [J]. Food Control, 2017, 73 (1): 775 –783.

[250] Gwanpua, Verlinden, Sluis V D et al. Towards a framework for evaluation of energy consumption, sustainability and associated food quality in the European cold chain [C] // 11th International Congress of Engineering and Food (ICEF11), 2011.

[251] Haghjou M, Hayati B, Pishbahar E et al. "Factors Affecting Consumers' Potential Willingness to Pay for Organic Food Products in Iran: Case Study of Tabriz" [J]. Journal of Agriculture Science and Technology, 2013 (15): 191 –202.

[252] Hayes D J, Shogren J F, Shin S Y, et al. Valuing food safety in experimental auction arkets [J]. American Journal of Agricultural Economics, 1995, 77 (1): 40 –53.

[253] Hsiu – Ling Li, Ming – Je Tang. Vertical integration and innovative performance: The effects of external knowledge sourcing modes [J]. Technovation, 2010, 30 (7): 401 –410.

[254] Jang W, Klein C M. Supply chain models for small agricultural enterprises [J]. Annals of Operations Research, 2011, 190 (1): 359 –374.

[255] J Roosen, A Bieberstein, S Blanchemanche. Trust and willingness to pay for nanotechnology food [J]. Food Policy, 2015 (52): 75 –83.

[256] Krystallis A, Chryssohoidis A. Consumers, willingness to pay for oganic food: Factors that affect it and variation per organic product type [J]. Brit Food J, 2005, 107 (5): 320 –343.

[257] Kumar A, O'Reilly S, Adam F. Action Research using Case Study Methodology for Implementation of Process Improvement Initiatives in Food SMEs, 2014.

[258] Lee, H – J, Yun, Z – S. Consumers' perceptions of organic food attributes and cognitive and affective attitudes as determinants of their purchase

intentions toward organic food [J]. Food Quality and Preference, 2015 (39): 259 – 267.

[259] Liljenstolpe C. Demand for value-added pork in Sweden: A latent class model approach [J]. Agribusiness, 2011, 27 (2): 129 – 146.

[260] Lipton M. The Theory of the Optimizing Peasant [J]. Journal of Development Studies, 1968, 4 (3): 327 – 351.

[261] Loureiro M L, Umberger W J. A choice experiment model for beef, what US consumer responses tell us about relative preferences for food safety, country of origin labeling and traceability [J]. Food Policy, 2007 (32): 496 – 514.

[262] Mercier S, Mondor M, Villeneuve, Sébastien, et al. The Canadian food cold chain: a legislative, scientific, and prospective overview [J]. International Journal of Refrigeration, 2018 (4): 637 – 645.

[263] Meuwissen M P, Van der Lans I A. Trade-offs between consumer concerns: An application for pork supply chains [J]. Food Economics, 2005 (2): 27 – 34.

[264] Morkbak M R, Christensen T. Consumer preferences for safety characteristics in pork [J]. British Food Journal, 2010, 112 (7): 775 – 791.

[265] Narula S A. Reinventing cold chain industry in India: need of the hour. Interview with Mr Sanjay Aggarwal [J]. Journal of Agribusiness in Developing & Emerging Economies, 2011, 1 (2): 33 – 51.

[266] Nicholas, Apergis et al. Consumption asymmetry and the stock market: Empirical evidence [J]. Economics Letters, 2006 (93): 337 – 342.

[267] Niu Baozhuang, jin Delong, Pu Xujin. Coordination of channel members' efforts and utilities in contract farming operations [J]. European Journal of Operational Research, 2016 (255): 869 – 883.

[268] O'Kelly M E. A geographer's analysis of hub-and-spoke networks [J]. Journal of Transport Geography, 1998 (3): 171 – 186.

[269] Olesen I, Alfnes F, Rora M B, Kolstad K. Eliciting consumers' willingness to pay for organic and welfare-labelled salmon in a non-hypothetical choice experiment [J]. Livestock Science, 2010 (127): 218 – 226.

[270] Opara L U. Traceability in agriculture and food supply chain: A review of basic concepts, technological implications, and future prospects [J].

European Journal of Operational Research, 2003, 1 (1): 101 – 106.

[271] Ortega D L, Hong S J, Wang H H et al. Emerging markets for imported beef in China: Results from a consumer choice experiment in Beijing [J]. Meat Science, 2016 (121): 317 – 323.

[272] Ortega D L, Wang, H H, Wu L, Olynk N J. Modeling heterogeneity in consumer preferences for select food safety attributes in China [J]. Food Policy, 2011 (36): 318 – 324.

[273] Ortega D L, Wang H H, Olynk N J, Wu L, Bai J. Chinese consumers' demand for food safety attributes: a push for government and industry regulations [J]. American Journal of Agricultural Economics, 2012, 94 (2): 489 – 495.

[274] Panetto H, Lezoche M et al. Special issue on Agri – Food 4. 0 and digitalization in agriculture supply chains – New directions, challenges and applications [J]. Computers in Industry, 2020, 116 (C): 103 – 188.

[275] Popkin S L. The Rational Peasant: The Political Economy of Rural Society in Vietnam. Berkeley [M]. Berkeley: University of California Press, 1979.

[276] Rais M, Sheoran A. Scope of supply chain management in fruits and vegetables in India [J]. Surface Science, 2015, 6 (3): 603 – 623.

[277] Reardon T, Timmer C P, Barrett C B et al. The Rise of Supermarkets in Africa, Asia, and Latin America [J]. American Journal of Agricultural Economics, 2003, 85 (5): 1140 – 1146.

[278] Riordan M H, Williamson O E. Asset specificity and economic organization Science Direct [J]. International Journal of Industrial Organization, 1985, 3 (4): 365 – 378.

[279] Schultz T W. Transforming Traditional Agriculture [M]. Chicago: University of Chicago Press, 1964.

[280] Seuring S, Martin Müller. From a literature review to a conceptual framework for sustainable supply chain management [J]. Journal of Cleaner Production, 2008, 16 (15): 1699 – 1710.

[281] Shewfelt R L. Postharvest treatment for extending the shelf life of fruits and vegetables [J]. Food Techno, 1986.

[282] Shusheng, W. The application of grey matter-element method in dairy product cold chain logistics evaluation [J]. Carpathian Journal of Food Sci-

ence & Technology, 2016 (9): 143 – 151.

[283] Tashtoush B. Natural losses from vegetable and fruit products in cold storage [J]. Food Control, 2000, 11 (6): 465 – 470.

[284] Verter N, Věra Bečvářová. The Impact of Agricultural Exports on Economic Growth in Nigeria [J]. Acta Universitatis Agriculturae et Silviculturae Mendelianae Brunensis, 2016, 64 (2): 691 – 700.

[285] Wang Z G, MaoY N, Gale F. Chinese consumer demand for food safety attributes in milk products [J]. Food Policy, 2008, 33 (1): 27 – 36.

[286] White PNo PKitinoja L. Use of cold chains for reducing food losses in developing countries [J]. Population, 2013, 6 (13): 1 – 16.

[287] Xue M, Zhang J, Tang W. Optimal temperature control for quality of perishable foods [J]. ISA Transactions, 2014, 53 (2): 542 – 546.

[288] Shijiu, Yin, Linhai et al. Consumers' purchase intention of organic food in china [J]. Journal of the Science of Food and Agriculture, 2010, 90 (8): 1361 – 1367.

[289] Yu X, Gao Z, Zeng Y. Willingness to pay for the "Green Food" in China [J]. Food Policy, 2014 (45): 80 – 87.

图书在版编目（CIP）数据

中国生鲜农产品冷链物流断链困境及治理机制研究/
张喜才著 . -- 北京：经济科学出版社，2024.1
国家社科基金后期资助项目
ISBN 978 - 7 - 5218 - 5493 - 0

Ⅰ.①中… Ⅱ.①张… Ⅲ.①冷冻食品 - 物流管理 -
研究 - 中国 Ⅳ.①F252.8

中国国家版本馆 CIP 数据核字（2024）第 005633 号

责任编辑：刘 莎
责任校对：王苗苗
责任印制：邱 天

中国生鲜农产品冷链物流断链困境及治理机制研究
ZHONGGUO SHENGXIAN NONGCHANPIN LENGLIAN WULIU
DUANLIAN KUNJING JI ZHILI JIZHI YANJIU
张喜才 著

经济科学出版社出版、发行 新华书店经销
社址：北京市海淀区阜成路甲 28 号 邮编：100142
总编部电话：010 - 88191217 发行部电话：010 - 88191522
网址：www. esp. com. cn
电子邮箱：esp@ esp. com. cn
天猫网店：经济科学出版社旗舰店
网址：http://jjkxcbs. tmall. com
固安华明印业有限公司印装
710×1000 16 开 20 印张 390000 字
2024 年 1 月第 1 版 2024 年 1 月第 1 次印刷
ISBN 978 - 7 - 5218 - 5493 - 0 定价：89.00 元
（图书出现印装问题，本社负责调换。电话：010 - 88191545）
（版权所有 侵权必究 打击盗版 举报热线：010 - 88191661
QQ：2242791300 营销中心电话：010 - 88191537
电子邮箱：dbts@ esp. com. cn）